桑　兵◎主编

各方致

孙中山

【第十卷】

（1925.3~　）

刘　斌
孙宏云　编

函电汇编

社会科学文献出版社
SOCIAL SCIENCES ACADEMIC PRESS (CHINA)

目　　录

吊唁函电

国民党察哈尔临时省执委会致孙中山函

（1925 年 3 月 1 日载）

总理钧鉴：

总理久困沉疴，薄海忧惶。良以总理为吾民众领袖，东方被压迫民族救主，总理之安危关系浩巨。察区同志自得总理病耗，忧心如焚，兹特派张良翰同志赴京慰问，不胜仓皇悲切之至。遥望都门，凄惶无穷，翘首佳音，如盼云霓。万望为国珍摄，早占勿药，是所厚盼。

中国国民党察哈尔临时省执行委员会暨全体党员叩上

（《孙中山病况昨日无大变化》，《顺天时报》1925 年
3 月 1 日）

中华民国学生联合会总会致孙中山函

（1925 年 3 月 1 日载）

中山先生左右：

闻先生尊体违和，同人等不胜惊惶。先生此来系国安危，凡我国民莫不欣欢，乃以舟车劳顿遂致清恙忽染，同人等企望之切益深系念。伏维国家多事，大任无人，举国昏昏，舍公谁与？先生革命领袖、民国干城，尚望为国珍摄，痊占勿药，早拯斯民于水火，国家幸甚，人民幸甚。兹特派本会交际委员刘一清君前来慰问，藉表微忱。并祝国民革命万岁。

中华民国学生联合会总会

（《孙中山病况昨日无大变化》，《顺天时报》1925 年
3 月 1 日）

许崇智、蒋介石致孙中山、汪精卫电

（1925 年 3 月 1 日）

汪精卫先生鉴：译呈大元帅钧鉴：

　　哿亥电计已呈阅。职部克服淡水后直趋平山，沿途无甚剧战，职等即督率职部分两路进攻海丰，中正部经赤石、梅陇，智部经三多祝、浦□。沁日军行至增又圩附近时，敌洪兆麟、谢文炳、钟景棠等部，联合约六十人占据沿河两岸高地，希望阻我前进。午前九时，智部开始攻击，激战至十一时，敌纷由三多祝、赤石两路向海丰溃退，智督率所部经两日穷追，遂于沁日占领海丰城。中正部亦长驱猛进，于同日到达。敌被我炮猛追，异常狼狈，行李辎重，沿途遗弃，洪、谢两逆仅率残部二千余人向潮汕逃走。现职部续向潮汕进攻，至海丰一带，均无敌踪。此役敌人损失甚大。经〔径〕日之战，谢文炳弹伤废脚，我军获枪约八百余枝。其后衔尾追随，缴得枪六百余枝，水机关、手机关等二十余挺，在城内得各种子弹五十余万颗，辎重甚多。叶逆所部于敛墟、淡水两役，受我军挫折，歼灭净尽。洪、谢两部又于此次损失大半。克复潮汕，为期当不远矣。又，我军所至，人民皆诚心倾向。盖东江人民数年以来，受敌人种种苦抽压迫，在水深火热之中，加以战时敌军到处奸淫抢掠，痛苦更深，其望救之切，自不待言，故对于运输军实、采买米粮等事皆格外帮助。而海丰人民，尤为出力。使军行无阻，用能迭奏肤功，其力甚伟也。谨呈。发于海丰城。职许崇智、蒋介石同叩。东（一日）。印。

　　（《许崇智报告占领海丰电》，天津《益世报》1925年3月9日）

广东商界国民会议促成会致孙中山等电
（1925 年 3 月 2 日载）

北京孙大元帅（余从略）：

国民会议，我粤商界认为救国良图，一致主张。当由广东商联会、广州总商会、广州市商会、广州市商民协会联合组织广东商界国民会议促成会，于二月筱日成立，暂假广州总商会办事处，并同时举出李镜峰、陈远峰、杨公卫、王棠四人为广州商界代表，出席北京国民会议促成会联合会。伏望各界不吝教言，藉匡不逮。并冀商界各机关奋起力争，以为后盾，俾国民会议早日实现，福国利民，实嘉赖之。广东商界国民会议促成会叩。

（《商界选出赴京代表之通电》，《华字日报》1925 年 3 月 2 日）

建国军粤军第三师师长郑润琦呈孙中山文
（1925 年 3 月 2 日）

呈为呈报事：兹准大本营秘书处第三三号函开：顷奉大元帅颁发贵师长木质镶锡大印一颗，文曰"建国军粤军第三师师长之印"，象牙小章一颗，文曰"建国军粤军第三师师长"。相应函送，希为查收见复，至纫公谊。等由。附木质镶锡大印一颗、象牙小章一颗。准此。当经验收，定于三月一日敬谨启用。除将旧印缴销并分别呈咨令行外，理合备文呈投察核。谨呈
陆海军大元帅孙

第三师师长郑润琦（印）

中华民国十四年三月二日

（《陆海军大元帅大本营公报》一九二五年第七号，3 月 10 日，"指令"）

广州市联军军警督察处督办杨希闵呈孙中山文
（1925 年 3 月 3 日）

呈为呈请备案事：据职属侦缉队长彭钧呈称：在长堤宾兴旅馆令警拿获于旧历正月初七日在泰康路枪伤邝慧吾毙命凶犯罗灿云一名，解请讯办前来。当经发交军法处依法审讯，据该犯罗灿云供称听人主使、得财谋杀等情直认不讳，并经尸亲邝余氏及当时在场目击行凶之岗警林森到案质讯属实，供证确凿，案无疑义。查该凶犯罗灿云听使得财、实行谋杀邝慧吾致死之所为，适已构成杀人罪刑，应照《新刑律》第三百十一条之规定处以枪决，主谋之犯俟获案再办。除将该凶犯罗灿云于本月二十五日验明正身，绑赴犯事地方执行枪决外，理合将该凶犯罗灿云执行枪决日期各缘由，备文呈请钧府俯赐察核备案。谨呈
陆海军大元帅

督办杨希闵（印）
中华民国十四年三月三日

（《陆海军大元帅大本营公报》一九二五年第七号，3 月 10 日，"指令"）

大本营军政部长程潜呈孙中山文
（1925 年 3 月 4 日）

呈为呈复事：案奉钧座发下建国军攻鄂总司令程潜呈一件。以所部第二旅前由湖南临武折回广埠时绕道星子，因当地防军、团防发生误会，经该旅派中校副官谷超群、少校团附王克晋、一等书记伍凤仪各员先后前往疏通，均被扣留。嗣经电请开释，而该员等返部时道经宜章县属之黄沙堡地方，复被该地团防所害。又军务处少

校处员戴笏钦奉命派赴湘境侦察敌情，迄未回报，嗣经查确，委系被敌戕害。拟请追赠该中校副官谷超群为陆军步兵上校，少校团附王克晋、少校处员戴笏钦为陆军步兵中校，一等书记伍凤仪并请援照阵亡例从优议恤。等情。查该已故中校副官谷超群等奉命出勤，惨遭不恻〔测〕，情殊可悯。拟恳俯准分别如呈追赠，仍照《陆军战时恤赏章程》第五章因公殒命例，按第三表分别办理，中校副官谷超群等三员各照原级分别给予恤金，一等书记伍凤仪一员照上尉阶级给予恤金，以示优异而慰英魂。是否有当，理合具文呈复，伏乞鉴核指令祗遵。谨呈

海陆军大元帅

　　大本营军政部长程潜（印）、军务局局长云瀛桥代拆代行（印）

　　　　　　　　　　　中华民国十四年三月四日

　　（《陆海军大元帅大本营公报》一九二五年第七号，3月 10 日，"指令"）

沈鸿英致孙中山电[①]

（1925 年 3 月 5 日）

　　鸿英德薄能鲜，谬膺广西总司令职务。就职以来，复以保境安民为前提，以和睦友军为职志。讵李宗仁、黄绍雄、李济琛等藐视帅令，图占地盘。分派大□，节节进逼。英不忍既残之桂局再受糜烂，经率所部退驻贺属之大宁、桂岭一带，并分驻一部于桂林全州，以稍事休息。惟对于广西总司令一职，应请大元帅准予解除，嗣后关于桂事悉不愿闻。惟是所率部众尚多，应如何处置之处，应恳大元帅迅颁明令，当道诸公主持公道。不胜迫切待命之至。沈鸿

---

　　① 报纸报道中指出此电为沈鸿英致孙中山电。——编者

英叩。歌（五日）。印。

（《沈鸿英下野》，北京《晨报》1925年3月9日）

旅德商会、工余学会等致
孙中山、段祺瑞等电
（1925年3月5日载）

上海《民国日报》转各报馆、各团体、孙中山、段芝泉先生鉴：

中山先生主张之国民会议极端赞成，望亟图之。旅德商会、工余学会、科学研究会、武昌文科大学同学会、教育研究会、药学会、武昌师范大学同学会、工学会、社会科学研究社、中华学艺社驻德事务所、中华民国留德学生总会等十一团体叩。

（《旅德学界代电》，上海《民国日报》1925年3月5日）

财政委员会主席委员胡汉民、
古应芬呈孙中山文
（1925年3月5日）

呈为呈请事：窃新任广州市财政局局长苏世杰业已就职视事，照章应为本会委员，理合具折呈请大元帅简派施行。谨呈
大元帅

财政委员会主席委员胡汉民、古应芬（印）

中华民国十四年三月五日

（《陆海军大元帅大本营公报》一九二五年第七号，3月10日，"指令"）

国民党上海党员洪鼎等致孙中山、段祺瑞等电
（1925 年 3 月 6 日）

北京孙总理、国民党中央执行委员会、段执政、上海国民党本部钧鉴：奉天张上将军、绥远冯总司令、广州大本营、全国军民两政各机关、各公团、各党部转各司志、各报馆并转同胞均鉴：

溯自满奴失德，国势凌夷，全国同胞投袂奋起，团结民族精神，恢复黄华国土，虏廷势蹙，城下乞降，我和平民族不忍为已甚之举，曲予优容，已属格外。乃爱新觉罗溥仪氏及其余孽并辱国贼奴等妄思复辟，背叛国家，幸段上将军暨泰武将军誓师戡讨，逆焰乃消。是所谓优待条件者，已为溥仪本身所破坏，我国民自不必以年数百万之脂膏豢此内乱罪犯也。此次国民军起，放其出宫，使为一众平民，在溥仪由罪人而得为国家主人之一份子，何幸如之。乃彼复不知自爱，听信唆使，欲遁出国门，图占满蒙，为虎作伥，破我疆土，乱我国家，以遂某匪蚕食东北之心。诡谋得逞则满蒙同胞必蹈朝鲜、琉球覆辙，溥仪亦不过为李完用第二。在彼童骏罔识利害，固易被人利用，而我政府国民自应予溥仪及某国以严重警戒，使之觉悟。敬望全国同胞一致奋起，打破阴谋，以为未雨绸缪防患未然之计。并乞政府向溥仪剀切忠告，促其悔悟，一面严令国防海陆军及沿边关隘，于溥仪出时予以扣留。盖溥仪既为平民，政府禁本国一国民出境实国家属有之权，外人之干涉当然无所用其顾忌。（下略）中国国民党上海党员洪鼎、文翮健、徐道南、石赞襄、陈浩波、陈锦耀、顾德铭、杨秋江、陶继渊、许昭卿、唐豹、许贵卿、裘宣春、贺松□、洪维钧、李树森、沈的［?］、张夏铭、余卿、徐文溶、周之岐、潘祖安、徐腾、陈汉章、严秉钧、饶金荣、夏次石、蔡蕙琴、吴淑东、蔡西铭等同叩。鱼。

（《洪鼎等请警戒溥仪电》，上海《民国日报》1925年3月7日）

杨希闵、范石生、胡思舜等致
孙中山、段祺瑞等电
（1925 年 3 月 8 日）

大元帅、段执政钧鉴：各总司令、督理、省长、各军师旅长、各机
关、各法团钧鉴：

　　唐继尧于天下苦兵、人心厌乱之时，公然称兵越境，勾活［结］
匪徒，压迫邕、宁，阴图两粤，以成其联省自治之迷梦。前者唐贼
黩武，川、黔兵祸连年，赤地千里。今又凶焰逆施，转扰两粤，西
南数省惨遭荼毒。此贼不死，国难未已。我在粤滇军，前奉大元帅令
回师讨唐，只以东江未靖，俟回待发。比者联军大捷，潮汕且下，爰
声义愤，一致讨唐。由石生前线提军西上，誓杀国蠹，以拯犁［黎］
元。谨此布闻，伫候明训。杨希闵、范石生、胡思舜叩。庚。印。

　　（《在粤滇军将领通电讨唐》，《盛京时报》1925 年 3
月 21 日）

国民党上海第五区第十九分部致孙中山电
（1925 年 3 月 9 日载）

孙总理钧鉴：

　　先生尽瘁国是，不幸抱恙，同人等不能北上慰问，自惭良深。
惟有朝夕以吉人天相、健康早复、领导民众奠定国基为祝祷耳。肃
此，敬请痊安！①

　　（《慰问孙先生病状电》，上海《民国日报》1925 年 3
月 9 日）

---

　　①　报纸报道中指出此电为国民党上海第五区第十九分部致孙中山慰问电。——编者

两广盐务稽核所经理宋子文呈孙中山文

（1925 年 3 月 9 日）

呈为呈请事：窃职所管理征收盐税系以两广为范围，前因潮汕地面为逆军盘据，以致潮桥稽核支所未能接收。现在潮汕底定，盐款为收入大宗，自应早日收回以重国税。兹经职所令委郑芷湘为两广盐务稽核潮桥支所华助理员，饬令克日前往汕头，将潮桥盐税妥为接收。理合呈请钧座察核，令饬粤军总司令及驻汕各军于该员到汕接收时一体予以协助，俾免阻碍，实深公便。谨呈
大元帅

　　　　两广盐务稽核所经理宋子文（印）、英文主任郑芷湘代（印）

　　　　　　　　　　　　中华民国十四年三月九日

　　（《陆海军大元帅大本营公报》一九二五年第八号，3月 20 日，"指令"）

管理粤汉铁路事务林直勉呈孙中山文

（1925 年 3 月 9 日）

呈为呈请事：窃查接管卷内奉帅座第二二八九号指令，内开：查该路支出经费及职员名额、薪水诸多冗滥，亟应先事清厘籍资整顿。该路董事局长应改为月薪四百元，总理月薪应改为五百元，协理四百元。公务处、商务处、调查课、稽查课、编辑股、收发股、掌卷股、缮校股均着全裁，所有专务分别归并总务处检查课、文牍课办理。惟车上稽查四名准仍留月该路。既有文牍课员、办稿员应即裁撤，会计文牍股股长、机务处文牍股股长、车务处文牍股股长均着裁撤，除总务处各处课、股均不得有文牍股长名目，只能酌用

文牍书记。处长、课长、股长之外不得再设副处长、副课长、副股长、副主任等名目。养路处处长及正工程司，月薪均应改为三百六十元。毕业生名目应即裁撤，如需用上项专门人才，须另定职务名称呈候核准委派。路警处侦查着全裁撤，归并该路稽查办理。所有此次被裁职员均发给薪水一月，所有十一月以前存薪及留职各员，十一月以前存薪均应俟该路财政稍裕再行呈请核发。此外，如印刷所、电报课亦冗员甚多，其他类此者亦不一而足。除遵照上项命令裁员减薪外，并须迅速彻查，支出经费如有浮滥，现存员司、工、警、什役名额、薪水如有冗滥，即须大加裁减，切实整理，随时具报察核。等因。

奉此。直勉自奉命管理粤路事务以来，细查内部人员名称既不划一，职守复无专司，以致员缺繁冗、薪水滥支，积弊已深，自非从事清厘、大加裁减，不足以资整理而利进行。兹特从新编制，除董事局外余设六处。谨将办理情形为帅座详细陈之：

一、总务处：内分文牍课，以编辑、收发、掌卷、缮校属之，分设课员各司其事，将原日之办稿员名目裁撤；庶务股原日为公务处，于正、副处长之下设置事务、庶务等员，现已奉令全裁，特酌设主任一员以专责成；稽查所系以路警之稽查、督察各员改编，特设主任一员督同认真办理；册库股、印刷所、材料厂、购料课原日冗员甚多，均经查明，分别裁并；粤路学校、机工半夜学校经许前总理呈准备案，其中教员分科担任，成绩如何，容俟考查明确另行呈报。至原设之稽查课、商务调查课均遵令一律全裁。

二、会计处：内分综核课、出纳课、检查课、统计课、地亩课，于旧有员司中择其事务简单者分别裁并。

三、工务处：原日称为养路处，共计员司四十余名。现因北段尚未展筑，无工程之可言，应将正帮工程司及毕业练习生等员一律暂行裁撤。另设测绘、工务、司帐、管仓专员，即由该处原有员司中遴选资历较深、办理勤慎者酌予留用。

四、车务处：内分核计课、电报课、运输课。其处内车上稽查员，因全路绵亘四百余里共设二十五站，关于稽查事项甚为繁重，原有车上稽查四名不敷分配，故不得不酌予添设并增置暗查八员，以补明查之不及。

五、机务处：酌裁数员，所有事务分别归并，余悉仍旧。

六、路警处：将原日之侦查、督察共二十余员悉予裁汰，另添设办事员三人分任各项事务以资整理。

统计此次各处裁员共一百七十八名，每月节省薪费共九千九百一十三元。又现存各员司薪水分别规定，每月共节省二千六百七十一元五角。其已裁之员自应遵奉钧令发给薪水一月。惟查各员一旦被裁，未免困苦，所有积欠薪银业已呈准全数清发，以示体恤。至于支出经费逐日所必需者，以煤炭、机油为大宗，木铁什项次之，直勉职责所在，自应随时督率各主管员司认真考核，总期用归实际，款不虚縻，以仰副帅座整饬路政之至意。谨将新编及已裁员司职名、薪数分别造册二本，具文呈请帅座察核示遵。再，各站员司、车队及工务、机务两处各工匠暨路警、巡长、警兵并公司什役，容俟另文列册呈报。合并陈明。谨呈

大元帅

计呈清册二本。

管理粤汉铁路事务林直勉（印）

中华民国十四年三月九日

（《陆海军大元帅大本营公报》一九二五年第八号，3月20日，"指令"）

粤海关监督范其务呈孙中山文

（1925年3月10日载）

呈为呈请事：窃查职署历任流交器物内有玉瓶、玉壶、玉洗、玉花樽各一件，此物来因无案可考，署中人相传谓清季时关监督必选真品入贡，因未合选暂遗留流交。惟此玉器无论是否真玉，流存

署内既不通用，徒觉保管之烦。现值慰劳前敌革命军人会征求展览物品，拟请将前项玉器四件移送慰劳会发交陈列部竞卖，卖价若干悉为慰劳军人之用。如无人标买，仍送职署保存。是否有当，伏候指令祗遵，实为公便。谨呈

大元帅

粤海关监督范其务（印）

中华民国十四年三月　日

（《陆海军大元帅大本营公报》一九二五年第七号，3月10日，"指令"）

建国军滇军第二军军长范石生呈孙中山文

（1925 年 3 月 10 日）

呈为呈请鉴核备案事：前奉令回滇讨唐，曾经呈报在案。当因东江未靖，暂为缓行。现该贼陈兵邕宁，谋扰两粤，当此千钧一发稍纵即驰逝之际，应即遵照前令以赴事机。兹谨于本月十日统率所部赴桂讨贼，并派职军总参谋长李宗黄留守后方代行军长职权。理合备文呈请鉴核备案。谨呈

陆海军大元帅孙

建国军滇军第二军军长范石生（印）

中华民国十四年三月十日

（《陆海军大元帅大本营公报》一九二五年第八号，3月20日，"指令"）

航空局长陈友仁呈孙中山文

（1925 年 3 月 10 日）

呈为呈请事：窃职局暨附属各机关俱属军事范围，所有职

员理应按照陆军官制厘定阶级，以肃观瞻而饬纪律。除另案呈请补官外，谨将各职员应补官阶列表呈请鉴核，伏乞指令祗遵。此呈

大元帅孙

　　附表乙纸。

航空局局长陈友仁（印）

中华民国十四年三月十日

（《陆海军大元帅大本营公报》一九二五年第八号，3月20日，"指令"）

国民党比利时支部致孙中山、段祺瑞等电
（1925 年 3 月 12 日载）

上海《民国日报》转北京孙总理、段合肥、张雨亭、冯焕章先生、各公团、报馆均鉴：

　　共和肇造，十有余年，只因军阀宰割专横，以致民治不张，徒有共和之名，而无共和之实。今幸天心厌乱，元凶逃亡，此乃政治改良千载一时之机。吾党总理孙公，内察国情，外观大局，始倡为应时顺势之九种职业团体预备国民会议。此诚根本解决国是办法，国人应与同情。故本支部于反对任何形式的善后军阀政客分赃会议之余，敢敬告全国人士曰：国事应由真正人民负责解决，方能达到民治发皇之机。无论前途如何匪难，吾人务必坚持到底，达到最后目的。如有任何不肖军阀、政客包揽政权、妨害国民会议者，本支部认为民贼，誓与同人共弃之。中国国民党驻比利时支部全体党员叩。

（《国民党侨比支部反对善后会议》，上海《民国日报》1925 年 3 月 12 日）

上海女界国民大会筹备会等致孙中山等电

（1925 年 3 月 12 日）

中山先生暨国民党中央执行委员会钧鉴：

　　人民以八十余年外族压迫之痛苦，十三年来军阀屠宰之教训，知军阀官僚只能凭恃武力，勾结列强，为祸国之孽障。故值政变发生之秋，舆情咸主自决，而先生所倡国民会议及国民会议预备会之主张，遂不期而然成为全国人民共同拥护之标的。未几先生肝疾发剧，段执政益复私心自用，一意孤行。国民会议预备会之建议摈而不理，善后会议参加人民之主张亦置若罔闻。其尤甚者，则国民会议条例草案居然规定国民会议职权只能议决宪法。尤复巧立名目，使大多数人民不能参加，更在第十四条、第四十八条上明文规定女子不得有选举及被选举为国民会议议员之权。此种条例如不修正，则所谓国民会议者，亦不过安福代表会议之一变名耳，宁有解决国事之望耶。同人分属国民，难安缄默，然仍望段执政迷途知返，憬然自悟。故再为最大限度之让步，要求善后会与全国国民会议促成会代表大会举行联席会议，将国民会议条例草案限制职权、限制选举之两点根本修正，以平民愤而全国体。除将此情电达代表大会，并请段执政暨善后会容纳此种要求外，更望先生及贵中央执行会登高一呼，作有力之援助，国家前途，实利赖之。敝会同人敢为全中国人民祝先生万岁。上海女〈界〉国民大会筹备会等四十余团体全叩。文。

　　（《女界要求总会与善后会开联席会议》，上海《民国日报》1925 年 3 月 13 日）

航空局长陈友仁呈孙中山文

（1925 年 3 月 12 日）

　　为呈报事：窃友仁前随帅座北上，业将职局局长职务令委甲车处处长李糜代拆代行。李糜奉命后即将内部组织略为改组，计裁去秘书二员、副官三员、侦缉四员，增设参谋长一员，裁去飞行处长一员，增设飞机队督练一员，增设飞行学校一所、校长一员。办理数月以来幸无陨越。理合呈报察核，伏乞指令祗遵。至李糜代拆代行职局职务应否用明令公布之处，出自钧裁。谨呈

大元帅

航空局长陈友仁（印）

中华民国十四年三月十二日

（《陆海军大元帅大本营公报》一九二五年第八号，3月20日，"指令"）

广东省长胡汉民呈孙中山文

（1925年3月12日）

呈为呈请事：现据驳载工会会长黄党、轮渡商会代表何文玉、省河大艇孖铃〔舲〕艇代表周锡林、货船协会代表黄耀、盆运船公会代表苏谓、沙泥艇工人联合会代表李运全、东西堤紫洞艇代表邓养、东西堤全体沙艇代表梁耀全等联名呈称：现阅广州市联军军警督察处水上区巡查所监督曾鲁、所长李启元通布，内开：奉广州市联军军警督察署督办杨委令开：广州市区沿河船艇往来复杂，致逗遛匪类，若非查缉为严，殊不足以资保卫而策治安。当此防务吃紧，仰速组织，认真办理。遵即成立总所于长堤适中地点，并于东堤、西堤、鸭墩关、南石头、芳村、花地、泮塘口所设分所，日夜派□沿河严密竣巡，缉捕盗匪，制止奸徒冒军封船，务达保卫安宁、奸宄无从匿迹。惟经费巨、手续复繁，当经拟具规则呈奉督办指令暂行征收费款以充所用，一俟经费有着，应即取销，等因。兹本所及各分所定于三月四日开办，派队乘船沿河巡查，如有奸匪滋扰、冒匄封船及存贮违禁物品等事，立即

报知本所或巡查队严行拿究。此后尔等船户尽可安居乐业。诚恐未及周知，特此通布。等因。查其抽收办法，区分入口、湾泊两种。入口者，甲等十元、乙等五元、丙等三元、丁等二元，船之类别曰：盐船、柴船、木船、省港货船、轮渡、戏船、生果船、煤船、乡渡、鱼船、菜蔬船。其湾泊者，甲等十元、乙等五元、丙等三元、丁等二元、戊等一元，船之类别曰：合昌大船、紫洞艇、驳载货艇、煤艇、茛铺艇、沙艇，此外孖舲艇、大厅艇、横水渡三项暂从缓办。

阅悉之余，惊骇万状。窃以航业一途，年来遭时多故，地方骚扰不宁，生意已极冷淡。益以生活程度日高，救死惟恐不赡，安有此余力顾及捐款。即如日前之办理船舶税契，莫不疾首蹙额，咸相告无语，无力遵办，恳请转求豁免。今此事尚未解决，忽又增此重大捐款，不啻驱之而就死地。按其抽法，不以年月计而以入口计，实无止境。不知各渡船艇由近省各埠而来者日常数次，虽尽将所得货客水脚缴纳，亦不足供此巡查经费。是其所抽多于上年拟抽之航运费及附加二成军费十倍，且细小沙艇亦须勒抽，不能幸免，何异掠乞儿篮而攫饭食，实于政体有妨。查上年曾奉大元帅明令禁止各军队于各江渡船巧立名目抽收各捐，违则以军法从事，通行遵照有案。乃阅时未久，该水上区巡查所又举办各渡船艇巡查经费，实则巧立名目、暴敛横征，有违帅令。

迭据各渡商、船户人民以前情环求，请与船舶税契一并邀恩豁免，以苏民困前来。会长等查核所称各节尚属实在情形，事关商民疾苦，何敢安于缄默。用敢联同具词呈请钧座察核，伏乞俯念船民生计艰难，不堪再事抽剥，迅赐咨请联军军警督察署杨督办暨令行财政厅将水上区巡查经费及船舶税契一并永远豁免，俾留一线生机，无任屏营待命之至。计粘抄通布一纸。等情。

据此。查船舶税契原为保障业权而设，经财政厅提交财政委员会议决照办，并呈职署核准饬遵。惟迭据该会长等以重敛启讼等情联请撤销，自应详加考核，以期妥协。顷已令行财政厅核议，分别办理。再，查各军抽收船只保护费及各项捐款，迭奉钧令禁止通行遵照。兹据该会长以广州市联军军警督察处水上巡查所巧立名目抽收经费，捐款重大，无力遵办，请予撤销，以苏民困等情。查核尚属实情。惟该所抽收经费，词称系奉广州市联军军警督察处杨督办核准办理。究竟应否准予撤销之处，省长未便擅议，理合备文呈请钧座鉴核，伏候训示祗遵，实为公便。谨呈

陆海军大元帅

计抄呈通布乙纸。

广东省长胡汉民（印）

中华民国十四年三月十二日

（《陆海军大元帅大本营公报》一九二五年第八号，3月20日，"指令"）

蒋介石、廖仲恺致孙中山、汪精卫电

（1925 年 3 月 14 日）

汪精卫先生转总理钧鉴：

我军自克复潮汕后，即向林逆进攻。昨日上午十时，在棉湖、揭阳县之河内乡与敌接触。敌军约六千人，我校军二团激战一昼夜，毙敌五六百人，俘虏百余人。我教导团第一团官长死伤三分之二，士兵死伤过半。晚间，双方仍保持接触，至十时，敌兵不支，分途溃散。今早六时，河内乡附近无敌踪。当即派粤军第七旅由五径富向汤坑追击，我校军则向河婆追击，并与后续部队联络。此次接战，粤军第七旅担任右翼，教寻第一团担任正面，教导第二团担任左翼。林逆挟其所部黄业兴、黄任寰、王定华、李易标、黎生等全力攻我正面，迭经向我冲锋七次。我亦向敌冲锋四次。教导第一团长从容拒敌，沈毅忠诚，殊堪嘉尚，敢请特为嘉奖。教导第二团

钱团长勇敢精强，粤军第七旅许旅长此次取潮汕颇称奋勇，均请分别奖励。至叶逆军早已消灭，林逆经此大挫亦不成军，东江逆贼从此可平。据我军此次被俘敌兵述说，亲见敌方有英国顾问三人，是足证明陈逆与英〈帝〉国主义之勾结。余候续报，伏颂康痊。中正、仲恺叩。寒（十四）。

（《广东联军捷电》，《顺天时报》1925 年 3 月 24 日）

比利时沙洛王工术大学中国学生会致
孙中山、段祺瑞等电
（1925 年 3 月 19 日载）

上海《民国日报》转北京段芝泉执政、孙中山、冯焕章、天津张雨亭、黎宋卿诸先生、各报馆、各团体暨全国父老兄弟、诸姑姊妹均鉴：

民国成立十有三载，祸乱相寻，民生凋疲。推厥由来，列强帝国主义之野心侵略，国内军阀之殃民肥己而已。今幸天厌其乱，中山先生号召国民会议，以解决国是，而恢复吾四万万同胞之主权，芝泉先生亦赞成于后。可知当今之中国除国民会议外，再无其他彻底澄清之良法矣。凡我国民，欲求永除痛苦，避免战争，自应群起力争。同人等身处重洋，留学异邦，对于国事未尝一日忽忘也。自有国民会议之消息传来，均相以为庆，盖谓从斯我国能脱离次殖民地位矣。不料民众翘首而待之国民会议至今尚未成立，而军阀瓜分地盘之善后会议已大张旗鼓，同人等闻之实深忧憾，极望国内同胞一致否认，誓死力争。比利时漠洛王工术大学中国学生会。

（《比国沙洛王学生会通电》，上海《民国日报》1925
年 3 月 19 日）

陕西渭北国民会议促成会致孙中山等电①

(1925 年 3 月 20 日载)

上海《民国日报》、北京《民国日报》、全国各报转北京孙中山、段执政暨各地军民长官、各法团、各地学生联合会均鉴：

民国缔造，十有四年，兵燹相承，民苦倒悬。溯其渊源，皆由于帝国主义者侵掠之不息，军阀争横之无忌。年来曹、吴祸国，摧残人民，倒行逆施，至此极矣。今幸曹、吴失败，国运转机，正当全国国民渴望自决澄清政治之时，代表民意之孙中山先生即倡国民会议解决国事，实人民参预政治之良机，与夫完成真正民治国家之空前绝举也。凡属国人，均应急起直追，予以赞助，促其实现。至善后会议、元老会议及一切与人民利益有障碍之会议，敝会一律反对。诸君关心祖国，处处以人民为前提，尚望早日实现中山先生所倡之国民会议，则国家幸甚，人民幸甚。

(《陕西渭北促成会反对善后会》，上海《民国日报》1925 年 3 月 20 日)

张民达致孙中山、胡汉民等电

(1925 年 3 月 27 日)

万急。北京孙大元帅睿鉴：广州胡留守，杨总〈司令〉、刘总司令、廖、伍、林各部长，各军师旅长均鉴：

民达于本月念六日与敌在浦心、分水坑一带血战一昼夜，经于本早念七率师直捣海丰城，洪、叶各逆纷向陆丰城窜去。此役夺获枪弹、军实无算，陈逆所部精神物质损失无数。东江事业已过其

---

① 报纸报道中指出此电为陕西渭北国民会议促成会致孙中山电。——编者

半，望我中左同袍，努力挺进，以竟全功，不胜厚盼。张民达。感。印。（石龙来电）

（广州国民政府档案）

（《张民达报告攻占海丰城电》，《中华民国史档案资料汇编》第四辑，第839页）

吊唁函电

广东省教育会唁电
（1925 年 3 月 12 日）

顷闻中山先生逝世之电，皇天不吊，丧我元良，薄海人民，同深哀悼。惟以先生改创民国，功在万世，党纲永烈，主义长存，继志承先，责在后死。临电哀痛，不尽神驰。广东省教育会叩。文。

（《哀思录》第二编卷二"吊唁函电"（丙）代电，第1页）

广州互助总社唁电
（1925 年 3 月 12 日）

哲生先生苫鉴：

侵日惊闻总理薨逝，敝社同人无任哀痛。当此国事飘摇势如累卵，尚乞节哀勉任艰巨，以竟总理未竟之志，敝社同人曷胜盼祷。专此致唁，并祝苫祺。广州互助总社社友同叩。文。

（《哀思录》第二编卷二"吊唁函电"（丙）代电，第1页）

天津日租界常盘旅行社唁电

（1925 年 3 月 12 日）

报载孙先生于本日午前九时三十分逝世，同人闻之殊深惊愕，咸为悲伤不置。谨奉吊词，以表哀悼悲痛之意。天津日租界常盘旅行社同人顿首。

（以上日本）

（《哀思录》第二编卷二"吊唁函电"（乙）唁电，第 32 页）

程潘唁电

（1925 年 3 月 12 日）

孙哲生兄鉴：

总理薨逝，薄海同哀，望兄节哀顺变，勉思继志。谨唁。程潘叩。文。

（《哀思录》第二编卷二"吊唁函电"（乙）唁电，第 1 页）

胡汉民唁电

（1925 年 3 月 12 日）

汪精卫先生转孙夫人暨孙哲生兄鉴：

顷闻哀耗，中外崩摧，伏望节哀，勉当大事。此间即举行哀典，并闻。汉民。侵西。

（《哀思录》第二编卷二"吊唁函电"（乙）唁电，第 1 页）

胡汉民唁电

（1925 年 3 月 12 日）

汪精卫先生鉴：

顷发通电三件如下：

（一）各省特别区军民长官、各机关、各团体、各报馆均鉴：大元帅、前大总统孙中山先生痛于本日上午九时三十分在北京行辕薨逝。特此哀告。

（二）（衔同上）：大元帅、前大总统孙中山先生于本日上午九时三十分在北京行辕薨逝，特组织大元帅哀典筹备委员会，推胡汉民、伍朝枢、廖仲凯〔恺〕、古应芬、杨希闵、谭延闿、许崇智、刘震寰、程潜、邓泽如、吴铁城等十一人为委员。特此电达。

（三）致本政府所属各机关、各军电：大元帅痛于本月十二日午前九时三十分在北京行辕薨逝，特议定哀典条目如下：（一）各官署、军营、军舰下半旗一月，即由三月十二日起至四月十一日止；（二）文武官吏停止宴会一月；（三）民间辍乐七日，由本月十二日起至十九日止；（四）文官左臂缠黑纱一月；（五）武官及兵士于左臂及刀柄上缠黑纱一月；（六）官署公文大小印章用蓝印色一月。希查照办理，并转饬所属一体遵照。等语。

汉民　侵酉

（《哀思录》第二编卷二"吊唁函电"（乙）唁电，第 1 页）

黎元洪唁电

（1925 年 3 月 12 日）

北京铁狮子胡同孙哲生世兄、汪精卫先生：

顷接京信，惊悉中山先生于本日逝世。患难之交，一朝永诀，
罢罢踽踽，怆痛如何。人之云亡，邦国瘁珍，既哀身世，复悼烝
黎。谨命黎秘书澍先行吊唁。藉达哀忱。黎元洪。侵。

（《哀思录》第二编卷二"吊唁函电"（乙）唁电，
第 11 页）

李杞堂唁电
（1925 年 3 月 12 日）

孙夫人暨哲生兄鉴：

今日得电痛悉帅座薨逝之讯，五内俱裂，薄海同悲。伏念大元
帅手造吾华，永世蒙福，频年劳瘁，以身许国。虽对衷［??］未
竟完成之志，而千古实留德泽之遗。方今绵绝方新，国是未定，端
资伟画，宏济艰难，尚祈顺变节哀，为国珍重。临电陨涕，不知所
云。李杞堂。侵。印。

（《哀思录》第二编卷二"吊唁函电"（乙）唁电，
第 1 页）

卢永祥唁电
（1925 年 3 月 12 日）

孙哲生先生鉴：

顷接电讯，惊悉尊公中山先生于本日在京寓逝世。昊天不吊，殒
此元勋，薄海人民，同声哀悼。我兄大故猝遭，必深哀毁，惟希为国
爱身，以承先志，顺变节哀，是所企祷。专此奉唁。卢永祥。文。

（《哀思录》第二编卷二"吊唁函电"（乙）唁电，
第 8 页）

卢永祥唁电

（1925 年 3 月 12 日）

汪精卫先生鉴：

　　侵午电悉中山先生竟尔不起，闻信之余至深痛悼。顷已专电致唁哲生兄矣。此复。卢永祥。文戌。

　　　　（《哀思录》第二编卷二"吊唁函电"（乙）唁电，

　　第 8 页）

谭延闿唁电

（1925 年 3 月 12 日）

铁狮子胡同孙哲生先生鉴：

　　伏闻噩耗，不胜悲恸，薄海失望，岂惟私人。谨唁。延闿。侵。

　　　　（《哀思录》第二编卷二"吊唁函电"（乙）唁电，

　　第 1 页）

吴铁城唁电

（1925 年 3 月 12 日）

孙公行辕秘书处鉴：

　　刻接京电，惊悉总理痛于本晨逝世。天厄苍生，夺我国父，椎心泣血，五内崩椎［摧］。自愧后死羁滞粤中，既不克侍奉汤药，又不及躬亲属纩，自问百死莫赎。窃念总理虽死，主义不死，其百折不挠之精神当如炳炳日星，永在人寰，而炤耀于本党同志之前途，以完成其革命未竟之事业也。万望节哀顺变，为国自爱。临电推痛，不知所云。吴铁城叩。文。

　　（《哀思录》第二编卷二"吊唁函电"（乙）唁电，
第 1 页）

谢作楷唁电
（1925 年 3 月 12 日）

孙哲生先生鉴：

　　帅驾崩殄，薄海惊痛，节哀为国，无任企念。谢作楷。侵。

　　（《哀思录》第二编卷二"吊唁函电"（乙）唁电，
第 1 页）

许崇清唁电
（1925 年 3 月 12 日）

孙夫人暨哲生兄鉴：

　　噩耗传来，悲痛无已。总理为国而死，人格永存。主义未伸，
后死有责。乞为国节哀，以竟未完之志。临电陨涕，不知所云。许
崇清叩。文。

　　（《哀思录》第二编卷二"吊唁函电"（乙）唁电，
第 1 页）

徐苏中、鲁荡平等唁电
（1925 年 3 月 12 日）

铁狮子胡同中国国民党公鉴：

　　奉到侵电，惊悉总理病故，望风临涕，痛悼殊深。国失长城，

党失导师，吾辈更宜努力奋斗，以竟总理未竟之功，并盼哲生兄节哀顺变为祷。徐苏中、鲁荡平、刘一道、魏会英、蔡森泣叩。侵。

（《哀思录》第二编卷二"吊唁函电"（乙）唁电，第9页）

姚观顺、陈铁珊唁电
（1925 年 3 月 12 日）

哲生兄苫次：

惊悉帅座薨逝，五中哀悼，谨具电唁，慰请节哀以襄大典。孙夫人均此奉唁。姚观顺、陈铁珊叩。文。印。

（《哀思录》第二编卷二"吊唁函电"（乙）唁电，第1页）

朱深唁电
（1925 年 3 月 12 日）

孙公行辕秘书处鉴：

侵电敬悉。中山先生海内硕望，功在民国，此次抵都，方期共维国是，安定邦基，讵意忽患沉疴，遽尔薨逝，噩耗惊闻，曷胜痛悼。专复致唁，伏希鉴察。朱深。侵。

（《哀思录》第二编卷二"吊唁函电"（乙）唁电，第11页）

共产国际唁电
（1925 年 3 月 13 日）

孙逸仙逝世之耗，将使全世界工人心中皆充满重忧。孙逸仙之死，适死于其毕生事业甫生效果之际。无产阶级革命运动与被压迫民族之反帝国主义运动此时正渐趋于一轨，势力亦渐臻增进，是故被压迫民族之反帝国主义运动唯有与世界无产阶级之反帝国主义运动携手并进方可臻于成功。中国民族革命运动实有重大世界历史的意义。第三国际对于中国匮民之奋斗极为注意，深知中国工人阶级现始入其历史的程途，但其伟大的将来恒将实现。第三国际谨守列〈宁〉之意志，从事教导全世界工人竭全力援助东方民族革命运动，而对于中国尤为注意。第三国际执行委员会将尽力向各国劳动群众解释孙逸仙事业之重大意义，深信共产国际之各支部皆竭力援助将完成孙逸仙大业□国民党，并深信与国民党合作之中国共产党亦能完成当前之伟大历史的事业。无论帝国主义者用尽阴谋，中国国民之民族自由独立运动终可成功。孙逸仙将永世不朽！中国农工万岁！第三国际执行委员会会长季诺维埃夫。一九二五年三月十三〈日〉。莫斯科。

（《第三国际致国民党之唁电》，《向导》汇刊第三集第 107 期，1925 年 3 月 21 日）

斯大林唁电
（1925 年 3 月 13 日）

俄国共产党中央委员会，对此国民党首领，与为中国民族自由独立、为中国统一独立而从事奋斗之中国工农之组织者之丧亡，与诸君同深悲悼。俄国共产党中央委员会，深信孙逸仙之伟业绝不随孙逸仙而俱逝，孙逸仙之主义将永存于中国工农心中，而为中国国民之仇敌所恐怖。俄国共产党中央委员会极信国民党将高揭孙逸仙之旗帜于由帝国主义解放之斗争中，且将打倒帝国主义及其在中国之使者，而取得完全胜利。孙逸仙死矣，愿孙逸仙之事业不朽，愿孙逸仙之意志长存，更愿其事业与意志益加实现！俄国共产党中央委员会秘书斯大林。一九二五年三月十三日。莫斯科。

　　《俄国共产党致国民党之唁电》，《向导》汇刊第三集
第 107 期（1925 年 3 月 21 日）

　　按：《斯大林全集》收录之致国民党中央唁电与《向导》所录
唁电文字有差别，附录如下：

　　俄国共产党中央委员会和你们一起哀悼国民党的领袖的逝世，
哀悼争取中国人民的自由和自主，争取中国的统一和独立的中国工
农民族解放斗争的组织者的逝世。俄国共产党中央委员会毫不怀
疑，孙中山的伟大事业是不会和孙中山一同死去的，孙中山的事业
将活在中国的工人和农民的心里，而使中国人民的敌人发抖。俄国
共产党中央委员会相信，国民党一定会在争取摆脱帝国主义桎梏的
伟大斗争中高举起孙中山的旗帜，国民党一定会光荣地举着这面旗
帜，直到彻底战胜帝国主义和它在中国的代理人。孙中山逝世
了，——孙中山的事业万岁！孙中山的遗训永垂不朽！俄国共产党
中央委员会书记约·斯大林。一九二五年三月十三日。

　　（载于一九二五年三月十四日《真理报》第六十号）

　　（《俄共（布）中央致国民党中央执行委员会》，《斯
大林全集》第七卷，第 45 页）

大本营秘书处会计司唁电
（1925 年 3 月 13 日）

孙夫人钧鉴：哲生先生大鉴：

　　此次我大元帅北上为民众谋利益，不图事未告成遽尔薨逝，噩
耗传来，海宇崩摧。同人哀痛之余，惟有勉遵帅座遗训努方［力］
从公。尚乞节哀顺变以当大事。谨电驰唁，无任凄怆。大本营秘书
处会计司全体职员同叩。元。

　　（《哀思录》第二编卷二"吊唁函电"（乙）唁电，
第 2 页）

复旦大学学生自治会唁电

（1925 年 3 月 13 日）

孙哲生先生礼鉴：

中山先生弃养，普天同悼。希即节哀珍重，上慰萱闱。上海复旦大学学生自治会叩。元。

（《哀思录》第二编卷二"吊唁函电"（乙）唁电，第 9 页）

广东省教育会唁电

（1925 年 3 月 13 日）

孙夫人、哲生先生鉴：

捧读侵电，总理已于是日薨逝。伏维总理手创民国，备著勋劳，建设未竟全功，斯民正深属望，人寰攒〔撒？〕手，薄海同悲。终国是方殷，百端待理。尚祈勉节哀思为国珍重。谨此电唁。广东省教育会同人叩。元。印。

（《哀思录》第二编卷二"吊唁函电"（乙）唁电，第 2 页）

广东总工会等唁电

（1925 年 3 月 13 日）

北京孙哲生兄哀鉴：

昨阅京电，惊悉中山先生于十二日上午逝世，噩耗传来，普天同痛。窃念先生为创造民国元首，扶助工人力图利益，奔走革命数十年不倦，悉本三民主义以谋劳工幸福。今闻薨逝，群众如失慈父母。然先生虽死，主义不死，尚望节哀顺变，务竟先生全功，努力前途，为国自爱。燕云北望，心怆神驰，谨电唁问。广东总工会理事长黄焕庭，理事梁佐臣、何季初、陆杏村、陈展云，会董主席陈森、苏喜庭、冯栋臣暨九十六团体全体会董工人同印。罩。

（《哀思录》第二编卷二"吊唁函电"（丙）代电，

第 1 页）

广东省香山公会唁电

（1925 年 3 月 13 日）

北京铁狮子胡同孙哲生先生鉴：

帅座殄念国民，毅然入京争开国民会议，为国为民以谋全体幸福。方期全国统一以贯彻共和初志，今噩耗传来，普天同悼。何昊天不吊，丧我元勋。同人等设位望祭，以表哀思。然帅座虽死，主义不死，尚望节哀顺变，为国珍重。谨电唁奉，伏维鉴察。香山公会会长徐玉亭暨全体同人等叩。罩。印。

（《哀思录》第二编卷二"吊唁函电"（丙）代电，

第 1 页）

广东女子善后委员会唁电

（1925 年 3 月 13 日）

孙夫人暨哲生先生哀鉴：

惊悉帅座薨逝，同深哀痛，万望节哀顺变，为国自爱。广东女子善后委员会委员等叩。元。

（《哀思录》第二编卷二"吊唁函电"（乙）唁电，

第 3 页）

广州市政厅唁电

(1925 年 3 月 13 日)

孙哲生先生礼鉴:

顷奉删电,惊悉大元帅于侵日薨逝。窃维帅座手造民国、革命元勋,方期永奠国基,讵料遽传噩耗,竟逝元勋,悲悼莫名。我公继承先业,身系安危,尚祈节哀顺变,善养政躬,为国自重。临电不胜哀痛。广州市政厅全体职员叩。元。印。

（《哀思录》第二编卷二"吊唁函电"（乙）唁电,第 2 页）

广州实业联合会唁电

(1925 年 3 月 13 日)

北京孙夫人暨哲生先生荃鉴:

帅座逝世,噩耗传来,曷胜哀悼。谨电驰唁,尚希节哀珍重。伏维鉴察。广州实业联合会叩。元。

（《哀思录》第二编卷二"吊唁函电"（丙）代电,第 1 页）

国民党中央青年部唁电

(1925 年 3 月 13 日)

孙夫人、哲生先生鉴:

传来噩耗,薄海同悲。总理为国积劳,为民尽瘁,精神魄力,感极人天。革命未成,不忘努力,哲人虽萎,浩气长存,所望继志述事,以竟全功,勿过哀毁为幸。临电怆然,伏维鉴察。中央青年部叩。元。印。

（《哀思录》第二编卷二"吊唁函电"（乙）唁电，
第 2 页）

国民党港澳总支部唁电
（1925 年 3 月 13 日）

宋夫人暨哲生兄鉴：

总理噩耗传来，同志泣血，誓奋斗继总理遗志。先电表哀。国民党港澳总支部叩。元。

（《哀思录》第二编卷二"吊唁函电"（乙）唁电，
第 7 页）

国民党青岛市党部唁电
（1925 年 3 月 13 日）

孙行辕汪精卫先生转中央执行委员会诸同志鉴：

总理逝世，同深震悼。革命未成，国难方殷，尚望诸公一致努力，统率全体同志完成吾党工作，以竟总理未竟之志，此间同志誓死追随。临电不胜痛切之至。中国国民党青岛市党部。元。

（《哀思录》第二编卷二"吊唁函电"（乙）唁电，
第 18 页）

国民党上海市第五区第十九分部唁电
（1925 年 3 月 13 日）

北京孙宅治丧事务所鉴：

惊闻总理逝世，不啻夺我国魂。今后益当振刷精神誓守遗嘱，唤起民众共建国基。悲痛吊唁，诸维亮鉴。中国国民党上海市第五区第十九分部执行委员会率全体叩。元。

（《哀思录》第二编卷二"吊唁函电"（丙）代电，第4页）

国民党意基忌党部唁电
（1925年3月13日）

孙哲生先生鉴：

总理逝世，薄海悲悼，党员竟[竞]致哀唁。国民党意基忌部。元。
（以上 Manana）

（《哀思录》第二编卷二"吊唁函电"（乙）唁电，第22页）

国民党 Manana 总支部唁电
（1925年3月13日）

孙夫人暨哲生先生鉴：

总理仙逝，殊深哀悼。惟望为国节哀，继总理未竟之志。国民党总支部。元。
（以上 Manana）

（《哀思录》第二编卷二"吊唁函电"（乙）唁电，第22页）

河南省国民党党员唁电
（1925年3月13日）

铁狮子胡同孙哲生先生苫次：

惊闻总理于真日①逝世，山颓木坏，普海同悲。呜呼！苍天曷其有极，同人等号泣之余心胆俱裂。后事如何，不胜系念。河南国民党党员同叩。元。

（《哀思录》第二编卷二"吊唁函电"（乙）唁电，第18页）

湖南南县追悼孙公中山会筹备处唁电
（1925年3月13日）

孙公治丧事务所鉴：

前大总统孙公逝世，噩耗传来，合邑哀痛。兹假县教育会于本月十六日起开追悼会三日，以申哀悃。湖南南县追悼孙公中山会筹备处叩。元。

（《哀思录》第二编卷二"吊唁函电"（乙）唁电，第13页）

江苏省教育会唁电
（1925年3月13日）

孙公行辕公鉴：

闻报骇悉中山先生逝世，哀我民国丧此元勋。敬电奉唁。江苏省教育会。元。

（《哀思录》第二编卷二"吊唁函电"（乙）唁电，第9页）

---

① 原文如此。"真日"为"11日"误。或为消息不确所致。——编者

岭南大学学生唁电
（1925 年 3 月 13 日）

孙行辕孙夫人鉴：

先生薨逝，悲痛良深，谨于本日追悼，肃电唁慰，乞节哀珍重。广东岭南大学全体学生叩。元。

（《哀思录》第二编卷二"吊唁函电"（乙）唁电，第 3 页）

琳琅幻境社唁电
（1925 年 3 月 13 日）

精卫兄转宋夫人、孙哲生兄暨各同志哀鉴：

总理弃养，普天茹痛，勉继大业，为国节哀。琳琅幻境社叩。元。

（《哀思录》第二编卷二"吊唁函电"（乙）唁电，第 7 页）

旅沪护法国会议员孔绍光、高振霄等唁电
（1925 年 3 月 13 日）

孙哲生先生鉴：

文晚闻前大总统孙公噩电，不胜惊骇。孙公手造民国，启迪□蒙，劳身焦思，护法救国，扫历朝之积毒，开东亚之曙光，编氓受其絣幪，环球钦其学理，而乃未竟全功，大星忽陨。小民共悲慈父，国家顿失长城。先知既没，后生何依，瞻念前途，弥深悲痛。

愿先生节哀继志，从学恢宏。临电神驰，哀悼不尽。旅沪护法国会议员孔绍光、高振霄、康汝来、王田、孟同和、朱宝桢、李炳焜、刘汝麟、谭惟洋叩。元。

（上海《民国日报》1925 年 3 月 17 日《各界哀悼孙先生》）

山西国民会议促成会唁电
（1925 年 3 月 13 日）

北京国民会议促成会联合总会转国民党本部鉴：

中山先生手创共和，义高中外。顷得专电，先生于十二日溘然长逝。闻讣惊悼，不知何从。谨代表晋省一千五百万民众衷心泣悼。此后仍当继续国民会议之奋斗，使三民主义、五权宪法光照于亚东大陆，以慰英灵。谨此吊唁。山西国民会议促成会。元。印。

（《哀思录》第二编卷二"吊唁函电"（丙）代电，第 13 页）

上海法政大学唁电
（1925 年 3 月 13 日）

孙哲生先生鉴：

惊闻噩耗，痛悼殊深。除即派代表来京致祭外，谨先电唁。上海法政大学教职员暨学生全体同叩。元。

（《哀思录》第二编卷二"吊唁函电"（乙）唁电，第 9 页）

神州女学唁电

（1925 年 3 月 13 日）

孙公行辕公鉴：

得先生噩耗。国难未已，遽失导师，举校哀痛。祈诸公继志奋斗，庶先生不死。神州女学卬。元。

（《哀思录》第二编卷二“吊唁函电”（乙）唁电，第 9 页）

香港联义社唁电

（1925 年 3 月 13 日）

汪精卫先生转宋夫人、哲生兄暨各同志哀鉴：

国父弃养，普天茹痛，勉继大业，为国节哀。香港联义社。元。

（《哀思录》第二编卷二“吊唁函电”（乙）唁电，第 7 页）

香港工团总会唁电

（1925 年 3 月 13 日）

孙夫人暨汪精卫先生鉴：

噩耗传来，全体痛哭，愿勉侨民继先生未竟之志，努力革命工作。谨此电唁。港工团总会叩。元。

（《哀思录》第二编卷二“吊唁函电”（乙）唁电，第 7 页）

香港海员工会唁电

（1925 年 3 月 13 日）

孙宋夫人暨哲生先生鉴：

　　惊悉总理弃养，震悼殊深，遥请节哀。香港海员工会唁。元。

　　（《哀思录》第二编卷二"吊唁函电"（乙）唁电，

第 7 页）

意基忌中华商会唁电

（1925 年 3 月 13 日）

　　孙公逝世，全侨震悼，谨电驰唁，藉表哀忱。意基忌中华商会
叩。元。

（以上 Manana）

　　（《哀思录》第二编卷二"吊唁函电"（乙）唁电，

第 22 页）

中华国民拒毒会唁电

（1925 年 3 月 13 日）

北京铁狮子胡同孙宅治丧事务所公鉴：

　　噩耗传来，惊悉孙公仙逝，国难未已，哲人遽萎，瞻念前途，
悲痛实深。所望全国人民均能遵公之训，继公之志，努力奋斗，建
设健全国家，以慰我公在天之灵。谨此电唁，并候礼祺。中华国民
拒毒会暨全国各省区二百四十七处分会同叩。元。

　　（《哀思录》第二编卷二"吊唁函电"（丙）代电，

第 2 页）

中央银行印花税处盐务稽核所唁电
（1925 年 3 月 13 日）

孙夫人暨哲生先生哀鉴：

惊闻大元帅薨逝，天崩地裂，薄海同悲。伏祈勉节哀思，用襄大事，不胜切祷。中央银行印花税处盐务稽核所全体职员叩。元。

（《哀思录》第二编卷二"吊唁函电"（乙）唁电，第 1 页）

建国湘军第五军军长陈嘉佑唁电
（1925 年 3 月 13 日）

邹海滨先生、汪精卫先生哀鉴：

电音飞达，帅驾归天，草木含哀，风云变色。嘉佑职守所在，闻病未能亲侍，殡殓又不得凭楦，缟素临风，无限哀悼。建国湘军第五军军长、讲武堂堂长陈嘉佑叩。元。印。

（《哀思录》第二编卷二"吊唁函电"（乙）唁电，第 2 页）

建国豫军总指挥陈青鸥、参谋长
刘伯英等唁电
（1925 年 3 月 13 日）

铁狮子胡同孙公行辕孙哲生先生礼鉴：

帅驾归天，薄海悲悼，骈纛忝属，哀痛尤深。岭表执戈，奔临未及，遥望燕云，惟有蹩踊。所望执事仰承遗命，为国节哀。谨电驰唁，无任凄怆。建国豫军总指挥陈青鸥、参谋长刘伯英率全军官佐同叩。阮。

（《哀思录》第二编卷二"吊唁函电"（乙）唁电，第3页）

但焘唁电
（1925年3月13日）

哲生兄礼席：

文日噩耗传来，惊悉帅座捐馆。大业未竟，九有同悲。帅座缔搆共和，勋留诸夏，忧国忘身，终始一德，忝托同盟，尤深哀慕。切望顺变节哀，善承先志，以永孝思。临颖蕴结，不知所云。但焘。元。

（《哀思录》第二编卷二"吊唁函电"（丙）代电，第14页）

邓玉麟、蔡汉卿等唁电
（1925年3月13日）

孙中山先生行辕：

接京电，惊悉中山先生仙逝。明星忽陨，国命何托，滔滔江汉，无泪可挥。先生虽殁，主义长存，哀痛之余，弥深奋勉。邓玉麟、蔡汉卿、杨宝琼、潘善伯、谢石钦、丁立中、梅宝玑、郑江灏泣叩。元。

（《哀思录》第二编卷二"吊唁函电"（乙）唁电，第14页）

邓泽如唁电

（1925 年 3 月 13 日）

孙夫人暨哲生兄鉴：

　　惊奉电传，总理薨逝，昊天不吊，夺我元良，国乱方殷，治平孰主，中外失望，痛悼同深。顾以党义永昭，端资继述，务恳为国节哀，用竟先志。临电呜咽，神与俱驰。邓泽如叩。元。

　　　　（《哀思录》第二编卷二"吊唁函电"（乙）唁电，

　　第 2 页）

董昆瀛、彭介石等唁电

（1925 年 3 月 13 日）

孙行馆秘书处诸公均鉴：

　　前日接朱、刘两兄真电孙先生病危，今日传闻先生谢世，昆瀛等远在江汉，未能前来襄理大事为歉。先生首创革命，缔造民国，定倾扶危，至再至三，又有建国大纲遗留国人，伟烈丰功，至矞尽矣。纵有遗恨，责在国人，先生可以瞑目矣。诸公襄助哲生兄当大事，自能尽礼以慰国人。董昆瀛、彭介石、金华林、时功玖、张知本、大昕叩。元。

　　　　（《哀思录》第二编卷二"吊唁函电"（乙）唁电，

　　第 13 ~ 14 页）

冯玉祥唁电

（1925 年 3 月 13 日）

孙前总统行辕秘书处鉴：

　　顷奉侵电，惊悉孙公遽归道山。天不慭遗，国伤元老，正纷纭待定之会，失中外共仰之人，遥望陨星，莫名引痛。除专员前往吊唁外，谨电致悼，即希垂察。冯玉祥。元。

（《哀思录》第二编卷二"吊唁函电"（乙）唁电，第20页）

冯百初、吴尚鹰唁电
（1925年3月13日）

孙哲生兄鉴：

惊闻帅崩，丧我国父，普天同悼，北望燕云，哀恸奚极。但精神不死，主义永存，大业继承，后人有责，望为国保重，勿过哀毁。冯百初、吴尚鹰叩。元。

（《哀思录》第二编卷二"吊唁函电"（乙）唁电，第2页）

顾维钧唁电
（1925年3月13日）

孙哲生先生礼鉴：

尊翁逝世，国丧元勋，凡属国民，同深悲痛。特电驰唁。顾维钧。元。

（《哀思录》第二编卷二"吊唁函电"（乙）唁电，第9页）

国伟唁电
（1925年3月13日）

汪精卫先生转中央执行委员会：

顷得沪电，惊悉总理逝世，噩耗飞来，不胜震悼。前次钧会议决五项，万望执行，以无负总理数十年革命之伟绩与精神。临电涕陨，无限哀思。国伟泣叩。元。

（《哀思录》第二编卷二"吊唁函电"（乙）唁电，第 12 页）

胡景翼唁电
（1925 年 3 月 13 日）

孙哲生兄鉴：

顷接京电，惊悉先生逝世。邦瘁人亡，昊天不吊，山颓木坏，薄海同悲。伏念先生手创民国，身系安危，中外之所归心，烝黎之所托命，数十年艰难缔造百折弗挠，四百兆涵濡共和万流共仰，不惟五族之先觉，抑亦六宇之灵光。方今时局初平，纲维待举，导指民治，端赖元勋，遽痛骑箕，曷胜挥涕。斯实黄族之不幸，非仅一党之私恸也。谨申哀忱，特驰电唁。胡景翼。元。叩。

（《哀思录》第二编卷二"吊唁函电"（乙）唁电，第 18 页）

胡思舜唁电
（1925 年 3 月 13 日）

东四七条卅九号转李少华兄鉴：

阅京电，惊悉大元帅文日薨逝，失我国父，怆悼何如，请兄就近诣帅座行辕代表吊唁，以伸哀悯。思舜。元。

（《哀思录》第二编卷二"吊唁函电"（乙）唁电，第 2 页）

治河处坐办江屏藩等唁电

（1925 年 3 月 13 日）

孙夫人暨哲生先生哀鉴：

　　天地崩溃，薄海怆恸。惟先大帅功业彪炳，主义渊宏，河岳日星，同昭万古。尚望节哀为国，以慰在天。治河处坐办江屏藩暨同人。元。叩。

　　　　（《哀思录》第二编卷二"吊唁函电"（乙）唁电，第 1 页）

李宝祥唁电

（1925 年 3 月 13 日）

哲生先生鉴：

　　惊闻总理逝世，不胜痛悼。总理未竟之志，赖兄继述，务祈节哀，为国珍重。李宝祥。元。印。

　　　　（《哀思录》第二编卷二"吊唁函电"（乙）唁电，第 1 页）

李根源唁电

（1925 年 3 月 13 日）

孙公行辕秘书长鉴：

　　惊闻中山先生溘逝，不胜哀悼。谨电奉唁。李根源。元。

　　　　（《哀思录》第二编卷二"吊唁函电"（乙）唁电，第 18 页）

建设部代次长李卓峰等唁电

（1925 年 3 月 13 日）

孙夫人暨哲生先生哀鉴：

京电遥传，惊闻凶耗，云崩地倾，薄海同悲。伏思先大元帅手造共和，开吾华未有之局，虽中道殂落未睹全功，而正义昭垂可光白日。尚祈节哀顺变，为国珍摄，以承先志，是所厚望。建设部代次长李卓峰暨同人。元。叩。

（《哀思录》第二编卷二"吊唁函电"（乙）唁电，第 2 页）

李福林唁电

（1925 年 3 月 13 日）

孙先生行辕孙夫人、哲生兄鉴：

惊悉大元帅噩耗。天丧元老，薄海同悲。当此曹、吴败亡陈逆逃窜，大局正有转移机会，何期元勋撒手，以致九仞功亏、国难未平，天心莫测。伏望节哀，为国珍重，同心协力，以竟先生未完之志，福林虽愚，忻慕执鞭。临电不胜惨痛之至。李福林叩。元。印。

（《哀思录》第二编卷二"吊唁函电"（乙）唁电，第 2 页）

李民兴唁电

（1925 年 3 月 13 日）

孙哲生兄鉴：

阅电惊悉尊公大人仙逝，噩耗传来，同深哀悼。望为国自爱，勉力节哀,以襄大礼。李民兴。元。

（《哀思录》第二编卷二"吊唁函电"（乙）唁电,
第9页）

李征五唁电

（1925 年 3 月 13 日）

孙公办事处公鉴:

　　侵电敬悉。国本未宁,元良遽殒,泰山崩坏,寰宇衔哀。除在
沪筹议治丧追悼外,临电不胜凄怆之至。李征五叩。覃。

（《哀思录》第二编卷二"吊唁函电"（乙）唁电,
第9页）

旅美四大都积善堂梁树南等唁电

（1925 年 3 月 13 日）

孙夫人暨哲生先生礼鉴:

　　惊悉中山先生逝世,同深哀悼。请为国自珍。旅美四大都积善
堂梁树南等叩。元。

（以上 San Francisco）

（《哀思录》第二编卷二"吊唁函电"（乙）唁电,
第23页）

林警魂唁电

（1925 年 3 月 13 日）

孙夫人暨哲生兄鉴:

　　悉帅座崩逝,薄海同哀,凶耗传来,曷胜悲痛。尚祈顺变节

哀，为国珍重为祷。林警魂叩。元。

　　　　（《哀思录》第二编卷二"吊唁函电"（乙）唁电，
第 7 页）

刘白、袁华选、唐巘唁电
（1925 年 3 月 13 日）

孙哲生兄礼鉴：

　　惊闻噩耗，悲痛山颓。功在民国，已足千古。尚望节哀，用竟先志。刘白、袁华选、唐巘唁。元。

　　　　（《哀思录》第二编卷二"吊唁函电"（乙）唁电，
第 9 页）

刘震寰唁电
（1925 年 3 月 13 日）

孙夫人暨哲生兄鉴：

　　帅座逝世，四民同悲，噩耗飞来，无限悲痛。惟隐忧未已，国乱方多，望尽礼节哀，勉续先忘。谨电奉唁，无任涕零。并盼以告精卫、海滨诸兄。刘震寰叩。元。印。

　　　　（《哀思录》第二编卷二"吊唁函电"（乙）唁电，
第 2 页）

阳和会馆卢浩唁电
（1925 年 3 月 13 日）

孙夫人暨哲生先生鉴：

惊悉大总统逝世噩耗，全体悲痛。望节哀继述。阳和会馆卢浩。覃。

（以上 San Francisco）

（《哀思录》第二编卷二"吊唁函电"（乙）唁电，第 23 页）

鲁鱼唁电
（1925 年 3 月 13 日）

哲生先生鉴：

尊翁乃国家柱石，人民导师，卧病都门，良深系念。文晚噩耗传来，不胜痛悼之至。谨此电唁，尚望节哀顺变，以当大事为荷。中国同盟会会员鲁鱼。元。

（《哀思录》第二编卷二"吊唁函电"（丙）代电，第 18 页）

吕志伊等唁电
（1925 年 3 月 13 日）

孙夫人暨孙哲生兄均鉴：

顷接京电，惊悉大元帅于十二日薨逝，噩耗传来，薄海同悼，国难未靖，哲人顿萎。伊职务羁身，未克赴京视疾，遗憾无穷，此后当随诸同志后努力奋斗，以继大元帅未竟之志而慰在天之灵。尚望节哀顺变，为国珍重，谨率属唁慰。吕志伊暨法院全体职员同叩。元。印。

（《哀思录》第二编卷二"吊唁函电"（乙）唁电，第 2 页）

广州工务局长莫镇基唁电

（1925 年 3 月 13 日）

铁狮子胡同孙夫人暨哲生兄哀鉴：

　　顷闻帅座驾崩，曷胜悲恸。念帅座为国宣劳，功成身死，名留万古，虽死犹生。望节哀顺变，为国自爱。临电摧痛，不知所云。广州工务局长莫镇基叩。元。

　　（《哀思录》第二编卷二"吊唁函电"（乙）唁电，第 3 页）

代理驻粤日本总领事清水亨唁电

（1925 年 3 月 13 日）

哲生先生鉴：

　　昨接令尊孙大元帅薨逝噩耗。天不慭遗，丧此元老，骇听之余，同深怆怀。专电志悼，并奉唁孝履。代理驻粤日本总领事清水亨。元。叩。

　　（《哀思录》第二编卷二"吊唁函电"（乙）唁电，第 1 页）

代理驻粤日本总领事清水亨唁电

（1925 年 3 月 13 日）

哲生先生鉴：

　　昨接令尊孙大元帅薨逝噩耗，天不慭遗，丧此元老，骇听之余，同深怆悼。专电志哀，并奉唁孝履。代理驻粤日本总领事清水亨。元。叩。

（以上日本）

（《哀思录》第二编卷二"吊唁函电"（乙）唁电，
第 29 页）

沈仪彬唁电

（1925 年 3 月 13 日）

孙夫人礼鉴：

惊悉先生噩耗，曷胜哀悼。国事未宁，遽失先导，我民何所依
归。谨电当吊，尚希节哀。沈仪彬叩。元。

（《哀思录》第二编卷二"吊唁函电"（乙）唁电，
第 9 页）

孙岳唁电

（1925 年 3 月 13 日）

孙公行辕秘书处鉴：

侵电惊悉，前哲其颓，未能亲往哭悼，殊深愧悼。特派参谋长
刘竹坡君代表致祭。孙岳叩。元。

（《哀思录》第二编卷二"吊唁函电"（乙）唁电，
第 19 页）

孙绳武、沈卓吾唁电

（1925 年 3 月 13 日）

局请转孙哲生兄礼鉴：

山颓星陨，丧我元勋，凡民有心，哀毁同极。伏冀缵承先志，

提觉来兹，顺变节哀，为国自爱。孙绳武、沈卓吾叩。元。

（《哀思录》第二编卷二"吊唁函电"（乙）唁电，
第 9 页）

唐绍仪、章太炎唁电
（1925 年 3 月 13 日）

孙哲生先生密转国民党中央执行委员会公鉴：

得报知孙公逝世，论功亟应国葬，惟现在未有正式政府、正式国会，此事无法可循。应由家属及人民以礼行葬，待正式政府成立追予国葬，始受命令，毋使孙公身后讼非法之羞。唐绍仪、章炳麟等。元。

（《哀思录》第二编卷二"吊唁函电"（乙）唁电，
第 9 页）

韦荫宗、蔡维坤唁电
（1925 年 3 月 13 日）

孙中山先生秘书处诸公鉴：

中山先生噩耗传来，中外人士均深哀痛。金以国民会议阻于强横，致使中山愤郁致死，民党诸公苟有天良，亟应一意猛进促成民会，以慰国者而安穴庶。韦荫宗、蔡维坤叩。元。

（《哀思录》第二编卷二"吊唁函电"（乙）唁电，
第 9 页）

吉长路局局长魏武英唁电
（1925 年 3 月 13 日）

孙先生行辕秘书处鉴：

顷闻中山先生先［仙］逝之耗，毋任痛悼。惟先生开创民国，功在万世，精灵不灭，主义永存。谨此电唁。吉长路局局长魏武英叩。元。

　　（《哀思录》第二编卷二"吊唁函电"（乙）唁电，

第 21 页）

温树德唁电

（1925 年 3 月 13 日）

孙哲生先生鉴：

　　接京电惊悉中山先生仙逝，国步方艰，天不慭遗，人类之哀，世界之痛。特电奉唁，伏维节哀。温树德叩。元。

　　（《哀思录》第二编卷二"吊唁函电"（乙）唁电，

第 18 页）

吴志馨唁电

（1925 年 3 月 13 日）

孙哲生先生鉴：

　　惊闻尊公噩耗，为国为私，北向痛哭。时局多艰，正谋建设，千钧一发，端在此时。惟盼节哀，继志奋斗如初。特电奉唁。吴志馨叩。元。

　　（《哀思录》第二编卷二"吊唁函电"（乙）唁电，

第 18 页）

吴山唁电

（1925 年 3 月 13 日）

北京东城铁狮子胡同孙哲生先生礼鉴：

　　总理逝世，普天同悼。务恳勉节哀思，继承先志，为党为国，惟兄是赖。专此奉唁。总理夫人均此，并询礼祺。吴山叩。元。

　　（《哀思录》第二编卷二"吊唁函电"（丙）代电，

第 16 页）

伍毓瑞、万毅唁电
（1925 年 3 月 13 日）

孙夫人暨哲生先生哀鉴：

　　总理薨逝，薄海同悲。窃念精神虽死，主义永存，大业继承，后人责重。尚冀节哀顺变，为国珍重，谨电驰唁，毋任泪零。伍毓瑞、万毅叩。元。

　　（《哀思录》第二编卷二"吊唁函电"（乙）唁电，

第 2 页）

夏超唁电
（1925 年 3 月 13 日）

孙哲生兄鉴：

　　顷接京电，惊悉尊甫溘近，曷胜怆悼。尊甫手创民国，功在寰区，时事方艰，遽失元老，薄海人民，同声哀痛。惟念尊甫名重国史，吾兄克自树立，务望勉节哀思，为国自卫，以竟尊甫遗志，是为至要。浼邵伯威兄代表致祭外，特电奉唁。夏超。元。

　　（《哀思录》第二编卷二"吊唁函电"（乙）唁电，

第 14 页）

谢适群唁电
（1925 年 3 月 13 日）

孙哲生先生鉴：

顷闻帅座薨逝，惊痛曷极。伏念帅座缔造邦基，备尝艰险，大功未竟，天不见遗。左右追随，尤憎凄感。先生平生志事，中外所仰，日月昭垂，大名不朽。我兄干国栋家，责任綦重，仍乞节哀顺变，以慰在天之灵，是所切祷。特电奉唁。谢适群叩。元。

（《哀思录》第二编卷二"吊唁函电"（乙）唁电，第2页）

熊克武、蔡巨猷等唁电
（1925年3月13日）

大元帅行辕秘书处鉴：

奉侵电，惊悉大元帅孙公逝世。武等谨随孙公二十余年，方期革除旧污，更新国是，而大勋未集，中道崩殂，噩耗远传，哀恸无已。兹谨托但君懋莘〔辛〕代表全军在京助理丧事，用申微忱。特此电复，即希痊鉴。熊克武、蔡巨猷、林支宇、乾队唐、汤子模、喻培棣、郑英准、叙彝、刘承烈、贺龙、杨维、刘棱、周朝武、田义卿、张义卿、吕燮卿叩。元。

（《哀思录》第二编卷二"吊唁函电"（乙）唁电，第12页）

熊克武、蔡巨猷等唁电
（1925年3月13日）

孙哲生君鉴：

大元帅首创共和，功在国家，遽尔奄逝，举国震悼。况如足下无父之痛，哀何可言，惟望为国节哀，毋过毁瘠。临电怆恻，言不宣意。熊克武、蔡巨猷、林支宇、佟际唐、汤子摸〔模〕、刘叙彝、刘承烈、周培棣、郑英、贺龙、杨维、刘棱、周朝武、田义卿、周营同叩。元。

> （《哀思录》第二编卷二"吊唁函电"（乙）唁电，
> 第 12 页）

熊少豪唁电

（1925 年 3 月 13 日）

哲生先生鉴：

尊公哀讣，薄海同悲，幸节哀思，为国珍重。熊少豪。元。叩。

> （《哀思录》第二编卷二"吊唁函电"（乙）唁电，
> 第 11 页）

徐朗西唁电

（1925 年 3 月 13 日）

孙哲生先生礼鉴：

惊悉尊公噩耗，怆悼曷极。国是未定，正赖建设，天胡不吊，陨我元勋。朗抱恙在沪，难躬与殡礼，尚祈节哀顺变，为国珍重。徐朗西。阮。

> （《哀思录》第二编卷二"吊唁函电"（乙）唁电，
> 第 9 页）

杨树庄唁电

（1925 年 3 月 13 日）

孙哲生兄鉴：

得京电中山先生仙逝，木坏山颓，老成凋谢，一时噩耗，四海哀思。惟望为国自珍，节哀顺变。谨此电唁，惟鉴不宣。海军总司令杨树庄。元。

（《哀思录》第二编卷二"吊唁函电"（乙）唁电，
第9页）

杨希闵唁电
（1925年3月13日）

孙夫人、哲生兄鉴：

昊天降凶，夺我元首，薄海悼痛，况属股肱。惟念帅座虽逝，
精神犹存，充实光辉，为耀区宇，当永作吾人指导，以竟革命事
业，仰承遗志，责在尘贤。望勉节悲痛，为时珍重。掬诚安唁，不
竟郗歔。杨希闵叩。元。

（《哀思录》第二编卷二"吊唁函电"（乙）唁电，
第3页）

杨西岩唁电
（1925年3月13日）

宋夫人、哲生兄鉴：

闻耗惨极，未能奔临，歉甚！先生虽死，主义、精神不死，望
节哀为国珍重。杨西岩叩。元。

（《哀思录》第二编卷二"吊唁函电"（乙）唁电，
第3页）

殷汝骊、林实唁电
（1925年3月13日）

孙中山先生治丧事务所鉴：

昊天不吊，丧我元良，噩耗遥传，曷胜悲痛。谨电志哀。殷汝骊、林实。元。

（《哀思录》第二编卷二"吊唁函电"（乙）唁电，第 18 页）

张作霖唁电

（1925 年 3 月 13 日）

铁狮子胡同哲生世兄孝鉴：

顷读讣电，惊悉尊公仙逝之讯，曷胜哀悼。尊公一代伟人，手造民国，今以国事焦劳，沉疴不起，中外有识，同声一痛。回忆客岁同寓津邸，握手言欢，感情至洽，人天顿隔，惘怅何如。以职守所羁，不克亲临奠吊，特派祁道伊克庄代表恭询。敬电唁慰，尚希节哀襄事为祷。张作霖。元。叩。

（《哀思录》第二编卷二"吊唁函电"（乙）唁电，第 21 页）

赵恒惕唁电

（1925 年 3 月 13 日）

孙前临时大总统治丧事务所鉴：

顷得电，骇悉中山先生遽骖箕宿，怆悼殊深。伏维先生旨誓锄非，累频危殆，汉旗既举，秦社卒湮，肇共和之初基，廓专制之积毒，成功不亨，劲概弥坚，学说遍于艺林，方略纪之策府。正资元老共奠危邦，讵二竖之为灾，竟一棺之忽戢，人亡国瘁，有识同伤。恒惕华屏悲深，驿程迹阻，除通令本省各机关、各学校及各商店均悬半旗三日以表哀忱并另期开会追悼外，谨派钟君才宏代表襄助丧礼。敬以奉闻。赵恒惕叩。元。

（《哀思录》第二编卷二"吊唁函电"（乙）唁电，
第 12 页）

郑炳宜、陈自觉、黎廷辅唁电
（1925 年 3 月 13 日）

孙哲生君鉴：

惊闻总理逝世，哀痛殊深，惟是主义不亡，精神犹在，务祈节哀顺变，为国珍重，以慰先灵。谨电驰唁。郑炳宜、陈自觉、黎廷辅叩。元。

（《哀思录》第二编卷二"吊唁函电"（乙）唁电，
第 2 页）

广西旅粤党员周公谋、梁烈云等唁电
（1925 年 3 月 13 日）

孙夫人暨哲生、精卫两先生均鉴：

惊悉总理痛于侵晨，噩耗传来，五中俱裂，元魁长逝，苍生何依。幸吾辈同心努力，誓继总理未了之志，完成革命之功，敢请顺变节哀，为党珍摄。临电涕泣，不知所云。广西旅粤党员周公谋、梁烈云、施止甫、韦鼎封、李丹山、唐文佐、黎工伙、徐天放、唐民沛、陆瞳尘、李润中、谢王亭等六百余人同叩。元。

（《哀思录》第二编卷二"吊唁函电"（乙）唁电，
第 3 页）

周侠明、贯仄等唁电

（1925 年 3 月 13 日）

孙行辕孙夫人、哲生兄鉴：

奉京电，惊悉总理薨逝，同人等毋任哀痛。总理手造中华，允邀天眷，一朝撒手，薄海同哀。惟是总理虽逝，主义犹存，发扬广大，后死有责。伏祈节哀顺变，为国宣劳。临电摧痛，不知所云。周侠明、贯仄、刘东、纲少侠、梁鸣一暨全体职员同叩。元。

（《哀思录》第二编卷二"吊唁函电"（乙）唁电，第 2 页）

周震鳞唁电

（1925 年 3 月 13 日）

孙哲生、朱之龙、谢无量各同志均鉴：

真电悉。是日开封党部宴集同志，狂风忽起，黄雾四塞，昼为之昏，举座惊顾，叹为罕见之天变，孰料即为先生赍志长逝，吾人永痛之纪念日也。大难未平，建设方殷，遽失国父，民何所依。所愿诸同志继续先生奋斗精神，始终勿懈，确守主义，猛策治安，则先生虽死犹生，国人不致失望，同志之责洵匪轻也。至于饰终之典及一切身后事宜，国家公道、友朋私交，在京同志必能商酌妥善办法以慰英灵。鳞定一星期内回京，并闻。震鳞叩。元。印。

（《哀思录》第二编卷二"吊唁函电"（乙）唁电，第 18 页）

中国国民党南洋总支部朱赤霓唁电

（1925 年 3 月 13 日）

孙哲生兄鉴：

接京电，惊悉总理逝世，元勋梁折，薄海同悲。尚乞自珍，毁无灭性。谨代表英、荷两属特电驰念，不尽拳拳。中国国民党南洋总支部朱赤霓叩。元。

（《哀思录》第二编卷二"吊唁函电"（乙）唁电，第 3 页）

国民党嘉兴县临时县党部唁电

（1925 年 3 月 14 日）

北京铁狮子胡同中国国民党中央执行委员会钧鉴：

革命尚未成功，同志遽失导师。噩耗传来，曷胜悲悼。本部除通电所辖各部，并广告各界准备追悼，誓遵遗嘱继续总理革命事业，为民众奋斗。谨掬哀忱，并希努力。中国国民党浙江临时嘉兴县执行委员会叩。寒。

（《哀思录》第二编卷二"吊唁函电"（丙）代电，第 8 页）

加拉罕唁函

（1925 年 3 月 14 日）

亲爱之宋夫人、孙科君：

敝国政府嘱以下电转达夫人等。苏维埃社会主义共和国联邦愿向其所最敬仰之孙逸仙博士之夫人及其家属，致其诚挚之慰吊。苏维埃社会主义共和国联邦人民，对于中国人民在孙博士指导之下英武奋斗，常以极深之同情，加以重视。且知中国人士将因孙博士之死而受重大之损失。吾人希望夫人等或因其深忧为数千百万人所闻，而增加其勇气。

　　谨致此联邦政府之书。

加拉罕

一九二五年三月十四日

　　（《苏俄表示友谊的哀悼》，上海《民国日报》1925
年 3 月 19 日）

北京法政大学孤军周报社唁函

（1925 年 3 月 14 日载）

哲生先生大鉴：

　　顷接尊处来电，惊悉中山先生于今晨仙逝，同人等闻讯之下哀悼莫名。兹特派□君世庄、袁君惇序代表前往，以志哀悼之忱。

　　专肃，敬请

礼安

国立北京法政大学《孤军周报》仝人　公启

　　（《吊孙电函汇志》，《顺天时报》1925 年 3 月 14 日）

出席国民会议促成会全国代表
大会梧州代表团唁电

（1925 年 3 月 14 日）

庆龄夫人、哲生先生鉴：

　　帅驾北来，积瘁致疾，遽尔崩逝，寰海震悲。方今亿兆倒悬，国家多难，尚希免节哀思，续图奋斗，竟帅座未竟之志，以慰在天之灵。谨此奉唁，伏维垂察。出席国民会议促成会全国代表大会梧州代表团叩。寒。

（《哀思录》第二编卷二"吊唁函电"（丙）代电，第7页）

国会非常会议议员唁电

（1925年3月14日）

北京铁狮子胡同行馆孙夫人、孙哲生君鉴：

中山先生为人类宏正谊，为华夏建新命，溘然长逝，怆悼同深。谨唁。国会非常会议议员李汝翼、白瑞、梁登瀛、彭施涤、高杞、王兆离、宝应昌、刘盥训、李临阳、周恭寿、丁超五、杨山光、尹宏庆、周兆沅、张嗣良、谢持、李文治、于洪起、焦子静、阎秉真、王乐平、胡鄂公、卢仲琳、韩玉辰、彭邦栋、罗上霓、陆祺、田稔、李英铨、王斧、王葆真、张宏铨、王宗尧、张光炜、褚辅成、范熙壬、黄序鹓、覃寿公、郑衡之、彭养光、李庆芳、张瑾雯、朱溥恩、王秉谦、向乃祺、王绍鏊、何海涛、李为纶、刘景晨、王家襄、丁文莹、凌鸿寿、汪秉忠、焦易堂、张峄、王廷弼、张善與、雷殷、黄攻素、卢钟岳、张华澜、孔昭晟、林绳武、张华祖、丁俊宣、陈燮枢、陈国玺、张雅南、克兴额、战涤尘、邱珍。寒。

（《哀思录》第二编卷二"吊唁函电"（丙）代电，第6~7页）

国民党安徽省党员唁电

（1925年3月14日）

铁狮子胡同汪精卫、张溥泉先生等均鉴：

总理凶闻到皖，市民两泣，党员震悼，罔知所措。窃念总理手造邦家，宏烈未竟，继述光大，责在后死。诸先生躬膺付诀，冠冕群伦，宏济良难，惟赖协力。临电不胜哀痛迫切之至。安徽全体党员泣叩。寒。

（《哀思录》第二编卷二"吊唁函电"（乙）唁电，第 17 页）

国民党湖北省党部唁电
（1925 年 3 月 14 日）

孙行辕汪精卫先生转中央执行委员会：

总理溘逝，举国同哀。属部除电派刘蔚如同志就近亲唁以表哀忱外，并督率全省党员继总理革命精神以竟未竟之志。哀此电闻。湖北省党部叩。寒。

（《哀思录》第二编卷二"吊唁函电"（乙）唁电，第 14 页）

国民党河内、海防支部等唁电
（1925 年 3 月 14 日）

孙夫人、哲生先生哀鉴：

顷闻总理逝世，同深哀痛。侨等羁留海外，未能执绋，负罪莫名。总理虽亡，主义不灭。伏望稍节哀思，珍重为国。临电呜咽，不知所云。河内、海防两支部暨各分部骆连焕、邓景新等叩。寒。

（《哀思录》第二编卷二"吊唁函电"（乙）唁电，第 4 页）

国民党墨国末士加利分部唁电

（1925 年 3 月 14 日）

精卫、哲生兄鉴：

总理逝世，普天同悼，节哀顺变，恳慰夫人，并望努力完成革命，同人等当为主义奋斗。墨国末士加利分部叩。寒。

（以上 Calexicocal）

　　（《哀思录》第二编卷二"吊唁函电"（乙）唁电，

第 22 页）

国民党建国湘军党团最高干部临时

执委会唁电

（1925 年 3 月 14 日）

孙哲生先生哀鉴：

接读京电，惊悉总理逝世。国父云亡，民生谁托，宣瞻前途，怒焉如捣。惟主义昭然，百世不易，急起直追，责在后死，尤望节哀顺变，为国珍重。谨电哀唁，不知所云。中国国民党建国湘军党团最高干部临时执行委员会叩。寒。

　　（《哀思录》第二编卷二"吊唁函电"（乙）唁电，

第 4 页）

国民党上海市第三区第七区分部唁电

（1925 年 3 月 14 日）

孙公治丧委员诸公惠鉴：

文日惊悉总理噩耗，毋任痛悼。人亡国瘁，党失导师，同人誓必遵守遗嘱，为民众奋斗。临电哽咽，谨掬哀忱。中国国民党上海市第三区第七区分部执行委员会。寒。叩。

（《哀思录》第二编卷二"吊唁函电"（丙）代电，第 3 页）

国民党上海市第三区第七区分部唁电
（1925 年 3 月 14 日）

孙哲生先生礼鉴：

惊闻总理噩耗，全国哀悼，不胜悲痛。人亡国瘁，党失导师，同人何所依归。务恳勉节哀思，继承先志，民国幸甚。谨此电唁。寒叩。中国国民党上海市第三区第七区分部执行委员会。

（《哀思录》第二编卷二"吊唁函电"（丙）代电，第 3 页）

国民党上海市第三区十分部唁电
（1925 年 3 月 14 日）

孙哲生先生、国民党中央执行委员会暨孙公治丧事务所诸先生鉴：

昊天不吊，国父云亡，断我国魂，惨痛曷极。伏望节哀珍重善述遗猷，承总理之志，以扶助总理一生殷注之同胞，是为厚幸。临电涕泗，不尽悲恸。上海三区十分部洪鼎文、翻健、徐道南暨全体党员同叩。寒。

（《哀思录》第二编卷二"吊唁函电"（丙）代电，第 3 页）

国民党上海市第四区党部执委会唁电

（1925 年 3 月 14 日）

北京中国国民党中央执行委员会鉴：

国父遽丧，天嗟人哭，凡我同志，当益磨砺，团结努力于帝国主义之打破、军阀战乱之消灭，以立我民众而完竟我总理未尽之功业。悲怆之余，哀此电唁。中国国民党上海市第四区党部执行委员会全体叩。寒。

（《哀思录》第二编卷二"吊唁函电"（丙）代电，第 3 页）

国民党上海市四区四、二十分部唁电

（1925 年 3 月 14 日）

国民党中央执行委员会鉴：

噩耗传来，总理逝世，全体党员痛哭导师，誓遵总理遗嘱，继续国民革命，并一致拥护中央委员会代替总理职权指挥全党，以竟总理未竟之遗志。四区四及二十分部全体党员叩。寒。

（《哀思录》第二编卷二"吊唁函电"（乙）唁电，第 9 页）

国民党上海四区十六分部唁电

（1925 年 3 月 14 日）

国民党中央执行委员会：

总理逝世，举国痛悼，民众不幸，丧此导师，誓遵遗训，继续革命。国民党上海四区十六分部全体叩。寒。

　　　　（《哀思录》第二编卷二"吊唁函电"（乙）唁电，

　　第 10 页）

广东电报工会唁电
（1925 年 3 月 14 日）

孙行辕孙夫人暨哲生先生鉴：

　　奉电惊悉总理薨逝，殊深哀痛。全功未竟，一老不遗，回顾前途，抱恨无既。惟是吾党主义如日升天，总理精神万年不灭，务望节哀顺变起收继志之功，五权三民仍慰普天之望。临电悲痛，无任依驰。广东电报工会叩。寒。

　　　　（《哀思录》第二编卷二"吊唁函电"（乙）唁电，

　　第 4 页）

广东全省商会联合会唁电
（1925 年 3 月 14 日）

北京孙中山先生治丧办事处钧鉴：

　　顷闻帅座薨逝之耗，举国震悼。伏念帅座寰球人望、中华元勋，方期克享遐龄，发扬伟绩，讵创业未终，大星忽陨，山颓木坏，同兹怆怀。临电涕泣，敬志哀思。广东全省商会联合会会长王棠、副会长余厚庵、马伯年暨全体会董泣叩。寒。印。

　　　　（《哀思录》第二编卷二"吊唁函电"（丙）代电，

　　第 1 页）

广州市市商会唁电

（1925 年 3 月 14 日）

北京孙大元帅治丧办事处钧鉴：

　　昊天降凶，丧我元老，凡有血气，悼惜同深。惟有努力向前，誓死奋斗，促成国民会议，撤销不平等条约。下以拥护我商人之利益，上以贯彻大元帅之精神，竟先生未竟之功，负后死应负之责。谨申电唁，不禁欷歔。广东广州市市商会全体会董同叩。寒。印。

　　　　（《哀思录》第二编卷二"吊唁函电"（丙）代电，

　　第 1 页）

湖北追悼孙公大会筹备处唁电

（1925 年 3 月 14 日）

铁狮子胡同孙公行辕秘书处诸公鉴：

　　奉通告，惊悉大元帅、前孙总统于本月十二日登遐，曷胜痛悼。特电申哀。湖北追悼孙公大会筹备处时象晋筌叩。寒。

　　　　（《哀思录》第二编卷二"吊唁函电"（乙）唁电，

　　第 14 页）

湖北旅沪学生同志会唁电

（1925 年 3 月 14 日）

汪精卫诸先生钧鉴：

　　贵党总理孙公为国民革命之导师，今不幸中途哀逝，实为中华民族之一大不幸。贵党为孙公所手创，当能秉其遗志，完成国民革命之全功。尚望诸先生本三民主义之精神努力进行是幸。湖北旅沪学生同志会。寒。叩。

（《各界哀悼孙先生》，上海《民国日报》1925 年 3
月 17 日）

江西青年学会唁电
（1925 年 3 月 14 日）

北京孙中山先生治丧事务所台鉴：

阅报惊悉孙公竟于十二日晨逝世，噩耗传来，怆痛曷极。革命未竟，先贤早逝，救国救亡，全在吾辈青年之身。敝会同人谨秉孙公"革命尚未成功，同志仍须努力"之旨，期与国内有志青年共勉之。谨此电闻。江西青年学会全体叩。寒。

（《哀思录》第二编卷二"吊唁函电"（丙）代电，
第 11 页）

全国各界联合会唁电
（1925 年 3 月 14 日）

北京铁狮子胡同孙哲生先生礼鉴：

噩耗传来，惊悉尊翁中山先生一病不起，薨逝都门，人亡国瘁，薄海同悲。当此国家杌陧之秋，端赖贤豪揢拄大局以维国本，胡天不吊，夺我元勋，哀哀蒸氏，遽失长城，瞻念前途，涕泗旁流。所幸继志有人，虽死犹生。尚希节哀顺变，为国珍重。谨此电唁。全国各界联合会叩。寒。

（《哀思录》第二编卷二"吊唁函电"（丙）代电，
第 2 页）

上海东北城商业联合会唁电
（1925 年 3 月 14 日）

惊闻噩耗，哀悼无极。呜呼，元勋云亡，朝野抱考妣之痛，擎柱告折，山河兴倾覆之悲，凡属国民，罔不感惜。所望哲生先生节哀顺变，努力国是，以继先人未竟之志，用副天下亿兆之望。特电驰唁，惟乞礼照。东北城商业联合会会长陈天生、冯秋心、程莲荪暨全体职会员同叩。盐。

（《哀思录》第二编卷二"吊唁函电"（丙）代电，第 5 页）

上海大学四川同学会唁电
（1925 年 3 月 14 日）

中央执行委员会诸先生钧鉴：

国民革命尚未成功，领袖遽尔丧失，云山北望，涕泪沾襟。尚望贵党秉孙公之遗志，以竟三民主义之全功。上大四川同学会。寒。叩。

（《各方面唁电汇录》，上海《民国日报》1925 年 3 月 18 日）

上海工商友谊会唁电
（1925 年 3 月 14 日）

北京铁狮子胡同孙公行辕孙哲生先生鉴：

中山先生逝世，噩耗传来，全民哀惜。我劳动工商如失导师，悲痛之余，尤为国计民生前途忧。此间各团体除联合追悼外，誓遵先生遗嘱，努力为三民五权奋斗，并希望此后贵党部驱除危害劳动运动之邪派，以竟孙先生在世提倡劳工民生之全功，中国幸甚，劳工幸甚。上海工商友谊会总部代表全体会友同叩。寒。

（《哀思录》第二编卷二"吊唁函电"（丙）代电，第 3 页）

上海总商会唁电
（1925 年 3 月 14 日）

孙哲生先生鉴：

尊翁中山先生尽瘁国事，志节皎然，勋业未就，赍志以终，凡属国民，同深悼惜。尚祈继志述事，顺变节哀，益励远猷，以慰舆望。上海总商会。寒。

（《哀思录》第二编卷二"吊唁函电"（乙）唁电，第 10 页）

浙江法政协会唁电
（1925 年 3 月 14 日）

北京孙公治丧事务所公鉴、孙哲生先生礼鉴：

噩耗传来，惊悉中山先生仙逝。大业未竟，痛失导师，翘首燕云，薄海伤悼。惟希顺变节哀，承先生未竟之志，为国珍重，共策时艰。除派代表来京致祭外，谨先电唁。浙江法政协会叩。寒。

（《哀思录》第二编卷二"吊唁函电"（丙）代电，第 8 页）

蔡朴、计宗型等唁电

（1925 年 3 月 14 日）

孙哲生先生鉴：

顷阅京电，惊悉尊翁遽尔逝世，天不慭遗，元勋殂落。仰遗范之犹存，叹逝波之不返，怆怀国事，悲感奚如。先生偏荫在堂，家国责重，务希以礼制哀，勉襄大事，是所企祷。特此驰唁。蔡朴、计宗型、童杭时、徐乐尧、萧鉴。寒。

（《哀思录》第二编卷二"吊唁函电"（乙）唁电，第 14 页）

陈鼎芬、郭敏卿等唁电

（1925 年 3 月 14 日）

孙总理治丧处梅光培先生转孙夫人、哲生先生鉴：

噩耗传来，昏迷失次，昊天不吊，摧我国维，海泣山呼，柱轴崩裂，含涕北望，万死奚辞。况总理信义精灵为日经天，亘古弗灭，承先继志，责在后死，伏览遗嘱，垂训昭然。尚祈节哀，为国珍重。陈鼎芬、郭敏卿、梁德公同叩。寒。

（《哀思录》第二编卷二"吊唁函电"（乙）唁电，第 3 页）

陈永惠唁电

（1925 年 3 月 14 日）

孙夫人、哲生先生哀鉴：

顷奉省电，骇悉总理于侵晨薨逝，艰难国步，天夺元勋，噩耗遥传，同深哀痛。伏维总理虽逝，精神主义尚在人间，尚祈节哀顺变，为国珍重。陈永惠叩。寒。

（《哀思录》第二编卷二"吊唁函电"（乙）唁电，第 7 页）

邓锡侯唁电
（1925 年 3 月 14 日）

孙公治丧处转沧白、锡卿、王章、子骞、青阳、铁桥各先生鉴：

奉电敬悉孙公溘逝，惊凄殊深。国事未宁，哲人忽萎，燕云北望，无任怆然。兄等亲炙有年，遗言在耳，尚望遵循方略，求竟前功，上慰孙公在天之灵，下逭薄海人民之福。望风驰想，时盼教言。邓锡侯。寒。

（《哀思录》第二编卷二"吊唁函电"（乙）唁电，第 15 页）

邓子实等唁电
（1925 年 3 月 14 日）

汪精卫先生转孙总理治丧办事处鉴：

接总支部文电，总理逝世。噩耗传来，同深哀痛。总理虽薨逝，主义尚留万古，天国魂归，亦当慰藉。特电驰唁。支部主席邓子实等。寒。

（以上石伦班）

（《哀思录》第二编卷二"吊唁函电"（乙）唁电，第 24 页）

樊钟秀唁电
（1925 年 3 月 14 日）

汪精卫、于右任两先生钧鉴：

文电惊悉前大总统中山先生在京仙逝，痛悼殊深。惟先生首造民国，力尽心疲，十余年来日以国体民生为念，讵知大功尚未告成，竟尔神归天国，山河感泣，率土同哀。噩耗传来，中心欲裂，只以谬膺疆寄，未克躬身刍奠，特派本部参议李肖庭北上代表致祭并参商善后，务望俯赐接洽为祷。弟樊钟秀叩。寒。印。

（《哀思录》第二编卷二"吊唁函电"（乙）唁电，第 20 页）

顾子扬、张凌霄唁电
（1925 年 3 月 14 日）

北京孙哲生先生大鉴：

顷闻总理于十二日上午九时仙逝。噩耗传来，悲痛曷极。谨此吊唁，伏维为党为国节哀，努力继总理未竟之志，至所悼祝。顾子扬、张凌霄上。寒。

（《哀思录》第二编卷二"吊唁函电"（丙）代电，第 15 页）

旅沪赣民自治促进会郭森甲、郭寿华等唁电
（1925 年 3 月 14 日）

北京铁狮子胡同孙哲生先生礼鉴：

遽闻总理仙游，同申悲悼。革命虽云未成，而主义尚留人间。务祈节哀，为国珍重，竟总理未竟之功，惟公是赖。谨此电唁。旅沪赣民自治促进会郭森甲、郭寿华、刘之纲、刘乙燃、彭守信、郭子英、萧赞邦、萧钟俊、张蓝霄、徐惠如、彭泽叩。寒。

（《哀思录》第二编卷二"吊唁函电"（丙）代电，第 15 页）

安徽省工会代表黄尔宽、陈炳星等唁电
（1925 年 3 月 14 日）

顷接侵电，惊悉中山先生逝世，震悼莫名。先生手创共和，功在民国，凡我同志，共哭元勋。尔宽等代表全体谨先唁覆，用志哀忱。安徽省工会代表黄尔宽、陈炳星、操球等叩。盐。

（《哀思录》第二编卷二"吊唁函电"（丙）代电，第 12 页）

黄范一唁电
（1925 年 3 月 14 日）

哲生先生哀鉴：

总理薨逝，薄海同悲，凡我党人，弥增哀悼。但总理虽死，主义精神犹炳如日星，努力进行，后死之责。尚冀节哀顺变，为国自爱，为党自爱。临电不胜惨痛之至。黄范一叩。寒。印。

（《哀思录》第二编卷二"吊唁函电"（丙）代电，第 16 页）

黄骚唁电
（1925 年 3 月 14 日）

哲生兄鉴：

　　精卫兄侵电，惊悉先生在京薨逝。伏维先生民国元勋，万众仰镜，大功未竟，遽谢人寰，痛抱鼎湖，哀沉薄海。际此国家多难，伏望勉节哀思努力继进。临电涕驰，诸希谅察。黄骚叩。寒。印。

　　（《哀思录》第二编卷二"吊唁函电"（乙）唁电，第 4 页）

黄少岩唁电
（1925 年 3 月 14 日）

送北京铁狮子胡同孙公馆哲生乡先生礼鉴：

　　惊耗传来，知令尊大人谢世，我粤顿失领袖，痛悼殊深□□。尚希节哀，以襄大举。乡晚生黄少岩叩。寒。

　　（《哀思录》第二编卷二"吊唁函电"（丙）代电，第 18 页）

黄一欧唁电
（1925 年 3 月 14 日）

铁狮子胡同孙哲生兄鉴：

　　顷于锦帆联帅处阅京电，惊悉老伯大人仙逝。忆自先严于民五弃养，此十年间老伯撑揭危局，民气赖以勃兴，吾党得以不坠。方

冀长享遐龄，为国矜式，胡昊天不吊，降此鞠凶，柱折中流，邦国
瘁荡。情同犹子，悼恸益深。吾兄纯孝天成，尚望节哀，为国珍
重，即所以慰在天之灵也。临电呜咽，不知所云。弟黄一欧叩。
寒。

　　（《哀思录》第二编卷二"吊唁函电"（乙）唁电，
第 12 页）

建国湘军第五军警备司令蒋国光唁电
（1925 年 3 月 14 日）

北京铁狮子胡同孙哲生先生暨汪精卫、邹海滨、李协和、柏烈武、
林子超诸先生鉴：

　　天不愸遗，丧我国父。国光执戈前方，惊闻噩耗，哀感曷极。
窃念总理虽死，主义不灭，吾辈秉承遗训，矢志忠贞，努力奋斗，
继总理未竟之志，以成国民革命全功。尚望节哀顺变，为国珍重。
建国湘军第五军警备司令蒋国光泣叩。寒。

　　（《哀思录》第二编卷二"吊唁函电"（丙）代电，
第 17 页）

近卫文麿唁电
（1925 年 3 月 14 日载）

孙科先生鉴：

　　顷悉令尊大人仙逝之骇闻，曷胜哀愁。令尊为建设民国之元
勋，负四万万国民之望，当此时局重大之秋，□复不起，哀悼之
至。特此致电，恭慰英灵。日本东京公爵近卫文麿。

　　（《吊孙电函汇志》，《顺天时报》1925 年 3 月 14 日）

国民党吴江县党部执行委员李伯华等唁电

（1925 年 3 月 14 日）

北京铁狮子胡同孙公行辕哲生先生礼鉴：

　　电传总理忧国捐躯，曷胜悲悼。国事未定，遽失元勋，务乞节哀继承先志。此间同志除择期追悼外，谨先电唁。吴江县党部执行委员李伯华、第三区党部执行委员汪光祖、第一分部执行委员徐蘧轩暨新盛泽报社同人叩。寒。

　　（《哀思录》第二编卷二"吊唁函电"（丙）代电，第 5~6 页）

李崇鎏唁电

（1925 年 3 月 14 日）

铁狮子胡同孙哲生兄礼鉴：

　　总理逝世，薄海同悲，大业未竟，元勋遽陨，噩耗传来，尤深悼痛。敬电奉唁孝履。李崇鎏。寒。

　　（《哀思录》第二编卷二"吊唁函电"（乙）唁电，第 10 页）

建国桂军第六师师长廖湘芸等唁电

（1925 年 3 月 14 日）

孙大元帅治丧事务所大鉴：

　　元首驾崩，普天同悼，敝师所部痛悼尤深。临电惨伤，不知所云。建国桂军第六师师长廖湘芸率全体官佐、士兵同叩。寒。印。

　　（《哀思录》第二编卷二"吊唁函电"（乙）唁电，第 4 页）

建国滇军第二师师长廖行超唁电

（1925 年 3 月 14 日）

孙哲生先生礼鉴：

惊闻噩耗，痛悼殊深，伏维大元帅业成不坏，声振寰区，亘古昭然，天地同寿，睿躬虽化，精义犹存。尚冀节哀承志，用遂发扬蹈厉光大休烈。临电凄怆，无任神往。建国滇军第二师师长廖行超叩。寒。

（《哀思录》第二编卷二"吊唁函电"（乙）唁电，第 4 页）

刘玉山唁电

（1925 年 3 月 14 日）

孙夫人暨哲生兄鉴：

奉电痛悉帅座薨逝，五内崩摧，全军怆恸。玉山身羁前方，未克奔丧哭临，惟有设位望祭，祗遵命令，激励将士墨绖从戎，以竟帅志。先生之躯壳虽化，精神主义犹存。尚希为国为党节哀顺变。特此慰唁，诸维珍重。刘玉山。寒。印。

（《哀思录》第二编卷二"吊唁函电"（乙）唁电，第 4 页）

冷遹唁电

（1925 年 3 月 14 日）

李协和、汪精卫两先生转哲生兄鉴：

尊公中山先生手造民国，功炳简书，此次扶病北行，群祝早占弗药，惊传薨逝，薄海同悲。敢布区区，上为国悼，下哭其私。冷遹叩。寒。印。

（《哀思录》第二编卷二"吊唁函电"（乙）唁电，第 8 页）

林实唁电

（1925 年 3 月 14 日）

汪精卫先生大鉴：

忽得京电，惊悉中山先生弃世。天不憖遗，曷胜悲悼。敬恳于中山夫人暨哲生公子前代致唁慰为祷。弟林实叩。寒。

（《哀思录》第二编卷二"吊唁函电"（乙）唁电，第 19 页）

凌铁庵等唁电

（1925 年 3 月 14 日）

铁狮子胡同孙哲生先生鉴：

噩耗惊传，丧我国父，无涯之戚，宁独我公。尚冀节哀绳志，以安在天之灵，而慰群伦之望。谨唁。安徽全体同志凌铁庵等叩。寒。

（《哀思录》第二编卷二"吊唁函电"（乙）唁电，第 17 页）

罗翼群唁电

（1925 年 3 月 14 日）

孙夫人、哲生兄鉴：

电传吾帅薨逝，摧痛曷胜。敬读遗嘱，尤重继述。惟望节哀顺变，勉襄大事，上慰先灵为祷。罗翼群叩。十四。印。

（《哀思录》第二编卷二"吊唁函电"（乙）唁电，第 3 页）

罗翼群唁电
（1925 年 3 月 14 日）

精卫、海滨、子超先生均鉴：

惊闻帅座之变，益动泰山梁木之悲，吾党继承未竟之志，用慰在天之灵。罗翼群叩。十四。卯。

（《哀思录》第二编卷二"吊唁函电"（乙）唁电，第 3 页）

马玉人唁电
（1925 年 3 月 14 日）

孙公子礼鉴：

顷得京电，闻中山先生逝世，曷胜痛悼。先生手创民国，勋盖寰区，哲人忽萎，全国同悲。谨电吊唁。马玉人。寒。

（《哀思录》第二编卷二"吊唁函电"（乙）唁电，第 9 页）

石克士唁电
（1925 年 3 月 14 日）

北京铁狮子胡同孙哲生先生鉴：

文午惊悉总理逝世，噩耗传来，不胜悲痛。革命尚未成功，同志顿失领袖，我党我国失恃何如。先生秉承先志，追范前贤，尚祈勉节哀思，共图卫国。临风敬唁，不尽欲言。石克士。寒。

（《哀思录》第二编卷二"吊唁函电"（丙）代电，第15页）

宋麟源唁电

（1925年3月14日）

总理溘逝，痛失泰山，掬泪电唁，藉表哀忱。宋鳞源。寒。

（《哀思录》第二编卷二"吊唁函电"（乙）唁电，第14页）

苏无涯、刘崛唁电

（1925年3月14日）

北京铁狮子胡同行辕孙夫人、哲生兄礼鉴：诸同志均鉴：

惊闻先生薨逝，痛彻五衷。未竟全功，先折天柱，岂惟吾党失所依归，实乃人类蒙损失。八表哀腾，六洲悲动［恸？］，国魂未死，主义犹存。尚祈顺变节哀，同遵遗嘱。誓竟先志。谨电奉唁，诸维珍摄。苏无涯、刘崛叩。寒。

（《哀思录》第二编卷二"吊唁函电"（丙）代电，第16页）

孙毓筠唁电

（1925年3月14日）

孙哲生兄鉴：

阅京电，惊悉中山先生已于真日①去世。先生为手造民国之元勋，三十年来标主义而奋斗，历尽艰苦，百折不挠，今竟因积劳致疾，溘然长逝，举国人民，顿失宗仰。毓筠为曩昔患难相从之交，中怀悲痛犹难自已。谨电奉唁，并乞节哀顺变，勉理大事。孙毓筠。寒。

（《哀思录》第二编卷二"吊唁函电"（乙）唁电，第 18 页）

唐蟒、杨源浚等唁电
（1925 年 3 月 14 日）

北京铁狮子胡同孙公治丧事务所孙哲生先生苫次：

惊闻总理逝世，北望燕云，恸哭失声，举国皇皇，如丧慈父。尚望我兄为国节哀，努力继志。蟒等身受总理熏陶，谨当遵守遗言，矢志奋斗，以期贯彻党义而慰我总理在天之灵。谨电哀唁，百惟珍摄。唐蟒、杨源浚、丁造、李隆建、高维道、谢介僧、杨维武、李实蕃、杨文炜、杨时霖叩。寒。

（《哀思录》第二编卷二"吊唁函电"（丙）代电，第 15～16 页）

头山满、寺尾亨唁电
（1925 年 3 月 14 日载）

孙科先生鉴：

接到孙中山先生之讣音，不胜痛悼。谨表哀悼之意。头山满、寺尾亨。

（《吊孙电函汇志》，《顺天时报》1925 年 3 月 14 日）

---

①　原文如此，疑误。"真日"为"11 日"。——编者

王赓廷、陈世光等唁电

（1925 年 3 月 14 日）

铁狮子胡同孙公治丧事务所孙哲生暨诸君均鉴：

大星遽殒，寰宇同悲，缅维伟烈之昭宣，弥增我邦之疢瘁。除遵令筹备饰终令典外，临电无任凄怆之至。王赓廷、陈世光、朱有济、常之英、李祖夔叩。寒。

（《哀思录》第二编卷二"吊唁函电"（乙）唁电，第 9 页）

王揖唐唁电

（1925 年 3 月 14 日）

前临时大总统孙行辕孙大公子苫次：

接京电，恸悉尊公于十二日在京邸弃养。噩耗传来，寰海震惊。公子笃念天亲，哀毁曷极。第念尊公共和手造，为国驰驱，一应典礼已由内务部谨拟筹办。但公子分属毛裹，大事亲当，尚希援礼经余变之文，念曾子慎终之语。遥瞻亚室，祷盼维殷。谨电奉唁，顺颂孝履。王揖唐。寒。

（《哀思录》第二编卷二"吊唁函电"（乙）唁电，第 17 页）

无锡驻沪劳工会会长吴公望等唁电

（1925 年 3 月 14 日）

孙公治丧事务所公鉴：

孙公逝世，噩耗传来，全球震惊。哀我民国，遽折元勋，我劳工同胞，深痛奚极。除联合各团体举行追悼会，先此吊电，以示悲哀。无锡驻沪劳工会会长吴公望等叩。寒。

（《哀思录》第二编卷二"吊唁函电"（丙）代电，第 5 页）

国民党暹总部萧佛成等唁电
（1925 年 3 月 14 日）

京电传来，薄海人民同深悲痛，矧在党员。暹党部决举行百日志哀。伏念山陵虽崩，党魂不死，望劝孙夫人、哲生君节哀为祷。中国国民党暹总部萧佛成等抆泪叩。寒。

（以上 Bangkok）

（《哀思录》第二编卷二"吊唁函电"（乙）唁电，第 21 页）

徐兰墅唁电
（1925 年 3 月 14 日）

孙哲生先生礼鉴：

噩耗传来，惊悉孙前大总统逝世。元勋殂谢，哀悼何极。谨此电唁，尚望为国珍重，稍节哀思。徐兰墅叩。寒。

（《哀思录》第二编卷二"吊唁函电"（乙）唁电，第 10 页）

阎锡山唁电
（1925 年 3 月 14 日）

孙哲生兄鉴：

昊天不吊，遽丧元勋，兆庶何依，邦国殄瘁。我兄纯孝，哀痛可知。惟是继述需要，国事为重，尚希顺变节哀，勉襄大事。特电奉唁，不尽瞻驰。阎锡山。寒。

（《哀思录》第二编卷二"吊唁函电"（乙）唁电，第20页）

杨以德唁电
（1925年3月14日）

哲生仁兄鉴：

顷接京电，惊悉尊甫中山先生于月之十二日上午九时三十分逝世，曷胜悼惜。伏念先生功在国家，名闻中外，胡天不吊，丧此伟人。谨电奉唁，尚希节哀为祷。杨以德叩。寒。

（《哀思录》第二编卷二"吊唁函电"（乙）唁电，第11页）

叶荃、柏文蔚等唁电
（1925年3月14日）

同志均鉴：

比闻先生长逝，悲恸罔极。先生开四千年之创局，扩亿万姓之胸襟，宁取拙以不败，不取巧以胜，一洗英雄谲诈之习。自昔伟人成败律于事功，先生行事成败律于主义，虽躬未与郅治之隆，然光足照千古。愿同人竟先生未竟之志，戮力救国，无堕浩气，报国报友，惟此一途。谨此遥悼。叶荃、柏文蔚、向严、王孝缜、田桐叩。寒。

（《哀思录》第二编卷二"吊唁函电"（乙）唁电，第19页）

袁希洛唁电

（1925 年 3 月 14 日）

孙宋夫人暨孙科先生哀鉴：

　　民国不幸，丧吾中山，寰海平民同声痛哭。希洛刻在江阴，即偕南菁学校同人行哀悼礼，下半旗、嗜素一日。特此电唁。袁希洛。寒。

　　　　（《哀思录》第二编卷二"吊唁函电"（乙）唁电，

第 11 页）

袁家声、孙万乘等唁电

（1925 年 3 月 14 日）

孙哲生兄鉴：

　　阅京电，惊悉总理中山先生已于真日①在京去世。闻耗之下，悲痛不胜。窃念总理以三民五权主义指导全国，虽目前未能完全见诸实行，然年来迭次所发表之宣言，其中如取销一切国际不平等条约各纲领，实符合民众之心理，吾党势力因此日见扩张。今总理殁矣，党员等仍当确守党纲，联合民众，协力奋斗，冀成总理未竟之志，前途一切建设党员等应分任其责，不以总理一身之亡而有所变易也。谨电奉唁，敬乞勉节哀思，以襄大事，是所至祷。袁家声、孙万乘、毕靖波、谭惟洋等七十余人同叩。寒。

　　　　（《哀思录》第二编卷二"吊唁函电"（乙）唁电，

第 19 页）

----

①　原文如此，疑误。——编者

张一志唁电
（1925 年 3 月 14 日）

铁狮子胡同前孙中山先生行辕转哲生先生礼鉴暨旅京国民党同志均鉴：

惊闻噩耗，元勋归谢，国事未定，建设方艰，国父云亡，悲悼弗胜。凡属国人，应抱山颓木坏之悲，吾党同侪，将弗胜栋折榱崩之惧。尚祈哲生先生节哀顺变为国珍重，同志、民党赞襄治丧尽忠于三民主义之主旨，以终中山先生未竟之功业。谨电哀忱，并唁礼安。张一志。寒。

（《哀思录》第二编卷二"吊唁函电"（乙）唁电，第 11 页）

李思浩、钟世铭、张训钦唁电
（1925 年 3 月 14 日载）

孙行辕：

侵电敬悉。中山先生手创民国，栉风沐雨，殚极艰辛。此次由粤北来，积痗婴疾，方冀灵药延龄，发皇伟绩，何竟三辰雾塞，一旦箕沈。天胡不吊，殒此哲人，薄海同悲，永无既极。特此奉唁。李思浩、钟世铭、张训钦同叩。

（《吊孙电函汇志》，《顺天时报》1925 年 3 月 14 日）

中国共产党中央执行委员会唁电
（1925 年 3 月 15 日）

中国国民党中央执行委员会：

国民革命尚未成功，贵党总理孙中山先生遽尔逝世，中国共产党中央执行委员会接此哀耗，不胜悲悼！中国共产党对于贵党总理孙中山先生临终之政治的遗嘱及其毕生反抗帝国主义、反抗军阀之革命事业表示极深之敬意，并希望贵中央执行委员会承继此伟大的革命遗产，领导中国国民革命到底！

中国共产党相信中山先生的肉体虽然死了，中山主义——即反帝国主义、反军阀的革命主义和他手创的国民党决不会如一般帝国主义者及军阀们的预料，随着中山之死而濒于危殆。中国共产党相信伟大的集合体指导革命，比伟大的个人指导革命将更有力。中国共产党更相信今后的国民党必然仍为中山的革命主义所统一，一切革命份子必然因中山之死更加团结一致。这种内部的统一是中山死后防御敌人进攻的必要保证；然而这种统一必须不是违背中山主义或修改中山主义的统一，而是真正建立在中山革命主义之上的统一；必须这样的统一才是真正的统一，也必须这样的统一才是防御敌人进攻的真正担保和完成中山志愿的真正前提。

中国共产党敢以上述的敬意与信念致于贵中央执行委员会之前，希望贵党于中山先生死后更增加勇气忠实的继承中山先生的遗产，积极进行打倒帝国主义、打倒军阀的伟大事业。在这种情形之下，不仅中国共产党与中国工农阶级热烈的愿与贵党协力奋斗到底，即全世界无产阶级和第三国际下的一切友党皆将与贵党以恳挚之同情和援助。

中国共产党中央执行委员会
一九二五年三月十五日

（《中国共产党致唁中国国民党》，《向导》汇刊第3集第107期，1925年3月21日）

北伐随军宣传团唁电

（1925 年 3 月 15 日）

夫人、哲生、精卫诸同志鉴：

　　天厄国民，夺我元勋，薨耗惊闻，心胆俱碎。但预料吾党同志此后必益奋勉，以慰先生之灵。惟冀以党国为重，毋过伤毁。泣电遥唁，万望节哀。北伐随军宣传团叩。翰。

　　　　（《哀思录》第二编卷二"吊唁函电"（乙）唁电，

　　第 4 页）

大埔旅沪同乡会唁电
（1925 年 3 月 15 日）

哲生先生礼鉴：

　　噩耗传来，惊悉尊翁中山先生革命领袖仙逝都门。大功未成，元勋遽丧，薄海人民，咸深痛悼。惟望节哀顺变，勉绍前烈，以竟先公之志。谨电奉唁。大埔旅沪同乡会叩。删。

　　　　（《哀思录》第二编卷二"吊唁函电"（丙）代电，

　　第 5 页）

国民党中央宣传部唁电
（1925 年 3 月 15 日）

孙夫人暨哲生先生鉴：

　　噩耗电传，总理逝世。国丧慈父，人失导师，川沸山崩，莫可比况，哀痛同深，矧在骨肉。惜大业未成，遗训在耳，图慰冥漠，莫如继志。所望节哀顺变，共此远图，勉进糜粥，为国自爱。中央宣传部叩。删。

　　　　（《哀思录》第二编卷二"吊唁函电"（乙）唁电，

　　第 4 页）

国民党吉林临时省党部唁电

（1925 年 3 月 15 日）

北京铁狮子胡同孙公行辕治丧办公处转诸同志均鉴：

顷闻本党总理、大元帅、前大总统孙中山先生于文日溘逝。哀我总理，事功未竟，遽尔弃国，永别同志，曷胜恻悼。谨先电唁。吉林临时省党部同志。删。

（《哀思录》第二编卷二"吊唁函电"（丙）代电，

第 13 页）

国民党山东省党部唁电

（1925 年 3 月 15 日）

孙宅秘书处执事鉴：

接奉讣电，我总理志切救国，溘然长逝，四万万同胞骤失师导，同志尤深哀悼。在济追悼志哀如仪外，尤当振奋神力，继我总理未竟之志。鲁省党部全体公叩。删。

（《哀思录》第二编卷二"吊唁函电"（乙）唁电，

第 18 页）

国民党江阴区党部唁电

（1925 年 3 月 15 日）

孙中山先生治丧事务所鉴：

总理弃世，栋梁其摧，万民痛哭。谨唁。江阴区党部。删。

（《哀思录》第二编卷二"吊唁函电"（乙）唁电，

第 11 页）

国民党奉化县党部等唁电

（1925 年 3 月 15 日）

孙公行馆：

中山先生革命未成，赍志以殁，曷胜哀悼。誓继续奋斗，以慰泉坏〔怀？〕。奉化县党部暨国民会议促成会叩。删。

（《哀思录》第二编卷二"吊唁函电"（乙）唁电，第 21 页）

国民党汉口特别市第九区党部唁电

（1925 年 3 月 15 日）

北京总理孙公治丧事务所鉴：

总理逝世，民命何依，群众哀忱，悲声雷动。志多未竟，遗嘱长存，悼痛之余，益深奋勉。中国国民党汉口特别市第九区区党部泣叩。删。

（《哀思录》第二编卷二"吊唁函电"（丙）代电，第 10 页）

国民党汉口特别市第九区第一区分部唁电

（1925 年 3 月 15 日）

北京总理孙公治丧事务所鉴：

噩耗惊传，同声悲惨，燕云楚水，挥泪莫由。主义神圣，与国长存，悼痛之余，益增黾勉。中国国民党汉口特别市第九区第一区分部泣叩。删。

（《哀思录》第二编卷二"吊唁函电"（丙）代电，第 10 页）

国民党江苏省松江县第一区党部唁电
（1925 年 3 月 15 日）

孙哲生先生礼鉴：

　　总理建国未竟，溘然逝世。噩耗传来，同悲失怙。尚祈节哀应变，继承先志，为党为国不胜祷切。中国国民党江苏松江县第一区党部。删。印。

　　（《哀思录》第二编卷二"吊唁函电"（丙）代电，第 6 页）

国民党九江市党部唁电
（1925 年 3 月 15 日）

北京铁狮子胡同孙哲生先生鉴：

　　奉本党文电，惊悉总理逝世，无任哀悼。此间同志除筹备追悼外，誓遵守总理遗嘱为国奋斗。先生为总理哲嗣，对党、对国均负重责，尚望节哀顺变，善继先志，党国幸甚。临电陨泪，不尽涟涟。中国国民党江西九江市党部执行委员全体谨叩。删。

　　（《哀思录》第二编卷二"吊唁函电"（丙）代电，第 11 页）

国民党上海市第三区第一区分部唁电
（1925 年 3 月 15 日）

北京中央执行委员会公鉴：

总理逝世，全国震惊。革命未成，导师遽殒，同人闻耗，哀悼更深。谨当遵守遗训，继续奋斗。除在沪设灵致祭外，谨此电闻。上海市第三区第一区分部全体党员叩。删。

（《哀思录》第二编卷二"吊唁函电"（丙）代电，第 3 页）

国民党上海市第三区第十六区分部唁电
（1925 年 3 月 15 日）

北京中央执行委员会诸公并转孙哲生先生礼鉴：

总理逝世，薄海同悲，同人等惊闻之下，哀恸弥殷。革命尚未成功遽失导师，此后谨当恪守遗训继续努力奋斗。除在沪设灵奠祭外，谨此代电奉闻。上海市第三区第十六区分部全体党员叩。咸。

（《哀思录》第二编卷二"吊唁函电"（丙）代电，第 3 页）

国民党上海第四区四分部唁电
（1925 年 3 月 15 日）

国民党中央委员会鉴：

总理逝世，痛悼万分，一致议决请求将上海大学改为中山大学，并特设三民主义讲座，由中央派专员讲授，以示永远纪念及继续遗志之意。万望准予通过，商于校长决定施行。上海四区四分部全体党员叩。删。

（《哀思录》第二编卷二"吊唁函电"（乙）唁电，第 10 页）

广东大学学生会唁电

（1925 年 3 月 15 日）

孙夫人暨哲生先生哀鉴：

噩耗传来，惊悉帅座逝世，薄海同悲。天厄苍生，丧我国父，痛哉。惟念帅座虽死，主义犹存，伏盼节哀，以竟其志。广大学生会哀叩。删。

> （《哀思录》第二编卷二“吊唁函电”（乙）唁电，第 4 页）

广东香山县议会唁电

（1925 年 3 月 15 日）

北京铁狮子胡同送孙夫人暨哲生先生鉴：

惊悉大元帅逝世，哀痛莫名。惟帅座功业、主义，焜耀人寰，光大发挥，后死有责，还望顺变节哀，克承先志，毋任盼祷。香山县县议会议长杨吉、吴月庭暨全体议员同叩。删。

> （《哀思录》第二编卷二“吊唁函电”（丙）代电，第 1 页）

湖北武昌县善社联合会唁电

（1925 年 3 月 15 日）

孙前大总统治丧筹备处执事诸公鉴：

顷读段执政令，惊悉前大总统孙中山先生殚心国是成功不居，导民治之先河，约军阀于正轨，主张凭真正舆论废除不平等条约，仁言利溥,薄海同钦。乃昊天不吊,歼我哲人,普天痛惜,如失长城。武昌人士翘企燕云,玩味遗言,弥殷悲惋。伏愿后死有责,扶民气以伸张,跻世太平,与列强成均势。谨此奉唁,共表哀忱。武昌善社联合会叩。咸。

（《哀思录》第二编卷二"吊唁函电"（丙）代电,第 10 页）

湖南常德青年艺术研究社唁电
（1925 年 3 月 15 日）

孙哲生先生钧鉴:

噩耗传来,孙公遽崩,迷听之余,曷胜悲痛。伏念孙公奔走革命四十余年,精诚无间遂泊今兹。行见革命成功,人民有朝苏之望,不意天不厌乱,夺我元勋。呜呼,孙公去矣,不能回生矣。惟冀同胞努力奋斗,继孙公之伟志。湖南常德青年艺术研究社哀唁。删。

（《哀思录》第二编卷二"吊唁函电"（乙）唁电,第 12 页）

杭州工人协会唁电
（1925 年 3 月 15 日）

孙哲生先生孝鉴:

阅报,国民革命领袖、中华民国创造者孙公中山仙逝。革命未成,导师先丧,被压迫者人民闻之,尤觉痛心裂肝,不知身受者更何如耶。亟盼先生勉节哀思,为国努力,竟国父未竟之壮举,拯救被压迫者于水火。国父有灵,亦当含笑于泉壤。谨此电唁。杭州工人协会叩。删。

（《各界哀悼孙先生》，上海《民国日报》1925 年 3
月 17 日）

监督兵工厂购械请款委员会唁电
（1925 年 3 月 15 日）

孙夫人、哲生先生哀鉴：

帅座薨逝，薄海同哀。惟帅座遗型尚在精神未死，乞节哀顺变
为国珍摄，上慰先灵为祷。监督兵工厂购械请款委员会委员同叩。
删。印。

（《哀思录》第二编卷二"吊唁函电"（乙）唁电，
第 4 页）

江西九江国民会议促成会、
九江学生联合会等唁电
（1925 年 3 月 15 日）

北京孙中山先生治丧处台鉴：

接京电，惊悉中山先生为国尽瘁。噩耗传来，怆痛曷极。同
人等誓当遵守先生遗言继续奋斗，以竟先生未竟之志。谨先电闻，
兼以奉唁。九江国民会议促成会、九江学生联合会、九江反帝国
主义运动大联盟、九江非基督教同盟、九江青年救国团同叩。删。
印。

（《哀思录》第二编卷二"吊唁函电"（丙）代电，
第 11 页）

江西自治同志会唁电

（1925 年 3 月 15 日）

北京铁狮子胡同孙公治丧事务所诸公鉴：

　　天不慭遗，遽丧国父，同人惊悼，不知所云。惟冀全民失怙之后益承先生遗训努力奋斗，则先生在天之灵如在其上也。谨此奉唁。江西自治同志会叩。删。

　　　　（《哀思录》第二编卷二"吊唁函电"（丙）代电，第 11 页）

江西永新旅沪学生会唁电

（1925 年 3 月 15 日）

北京孙公治丧处诸公礼鉴：

　　惊悉国父噩耗，同人等悼痛弥深。国家骤折梁柱，吾民顿失导师，此后美雨欧风赖谁蔽御。所望诸公鼎承大业，竟先生未了之志，则不惟国家与吾民之幸，先生亦必含笑于九京矣。同人等除分赴先生灵前祭奠外，谨复电唁。江西永新旅沪学生会叩。删。

　　　　（《哀思录》第二编卷二"吊唁函电"（丙）代电，第 5 页）

老巴刹书报社唁电

（1925 年 3 月 15 日）

孙公治丧处鉴：

　　天祸中国，丧我国父，噩耗传来，悲恸欲绝。谨电驰唁，藉表哀忱。老巴刹书报社叩。册。

（以上 Botavia）

（《哀思录》第二编卷二"吊唁函电"（乙）唁电，
第 22 页）

上海琼崖新青年社唁电
（1925 年 3 月 15 日）

北京铁狮子胡同孙先生治丧处礼鉴：

昊天不吊，大地星殒。孙先生噩耗传来，同人闻之泪下。夫先生鞠躬尽瘁，都是为国牺牲，备尝辛苦艰难，无非为民请命。丁兹帝国主义压迫之日，正是军阀为虐之秋。外患未除，天柱已陷，内争方亟，排艰将谁？一旦丧此元勋，吾民孰为领袖。匪特举国以失措，抑亦中外所哀悼。惟是先生之寿虽不延，先生之灵则常在，先生之功虽未竟，先生之志则不衰。与其痛哭悲哀，曷若从此努力，革命未达目的，吾人责任方殷，势必奋勇而向前，藉慰先生之遗憾。谨此致唁，希为国节哀。上海琼崖新青年社同人叩。咸。

（《哀思录》第二编卷二"吊唁函电"（丙）代电，
第 5 页）

张家口总商会唁电
（1925 年 3 月 15 日）

孙行馆秘书处鉴：

侵电悉。中山先生逝世，无任哀悼。张家口总商会。删。

（《哀思录》第二编卷二"吊唁函电"（乙）唁电，
第 20 页）

浙江国民会议促成会唁电

（1925 年 3 月 15 日）

北京东城铁狮子胡同中国国民党中央执行委员会公鉴：

奉读文电，惊悉中山先生仙逝京寓。吾民正陷水火，遽尔失此导师，曷胜悲悼。谨此电唁。浙江国民会议促成会叩。删。

（《哀思录》第二编卷二"吊唁函电"（丙）代电，第 7 页）

浙江杭县新市场商界联合会唁电

（1925 年 3 月 15 日）

北京铁狮子胡同孙哲生先生礼鉴：

顷接尊翁孙大元帅文日谢世，国事方艰，遽丧元老，薄海人民咸失导师。翘首燕云，曷胜感痛。还希节哀顺变，为国自卫，以竟尊翁遗志，是为祷盼。特唁。浙江杭县新市场商界联合会叩。删。

（《哀思录》第二编卷二"吊唁函电"（丙）代电，第 8 页）

中华全国国民同志会唁电

（1925 年 3 月 15 日）

宋夫人、孙哲生先生、孙公治丧事务所诸先生均鉴：

狂浪方涨，国柱遽颓，噩耗惊闻，薄海同泣。敬望缵绪遗猷，丕光国宪，慰先灵于地下，拯斯民于涡中，是为至祷。临电涕泣，顺乞节哀。中华全国国民同志会妇女运动部、劳工运动部、反帝国主义运动部、文化运动部、国民会议促成部、政制研究部、军事研究部各部委员蔡蕙琴、吴淑东、范英、洪鼎文、翩健、石赞襄、徐道南、陈浩波、陈锦耀、顾德铭、杨秋江、陶继渊、唐豹、许桂卿、裘宣春、贺松焘、洪维钧、李树森、沈的、张夏铭、余卿、徐文溶、周之岐、潘祖安、徐腾、陈汉章、严秉钧、饶金荣、夏次石、蔡西铭、文雄、汤和卿、文勃、龚扬、张来韶、王达三、汤宝林、许也夫、徐绍山暨全体会员同叩。咸。（自上海打铁浜美甸里一六一号发）

（《哀思录》第二编卷二"吊唁函电"（丙）代电，第 2 页）

程稚周、张拱辰、宁少清唁电
（1925 年 3 月 15 日）

铁狮子胡同孙哲生先生礼鉴：

国乱方殷，导师溘逝，国父虽去，主义尚存。吾人惟有遵命奋斗，以竟前志，犹望节哀为要。无任悲悼，特此驰唁。程稚周、张拱辰、宁少清。删。

（《哀思录》第二编卷二"吊唁函电"（乙）唁电，第 10 页）

董耕云、李希莲唁电
（1925 年 3 月 15 日）

北京孙公治丧处鉴：

见报载总理中山先生于十二日溘然弃世，云等闻耗五内生悲。慨先生虽开创民国，然未获建设三民五权政策，登斯民于衽席之

上。况值此军阀用事、水火人民之秋，遽尔长逝，赍志以终，诚吾
党之不幸，洵民国之大戚也矣。呜呼！国魂不返，国民何依。龙蛇
起陆神州迷离，吾党贯彻休明可期。痛此悼唁，以志哀思。董籽
［耕］云、李希莲叩。咸。

　　　　　（《两议员电吊中山》，《盛京时报》1925 年 3 月 21 日）

方本仁唁电

（1925 年 3 月 15 日）

铁狮子胡同孙前大总统行辕秘书处鉴：

　　侵电奉悉。中山先生手造共和，力扬民治，丰功伟烈，照耀山
河。方冀日月长明，苞桑永奠，天胡不憖，遽尔升遐。噩耗惊传，
弥深怆痛。祈为转唁孙公瀛眷节哀顺变，以礼制情。特电表哀，维
希察照。方本仁。删。

　　　　　（《哀思录》第二编卷二"吊唁函电"（乙）唁电，
　　第 17 页）

冯玉祥唁电

（1925 年 3 月 15 日）

国民党中央执行委员会公鉴：

　　昨接京电，惊悉孙中山先生仙逝之耗。哲人其萎，曷胜悲痛。
兹奉侵电，知先生临终之际犹汲汲以中国之独立自由等事为念。先
哲爱国，极堪佩仰，我辈自应力促进行，以竟宏愿。特此电复，即
希痊照。冯玉祥。珊［删］。

　　　　　（《哀思录》第二编卷二"吊唁函电"（乙）唁电，
　　第 20 页）

冯玉祥唁电

（1925 年 3 月 15 日）

铁狮子胡同孙前总统行辕秘书处译转于右任先生及吴、李、林、邹、李、汪、孔、宋、孙诸位先生鉴：

中山先生首创民国，全国矜式。此次力疾赴都，心存救国，天不憗遗，遽尔长逝，缅念及此，曷胜痛悼。诸公热肠古道，身后事宜诸承襄理，尤深钦感。玉祥张垣养疴，助理未能，辱电言谢，愈觉增惭。特此奉复，并颂筹安。冯玉祥。删。

（《哀思录》第二编卷二"吊唁函电"（乙）唁电，第 20 页）

热河都统阚朝玺唁电

（1925 年 3 月 15 日）

孙公行辕秘书处鉴：

国步多艰，民生调瘵，挽回劫运，端赖福星。中山先生民国元勋，全球信仰，奔走国事逾三十年，此次由粤北上，振纲持领，此后方有端倪，噩耗传来，普天同悼。谨电吊唁，敬表哀忱。热河都统阚朝玺。咸。

（《哀思录》第二编卷二"吊唁函电"（乙）唁电，第 20 页）

谷思慎、田桓唁电

（1925 年 3 月 15 日）

铁狮子胡同孙哲生先生礼鉴：

总理逝世，薄海同悲。慎、桓夙承知遇，尤深痛切。灵旗遥望，涕泗何穷。尚冀节哀顺变，以竟总理未竟之志。特此奉唁，诸维珍摄。谷思慎、田桓叩。删。

（《哀思录》第二编卷二"吊唁函电"（乙）唁电，第 19 页）

胡德夫、欧阳豪、刘荣棠唁电
（1925 年 3 月 15 日）

孙哲生先生鉴：

顷接河南国民党省党部电开，惊悉令尊总理于本月文日遽归道山，曷胜悲恸。当此国步多艰，不意砥柱忽折，棘地荆天，孰为斡旋。伏念先生性成纯孝，奉养无亏，一旦痛遭失怙，自必毁伤逾恒，尚祈节哀顺变，勉襄大事。远隔河山，难亲奠祭，谨先电吊，聊表哀思。国民第三军第一支队长胡德夫、建国豫军参谋长欧阳豪、汝阳道尹刘荣棠同叩。删。

（《哀思录》第二编卷二"吊唁函电"（乙）唁电，第 19 页）

蕙芳①唁电
（1925 年 3 月 15 日）

铁狮子胡同：

总理逝世，举国同哀，芳等尤惨。愿节哀践遗嘱继总理志，未亡人痛苦应忍受，祈珍重道仪。蕙芳。删。

（《哀思录》第二编卷二"吊唁函电"（乙）唁电，第 4 页）

①　疑为邓蕙芳，女，1921 年当选广州市第一届参事会参事。——编者

四川省议会刘扬唁电

（1925 年 3 月 15 日）

孙大元帅治丧处诸同志鉴：

　　孙公元日逝世，噩耗传来，不胜悲悼。国事多艰，正赖孙公扶持，一旦弃世，薄海失依。万望各同志贯彻主义，群推继起之人，扬虽愚鲁，绠香执鞯。临电神往，不禁吊唁。四川省议会刘扬叩。删。

　　（《哀思录》第二编卷二"吊唁函电"（乙）唁电，第 15 页）

林直勉唁电

（1925 年 3 月 15 日）

北京铁狮子胡同探送孙夫人、孙哲生先生鉴：

　　惊闻总理薨逝，五中崩烈，哀悼同深。惟革命事业未竟全功，尚望节哀，为国为党均祈珍重。林直勉叩。咸。印。

　　（《哀思录》第二编卷二"吊唁函电"（丙）代电，第 14 页）

林云飞唁电

（1925 年 3 月 15 日）

北京铁狮子胡同孙夫人、孙哲生先生哀鉴：

　　我国不造，丧厥元勋，噩耗南传，山枯海泣，北顾幽燕，无泪可挥。祗贯彻主义，端在后贤。望节哀珍重，以竟总理未遂之志。中国国民党暹罗万峇初贝二支部代表林云飞。删。叩。

（《哀思录》第二编卷二"吊唁函电"（丙）代电，
第 14 页）

宋左林唁电
（1925 年 3 月 15 日）

北京铁狮子胡同孙哲生先生礼鉴：

元勋遽殒，寰宇含悲。尚祈先生节哀应变，以竟先志。谨此电
唁。宋左林叩。删。

（《哀思录》第二编卷二"吊唁函电"（丙）代电，
第 18 页）

国民党湖南常德党部谭肖岩等唁电
（1925 年 3 月 15 日）

汪精卫先生转中央执行委员会并转孙哲生先生大鉴：

顷得京电，惊悉总理殂落，党失导师，悲恸曷极。拟即筹备追
悼大会，藉志哀忱。此后当加倍奋斗，实现我总理主义，以慰英
灵。谨此电唁，敬希察照。一切应办事宜尚祈电示，俾有遵循。中
国国民党河〔湖〕南常德党部谭肖岩等叩。删。

（《哀思录》第二编卷二"吊唁函电"（乙）唁电，
第 12 页）

覃振唁电
（1925 年 3 月 15 日）

铁狮子胡同汪精卫先生并转中央执行委员会鉴：

昨得京电，惊悉总理薨逝，震悼异常。振病滞武陵，未获侍

疾，北望燕云，悲痛曷极。谨于铣日兼程入京，襄治丧事，合先电闻，并希转知哲生兄为荷。覃振叩。删。

（《哀思录》第二编卷二"吊唁函电"（乙）唁电，第 12 页）

建国川军第二军军长汤子模唁电
（1925 年 3 月 15 日）

铁狮子胡同帅府行辕治丧处公鉴并转但怒公勋鉴：

奉锦帅元电，惊闻帅座噩耗，地坼天崩，三军泣血。惜因身兼军寄，于役疆场，不克亲临执绋，谨派阎参谋长宝阶就近助理丧葬，务乞诸公指示一切为祷。建国川军第二军军长汤子模叩。删。

（《哀思录》第二编卷二"吊唁函电"（乙）唁电，第 13 页）

唐克明、石星川唁电
（1925 年 3 月 15 日）

铁狮子胡同孙公行辕秘书处鉴：

大功未竟，遽丧导师，噩耗传来，痛悼欲绝。唐克明、石星川叩。删。

（《哀思录》第二编卷二"吊唁函电"（乙）唁电，第 14 页）

唐启尧唁电
（1925 年 3 月 15 日）

孙公行辕秘书处大鉴：

顷奉侵电，惊悉孙中山先生溘逝，哀悼至深。天陨大星，国亡柱石。谨电吊唁。唐启尧。咸。

（《哀思录》第二编卷二"吊唁函电"（乙）唁电，
第 17 页）

王永江唁电
（1925 年 3 月 15 日）

孙公治丧处并转孙哲生先生鉴：

顷接行辕秘书处侵电，惊悉中山先生逝世，至深惋惜。先生丰功硕德，海内钦崇，天不愁遗，元勋遽陨，燕云引领，悲悼曷胜。特电驰唁。王永江。删。

（《哀思录》第二编卷二"吊唁函电"（乙）唁电，
第 21 页）

王琢芝、刘汉中等唁电
（1925 年 3 月 15 日）

北京铁狮子胡同孙哲生先生礼鉴：

电闻令尊仙游，同申哀悼。生前事绩，功在国家，发前人所未发，能今人所不能。未竟之功，惟君是赖。务祈节哀顺变为祷。上海法界停云里三号王琢芝、刘汉中、唐菊孙、姜明堃、都成杰、邹南辉等叩。咸。

（《哀思录》第二编卷二"吊唁函电"（丙）代电，
第 16 页）

伍榜、黄卦正唁电
（1925 年 3 月 15 日）

孙哲生先生鉴：

昊天不吊，夺我元首，北望燕云，欲哭无泪。惟继志述事，责在后贤，望节哀珍重。伍榜、黄卦正。印。删。

　　（《哀思录》第二编卷二"吊唁函电"（乙）唁电，
第 4 页）

许崇智唁电
（1925 年 3 月 15 日）

汪精卫先生转孙夫人暨哲生兄鉴：

　　帅座薨逝，薄海同悲，谨电吊唁。崇智叩。咸。

　　（《哀思录》第二编卷二"吊唁函电"（乙）唁电，
第 4 页）

循军司令严德明等唁电
（1925 年 3 月 15 日）

孙夫人暨哲生兄鉴：

　　职在前线痛闻总理薨逝，丧我国父，悲惨曷极，誓当恪遵遗嘱肃清东隅，尤望夫人、哲生兄顺变节哀，为国珍重。循军司令严德明暨全体官兵叩。删。

　　（《哀思录》第二编卷二"吊唁函电"（乙）唁电，
第 4 页）

杨井耕、闾颂西唁电
（1925 年 3 月 15 日）

哲生同志礼鉴：

　　总理仙逝，闻耗哀恸。革命尚未成功，吾党遽失导师，瞻念前途，悲痛欲绝。尚祈节哀，为党珍重。杨井耕、周颂西。删。

　　（《哀思录》第二编卷二"吊唁函电"（丙）代电，
第 16 页）

杨蓁唁电

（1925 年 3 月 15 日）

大本营秘书处转各机关、各军队、京沪各同志、肇庆李督办、张省
长、梧州黄会办、范军长鉴：

　　惊闻孙大元帅薨逝，何胜哀悼，所望人心不涣、众志不衰、政
局不动，则帅座虽死犹生也。杨蓁叩。删。

　　（《哀思录》第二编卷二"吊唁函电"（乙）唁电，
第 4 页）

叶夏生、林晖庭唁电

（1925 年 3 月 15 日）

孙哲生先生哀鉴：

　　帅座逝世，普天同悼，属在党末，能勿辟踊。谨电驰唁，还祈
节哀顺变。叶夏生、林晖庭叩。咸。

　　（《哀思录》第二编卷二"吊唁函电"（乙）唁电，
第 7 页）

旅鄂湖南同乡会会长尹桐阳、李树人唁电

（1925 年 3 月 15 日）

北京孙中山先生治丧处台鉴：

顷闻孙中山先生逝世。国事未定，哲人云亡，楚水燕云，同深悲悼。谨此电吊。旅鄂湖南司乡会会长尹桐阳、李树人叩。咸。

（《哀思录》第二编卷二"吊唁函电"（丙）代电，第 10 页）

翟美徒唁电
（1925 年 3 月 15 日）

孙哲生先生鉴：

昊天不吊，遽遭大戚，闻报哀悲，薄海同情。惟祈节哀顺变，以襄大事。翟美徒叩。咸。

（《哀思录》第二编卷二"吊唁函电"（乙）唁电，第 7 页）

民生演讲所主办北伐随军宣传团团长张谦等唁电
（1925 年 3 月 15 日）

孙宋夫人、哲生、精卫诸同志鉴：

总理虽薨，主义不死，节哀顺变，以竟其志，谦等与诸公愿共勉之。民生演讲所主办北伐随军宣传团团长张谦、民治宣传部长、副团长易光国叩。翰。

（《哀思录》第二编卷二"吊唁函电"（乙）唁电，第 4 页）

张孝若唁电
（1925 年 3 月 15 日）

孙哲生世兄鉴：

尊公逝世，举国同深哀悼。辛亥南京政府，走与尊公曾共艰难。敬致痛悼，即请礼安。张謇儿子孝若侍叩。删。

（《哀思录》第二编卷二"吊唁函电"（乙）唁电，第 11 页）

赵恒惕唁电
（1925 年 3 月 15 日）

孙中山先生临时治丧处孙哲生先生礼次：

前闻先公遽捐尘寰，愕悼交驰，当电致驻京钟代表襄赞丧礼。每念先公忠诚为国，伟略匡时，追维缔构之艰难，深赖元勋之昭越，九原不作，薄海同悲。执事纯孝佩彰，必切怆迫，惟大事未完，千祈节哀顺变，为国珍重，以慰先灵，是为至幸。趋唁莫由，临电轸结。赵恒惕叩。删。

（《哀思录》第二编卷二"吊唁函电"（乙）唁电，第 12 页）

郑士琦唁电
（1925 年 3 月 15 日）

孙哲生先生鉴：

邦家再造，经纬万端，尊公北来，推诚献替，统一大业，指日可期，忽然沉疴，遂告殂谢，山颓木坏，薄海同悲。执事纯孝大仁，日赞名父营综国事，遘罹大故，自切沉恫。惟承志集勋，端资鸿硕，尚希节哀顺变，为国自珍。除特派敝署上校参谋黄家濂代表吊奠外，谨电奉唁，至祈鉴察。郑士琦。删。印。

（《哀思录》第二编卷二"吊唁函电"（乙）唁电，第 18 页）

常德县农会、常德总商会等唁电

（1925 年 3 月 16 日）

哲生先生暨国民党执行部大鉴：

顷得京电，惊悉大元帅逝世。国丧元勋，怅痛曷极。除下旆三日志哀并敬谋筹备追悼大会，当本孙公之遗旨，促国民会议之实现。特电唉咻，敬希亮察。常德县农会、常德总商会、常德教育会、常德十二区学务委员会联合会、常德国民会议促成会干事杨守康、蔡正汉、佟规佣、李子新等同叩。铣。

（《哀思录》第二编卷二"吊唁函电"（乙）唁电，第 12 页）

崇海旅沪工商学会唁电

（1925 年 3 月 16 日）

孙哲生先生礼鉴：

国是未定，国父云亡，噩耗惊传，悲痛曷极。尚祈节哀顺变，克遵遗训，以竟尊翁未竟之功。同人等哀唁之余，誓继国父之志，为国努力。专电吊唁，藉致哀忱。崇海旅沪工商学会叶冠千暨全体同人公叩。先〔铣〕。

（《各界哀悼孙先生》，上海《民国日报》1925 年 3 月 17 日）

大连中华各团体协志联合会唁电

（1925 年 3 月 16 日）

北京国民党鉴：

谨悼孙中山先生之逝世。大连中华各团体协志联合会。铣。

（《哀思录》第二编卷二"吊唁函电"（乙）唁电，

第 18 页）

大同学校学生唁电
（1925 年 3 月 16 日）

孙哲生先生礼鉴：

昊天不吊，夺我导师，薄海人群，同深悲恸。除开会追悼外，谨唁。大同学校学生。谏。

（《哀思录》第二编卷二"吊唁函电"（乙）唁电，

第 10 页）

国民党中央执行委员会唁电
（1925 年 3 月 16 日）

汪精卫先生转全体中央执行委员鉴：

总理逝世，噩耗传来，党与非党同深哀悼。革命尚未成功，导师遽丧，今后党人责任愈大。此间连日各级党部同时举行大会，精神紧张，步趋一致，誓遵遗嘱，为主义奋斗，作党的活动，以完成总理未竟之志。昨日开全市党员大会并巡行志哀。谨此电闻。中央执行委员会。铣。

（《哀思录》第二编卷二"吊唁函电"（乙）唁电，

第 4 页）

国民党中央执行委员会唁电
（1925 年 3 月 16 日）

孙大元帅治丧办事处、孙夫人暨哲生同志鉴：

惊聆噩耗，薄海同哀。属纩视殓未获躬与，尤堪痛哭。总理四十年革命精神已深印于吾五十万党员脑中，自当努力奋斗，以竟总理生前未竟之志，而完成国民革命事业。尚望本此素志为国珍重，节哀顺变，毋过伤毁，盼甚。中央执行委员会。铣。

（《哀思录》第二编卷二"吊唁函电"（乙）唁电，第4~5页）

国民党符属支部第一分部唁电
（1925年3月16日）

孙大总统治丧处鉴：

国父逝世，同人哭不成声。国民党符属支部第一分部哀叩。铣。

（以上 Botavia）

（《哀思录》第二编卷二"吊唁函电"（乙）唁电，第22页）

国民党广州市第七区第三区分部唁电
（1925年3月16日）

孙夫人暨哲生先生鉴：

噩耗传来，中外同悲，伏祈节哀以竟遗志。谨唁。中国国民党广州市第七区第三区分部叩。铣。

（《哀思录》第二编卷二"吊唁函电"（乙）唁电，第5页）

国民党江阴县党员唁电

（1925 年 3 月 16 日）

北京铁狮子胡同孙哲生礼鉴：

　　噩耗惊传，殊深痛悼。总理为民国元勋，为国人导师，一旦仙逝，曷胜悲泣。尚祈先生节哀顺变，为国宣劳，以竟先志，国民幸甚。敬此电唁。中国国民党江阴全体同志叩。铣。

　　　　（《哀思录》第二编卷二"吊唁函电"（丙）代电，第 6 页）

国民党吴江县第三、四区党部唁电

（1925 年 3 月 16 日）

北京铁狮子胡同孙公治丧事务所公鉴：

　　总理逝世，曷胜哀悼。国事未宁，遽失先导，我民将何依归。除定期追悼外，特先电唁。中国国民党江苏吴江县第三、四区党部全体叩。谏。

　　　　（《哀思录》第二编卷二"吊唁函电"（丙）代电，第 5 页）

国民党上海特别区第五区党部唁电

（1925 年 3 月 16 日）

北京孙哲生先生鉴：

　　捧诵本党京电，惊悉尊大人仙逝。丧我国父，失我导师，何痛如之。以尊大人望重环球，功垂宇宙，德孚薄海，爱洽人心，

患难一生，赍志以没［殁］。然扫除中国数千年之专制，建设共
和不拔之根基，方之美洲华老，实胜多筹。古人云，死有重于泰
山，尊大人有焉。同人等昔侨海外，已结兴中同盟之义，今居中
国，再列国民党内之籍。当总理政躬不豫之际，已觉忧心如焚，
逮噩耗传来，真不知涕泗之何从。先生为骨血至亲，躬启手足，
痛恸可知。惟是外患荐臻，虎狼交迫，国家多难，民不自由，必
须继起有人，神州方免陆沈之惧。伏冀节哀顺变，勿泥礼经，茹
痛含辛，克承先志，以达三民五权之标的，是则孝之大者。同人
等虽驽骀下乘，愿竭棉薄，共效驰驱。尊大人虽长瞑千古，当含
笑九京矣。谨先电唁，顺候礼祺。中国国民党上海特别区第五区
党部执行委员刘电声、黎磊、杨剑虹、赵超常、吴子垣暨党员全
体叩。铣。印。

　　　　（《哀思录》第二编卷二"吊唁函电"（丙）代电，
　　第4页）

国民会议湖北促成会唁电
（1925 年 3 月 16 日）

北京孙公行辕秘书处公鉴：

　　昨阅报端，惊悉中山先生于三月十二日抛弃吾华全体被压迫之
同胞而长逝。天丧国父，举国同悲。敝会除电派驻京代表刘君蔚如
就近吊唁外，业于昨十五日开全体代表大会，一致议决刻日联络武
汉各团体筹备追悼大会，并本中山先生之主义及精神继续奋斗，以
期真正代表民意之国民会议从速实现。哀此电闻。国民会议湖北促
成会叩。铣。

　　　　（《哀思录》第二编卷二"吊唁函电"（丙）代电，
　　第10页）

湖北省立医科大学唁电

（1925 年 3 月 16 日）

孙中山先生治丧处鉴：

中山先生为国效劳，遽尔星陨，噩耗传来，五内俱摧。爰于本日开会追悼，用表哀忱。湖北省立医科大学全体叩。铣。

（《哀思录》第二编卷二“吊唁函电”（乙）唁电，第 14 页）

湖北武昌总商会唁电

（1925 年 3 月 16 日）

北京铁狮子胡同孙公行辕秘书处勋鉴：

奉侵电，惊悉中山先生遽尔崩殂，良用感悼。斗山安仰，徒伤太液，风清邦国，何堪顿失，普天春减。谨伸电唁，藉志哀忱。武昌总商会叩。铣。

（《哀思录》第二编卷二“吊唁函电”（丙）代电，第 10 页）

湖南省议会唁电

（1925 年 3 月 16 日）

铁狮子胡同孙公行辕秘书处鉴：

顷诵侵电，惊悉前临时大总统孙公于京邸逝世，飞来噩耗，悲悼莫名。惟公迭经艰巨，创造共和，功成不居，晚节弥励。缅元勋于开国，群仰斗山，怅怆海之横流，方资依柱，胡天不吊，遽殒大星，遥望云旌，心伤肠碎。遄驰电唁，不尽凄怆。除另期追悼外，特此奉复。湖南省议会叩。铣。

（《哀思录》第二编卷二"吊唁函电"（乙）唁电，
第 12 页）

湖南学联会、工联会等唁电
（1925 年 3 月 16 日）

汪精卫先生：

　　国民党总理孙公逝世，无限痛悼。然哲人虽萎，贵党巨任犹
存。敝会等除开会追悼外并贡愚见，一请团结内部以期革命早成，
一请遵照孙公遗嘱速促成国民会议废除一切不平等条约。湖南学联
会、工联会、国民会议促成会、外交后援会、反帝同盟会叩。铣。

（《哀思录》第二编卷二"吊唁函电"（乙）唁电，
第 12 页）

吉林省议会唁电
（1925 年 3 月 16 日）

北京铁狮子胡同孙大元帅行辕：

　　侵电惊悉孙公薨逝。天不厌乱，骤夺名贤，远闻噩耗，曷胜痛
悼。特此奉唁。吉林省议会。铣。印。

（《哀思录》第二编卷二"吊唁函电"（丙）代电，
第 13 页）

山东旅沪司乡会唁电
（1925 年 3 月 16 日）

孙公治丧事务所鉴：

国基未固，元勋遽殒，噩耗传来，全国震惊。哀痛之余，谨此电唁。山东旅沪同乡会叩。铣。

（《各界哀悼孙先生》，上海《民国日报》1925 年 3 月 17 日）

上海市民公学唁电
（1925 年 3 月 16 日）

哲生君鉴：

天胡不吊，夺我元勋，噩耗传来，悲痛欲绝。国家之长城顿失，民众之导师云亡，怆怀国事，泣下沾襟。务望贵党诸公为国节哀，并祈哲生先生善秉先志，遵守遗训，为中华国家谋幸福，为中华民族图解放，则国父虽死不死矣。谨电吊唁，不胜凄苦悲痛之至。市民公学全体学生泣叩。先〔铣〕。

（《各界哀悼孙先生》，上海《民国日报》1925 年 3 月 17 日）

上海爱多亚路商界联合会唁电
（1925 年 3 月 16 日）

北京孙哲生先生礼鉴：

尊翁中山先生手创民国，功盖寰宇，惊闻噩耗，无任悲悼。国难方殷，百端待理，长城顿失，悲痛尤深。尚祈勉节哀思，善继先志。临风流涕，不知所云。上海爱多亚路商界联合会叩。先〔铣〕。

（《各界哀悼孙先生》，上海《民国日报》1925 年 3 月 17 日）

上海中华音乐会唁电

（1925 年 3 月 16 日）

北京孙哲生君鉴：

尊翁中山先生功在民国，薄海同钦。际此国难未已，正气销沉，方期仰仗大力支持危局，乃竟积劳成疾，与世长辞。胡天不吊，夺我元勋。惊闻噩耗，曷深悼惜。敝会公决自本日起，除会内停止练习音乐七日外，并于期内会外举凡关于公益性质之音乐举动，亦概不服务，以表哀悼。尚希节哀顺变，为国珍重。上海中华音乐会。铣。

（《各界哀悼孙先生》，上海《民国日报》1925 年 3 月 17 日）

上海圣约翰大学江西同乡会唁电

（1925 年 3 月 16 日）

孙哲生先生礼鉴：

国象辞世，民众痛悼，尚希节哀，继承先志。沪约翰大学赣同乡会。铣。

（《哀思录》第二编卷二"吊唁函电"（乙）唁电，第 10 页）

省港建造工会联合总会唁电

（1925 年 3 月 16 日）

孙夫人暨汪精卫、孙哲生两先生鉴：

遽聆国父丧耗，如丧考妣。除誓继志述事外，肃此电唁。省港建造工会联合总会十五万余人叩。铣。

（《哀思录》第二编卷二"吊唁函电"（乙）唁电，第 7 页）

同济大学湖南同乡会唁电
（1925 年 3 月 16 日）

孙公治丧处鉴：

国乱方殷，导师遽殒，悲痛何极。谨此电唁。同济大学湖南同乡会。铣。

（《哀思录》第二编卷二"吊唁函电"（乙）唁电，第 11 页）

同济大学四川同学会唁电
（1925 年 3 月 16 日）

孙公治丧处：

国是未定，导师先失，噩耗传来，薄海同哀。同济大学四川同学会哀唁。铣。

（《哀思录》第二编卷二"吊唁函电"（乙）唁电，第 10 页）

芜湖通俗教育馆唁电
（1925 年 3 月 16 日）

孙公行辕：

天夺元勋，无任哀悼，特此电唁。芜湖通俗教育馆叩。谏。

（《哀思录》第二编卷二"吊唁函电"（乙）唁电，
第 17 页）

浙江嘉兴国民会议促成会唁电
（1925 年 3 月 16 日）

北京铁狮子胡同中国国民党中央执行委员会公鉴：

中山先生为革命领袖、民国国父、国民会议导师，噩耗传来，
同深悲恸。本会誓遵先生遗嘱，期于最短时间努力促成国民会议，
以竟先生之志。临电涕零。嘉兴国民会议促成会。谏。

（《哀思录》第二编卷二"吊唁函电"（丙）代电，
第 8 页）

浙江奉化剡社唁电
（1925 年 3 月 16 日）

北京铁狮子胡同孙行馆哲生先生鉴：

电传中山先生崩耗，国人莫不哀悼。中山先生奔走国事垂四十
年，虽革命工作尚未告成，而辛苦力疾、百折不回之精神，坚贞卓
绝、威武不屈之人格，直可与日月争光。今中山先生既死，而欲贯
彻其主义，正赖后人之奋斗。先生年富力强，尚祈节哀顺变，为国
珍重。敝社同人分属国民，痛国事之日非，悲导师之殒亡，尤望群
策群力，急起直追，藉竟革命全功，而慰中山先生于地下焉。临电
不胜哀恸之至。奉化剡社叩。铣。

（《哀思录》第二编卷二"吊唁函电"（丙）代电，
第 9 页）

郑州国民党市党部筹备大会唁电

（1925 年 3 月 16 日）

孙先生行辕：

总理噩耗传来，同志不胜哀惶。民族革命尚未成功，国民遽丧良师，吾党骤丧领袖。悲痛之余，惟期全国同志秉承总理数十年革命精神和主张，发挥光大而实现之。郑州国民党市党部筹备大会哀叩。铣。印。

（《哀思录》第二编卷二"吊唁函电"（乙）唁电，第 19 页）

诸暨国民会议促成会唁电

（1925 年 3 月 16 日）

孙公治丧事务所公鉴：

噩耗传来，惊悉中山先生在京逝世。元良遽殒，痛悼无极。本会誓当坚持初衷，促成国民会议，向国内军阀及国外帝国主义奋斗，使中华民族独立自由，以竟中山先生未竟之志。哀悼之余，谨此电唁。诸暨国民会议促成会叩。铣。

（《各方面唁电之汇录》，上海《民国日报》1925 年 3 月 19 日）

自由党唁电

（1925 年 3 月 16 日）

铁狮子胡同孙公治丧事务所公鉴：

惊电传来，不胜悲想，孙公为民国国父、我党导师，今遽崩逝，痛悼殊深。除哀唁外，敬竟先生未竟之志，为国努力。自由党讯。铣。

（《哀思录》第二编卷二"吊唁函电"（乙）唁电，第 10 页）

蒙古共和民国唁电
（1925 年 3 月 16 日）

国民党中央执行委员会鉴：

侵电敬悉。贵党总理孙君尚未达到目的，倏然半途逝世，我蒙政府、民党以及全体人民咸甚痛悼者也。然同志诸公必能急急步其宗旨，俾中华民国四万万人民脱离中外之压制得享自由真谛，而中蒙两国政府及人民之和好更加敦睦，为深企耳。蒙古共和民国国民党中央执行委员长丹巴、国务总理车参谋总长额。铣。

（《哀思录》第二编卷二"吊唁函电"（乙）唁电，第 21 页）

陈民钟唁电
（1925 年 3 月 16 日）

孙哲生先生哀鉴：

总理薨逝，噩耗传来，悲痛万状。尚望顺变节哀，为国珍重。谨电奉唁，伏维鉴察。陈民钟叩。铣。

（《哀思录》第二编卷二"吊唁函电"（乙）唁电，第 5 页）

杭州关监督陈蔚唁电

（1925 年 3 月 16 日）

北京铁狮子胡同孙哲生先生礼鉴：

天不慭遗，元勋忽殒，仰典型之犹在，慨时事之多艰。先生孝思纯笃，责重家邦，务希以礼节哀，继述先绪。谨此电唁，北望泫然。杭州关监督陈蔚。谏。

（《哀思录》第二编卷二"吊唁函电"（丙）代电，第 14 页）

龚积炳唁电

（1925 年 3 月 16 日）

铁狮子胡同孙哲生先生礼鉴：

顷接尊翁电讣，惊悉尊甫前临时大总统逝世，怆悼莫名。伏念尊甫为民国之元勋，谋民族之独立，厥功甚伟，赍志竟终，薄海同悲，胡天不慭。尚望继事述志为国节哀。除派田厅长步蟾恭代致祭外，特此奉唁。龚积炳。铣。

（《哀思录》第二编卷二"吊唁函电"（乙）唁电，第 18 页）

樊钟秀唁电

（1925 年 3 月 16 日）

孙哲生兄鉴：

此次奉命北伐，为服从大元帅主义，为实践三民五权之谋。方冀鞠躬尽瘁，辅佐成功，遽闻溘逝，如失瞻依，寝馈想像，曷胜痛哭。除饬驻京王旅长会久往吊外，容当亲赴行辕，以志哀忱。弟樊钟秀叩。铣。

（《孙丧中之各唁电》，《顺天时报》1925年3月19日）

范迪林唁电

（1925年3月16日）

北京铁狮子胡同孙哲生礼鉴：

顷闻噩耗，先尊千古，临风雪涕，悲痛弥深。回忆护法时期林奉命追随，音犹在耳。曾几何时，遽尔仙逝。从此民失国父，党失导师，悲念及此，无任怆悼。谨此哀唁。范迪林叩。铣。

（《哀思录》第二编卷二"吊唁函电"（丙）代电，
第16页）

何成浚等唁电

（1925年3月16日）

哲生兄大鉴：

总理薨逝，薄海同悲。尚望为国节哀。谨唁。何成浚、詹大悲叩。铣。印。

（《哀思录》第二编卷二"吊唁函电"（乙）唁电，
第5页）

黄明堂唁电

（1925年3月16日）

孙夫人暨哲生兄鉴：

帅座薨逝，薄海同哀，久隶骈幪，尤深痛悼。惟有秉承主义，努力前功。尚祈节哀，为国珍重。谨唁。黄明堂叩。铣。印。

（《哀思录》第二编卷二"吊唁函电"（乙）唁电，第 5 页）

飞福舟代船长黄振新等唁电
（1925 年 3 月 16 日）

哲生先生鉴：

帅座薨逝，薄海同悲。伏望节哀顺变，为国自爱。谨唁。飞福舟代船长黄振新、鲁峰、李光邺率三舰兵士同叩。铣。

（《哀思录》第二编卷二"吊唁函电"（乙）唁电，第 5 页）

井岳秀唁电
（1925 年 3 月 16 日）

孙中山先生治丧办事处转汪精卫、于右任两先生均鉴：

顷接京电，惊悉中山先生侵日崩逝，不胜悲感。中山先生以天纵之圣，为护国明星，艰难缔造，弹〔殚〕尽心力。方期彻底改革奠定邦基，目睹郅治之隆以偿毕生之愿，乃伟业未竟神返太虚，梁木其摧，举国失望，八音遏密，奚止三年。惟念中山先生手造丕夏，宏规远猷，垂诸万世，利赖无涯，典型犹存，抑又何憾。敢祈两先生于孙大公子前代达微悃，敬请节哀，为国珍重，无任盼祷。岳秀远戍边塞，未可躬亲叩奠，谨派敝署徐参议鹤年就近恭代致祭，藉伸哀忱，持电奉达。井岳秀叩。铣。印。

（《哀思录》第二编卷二"吊唁函电"（乙）唁电，第 19 页）

李鸣钟唁电

（1925 年 3 月 16 日）

孙哲生兄礼鉴：

　　顷奉执政电令，惊悉中山先生弃国上仙。天夺元老，哀痛曷胜。伏念中山先生手造共和，万方攸归，凡有血气，莫不尊亲创纪之勋，远迈今古九京，下视足慰平生。我兄肯构靡愆，缵承有绪，尚冀顺变节哀，为国郑〔珍〕重为盼。专此奉唁，顺候素履。李鸣钟叩。铣。

　　（《哀思录》第二编卷二"吊唁函电"（乙）唁电，第 20 页）

李永声、王法勤唁电

（1925 年 3 月 16 日）

铁狮子胡同孙公行辕汪精卫、孙哲生并转诸同志鉴：

　　先生已去，失我导师，北望燕云，欲哭无泪。惟列宁虽死，俄之形势益坚，凡我同志，当亦有此觉悟。吾辈惟有继续奋斗，以竟先生未竟之志而已。李永声、王法勤。铣。

　　（《哀思录》第二编卷二"吊唁函电"（乙）唁电，第 19 页）

林俊廷唁电

（1925 年 3 月 16 日）

广州胡留守勋鉴：

帅座薨逝，薄海同哀。俊廷远戍边陲，噩耗惊传，弥深怆悼。伏念元勋长逝，国难未平，誓努力向前，完成主旨。临电不胜摧痛之至。林俊廷叩。铣。

（《帅座薨逝之各方唁电》，《广州民国日报》1925 年 4 月 1 日）

香山海外华侨演说团长刘汉华唁电

（1925 年 3 月 16 日）

北京孙夫人及哲生兄鉴：

东华不造，元首驾崩，凶耗传来，良深痛悼。值此国贼未除，万方多难，天胡不吊，降此闵凶，莽莽神洲［州］，乱离曷极，天柱已颓，党纲震动。千万节哀珍重，国民幸甚，吾党幸甚。香山海外华侨演说团长刘汉华。锐这［铣］。印。

（《哀思录》第二编卷二"吊唁函电"（丙）代电，第 17 页）

刘湘唁电

（1925 年 3 月 16 日）

孙行辕治丧事务所鉴：

顷奉京电，中山先生于文日逝世，噩耗惊传，莫名哀悼。先生手创共和，尽瘁民国，卅年奔走，艰苦备尝，以不屈不挠之精神，行民权民生之主义。前因会商国事，税驾都城，方冀伟画匡时，乂安寰宇，讵料天不愁遗，竟大星之忽陨。世无先觉，趋正轨以何途？北望燕云，欲挥无泪。谨申哀悃，再鉴愚忱。刘湘叩。铣。印。

（《哀思录》第二编卷二"吊唁函电"（乙）唁电，第 15 页）

卢振柳等唁电

（1925 年 3 月 16 日）

孙夫人暨哲生兄鉴：

接京电，痛悉帅座逝世。噩耗传来，薄海哀悲。第帅座虽死而精神主义犹存，振柳誓率所部奋勇向前，以竟帅座之未竟。祈节哀顺变，为国珍重。卢振柳率全部官佐、卫士叩。谏。印。

（《哀思录》第二编卷二"吊唁函电"（乙）唁电，第 5 页）

帮办河南军务米振标唁电

（1925 年 3 月 16 日）

铁狮子胡同孙哲生先生礼鉴：

中山先生为民党领袖，当代伟人，手创共和，名驰中外。兹闻溘逝，感痛同深。尚希顺变节哀，勉襄大事。谨派本署顾问夏东晓代表致祭，聊表微忱。帮办河南军务米振标。铣。印。

（《哀思录》第二编卷二"吊唁函电"（乙）唁电，第 19 页）

三山报馆牛霹生、童仁甫唁电

（1925 年 3 月 16 日）

孙公治丧事务所戴季陶先生、孙哲生先生鉴：

惊闻总理逝世，顿失导师，曾依患难，倍极哀痛。除筹备追悼会外，特此电唁，尚希为国节哀。三山报馆牛霹生、童仁甫。

铣。叩。

（《哀思录》第二编卷二"吊唁函电"（乙）唁电，
第 11 页）

谭延闿、鲁涤平等唁电
（1925 年 3 月 16 日）

孙夫人、孙哲生先生鉴：

伏闻噩耗，悲痛同深，惟有益励戎行，期副遗命。特电奉唁，不胜哀思。谭延闿、鲁涤平、谢国光、吴剑学、陈嘉佑、岳森、谭鄂源、张辉瓒、戴岳、吴家铨、朱耀萃、喻先攸、成光耀、易绍英、杨传烈、王钺、洪振栅、陈真、张以祥、李韩珩、廖家栋、唐支厦叩。铣。

（《哀思录》第二编卷二"吊唁函电"（乙）唁电，
第 5 页）

建国联军湘军第一军总指挥唐振铎唁电
（1925 年 3 月 16 日）

孙大元帅治丧事务所秘书处公鉴：

大元帅孙公奔走国事三十余年，历尽艰苦，手造共和，功成不居，甘让元首，盖欲身率天下，永奠国基。乃十四年来，外侮迭乘，内讧不已，毁宪窃位，国几不国。大元帅不忍法统坠绝，生灵涂炭，爰约西南各省共起护法之师，义声所播，奸人丧胆，喁喁同胞，群从我后。方幸施行五权宪法，挽神州于陆沉，实现三民主义，出人民于水火。胡天不吊，遽夺元勋。自噩耗传来，薄海同悲，振铎行能无似，忝掌兵符，驻防湘西，于兹数载，既伤大元帅救国之未遂，复自怜身世之茕茕。此后惟冀海内外同志戮力同心，以国为念，体其未遂之志，竟其未竟之功，海涸山崩，此志不渝。振铎不敏，敢执鞭尘随从诸公之后，诛奸锄恶，救国护民，以尽后死之责，藉慰在天之灵。谨此哀唁，伏希鉴察。建国联军湘军第一军总指挥唐振铎叩。铣。印。

（《哀思录》第二编卷二"吊唁函电"（乙）唁电，

第 13 页）

唐支厦、黄翼球唁电
（1925 年 3 月 16 日）

汪精卫先生转孙哲生兄鉴：

噩耗遥传，痛悉大元帅升遐。胡天不吊，丧我元勋，薄海人民，同声悲痛。际此国事蜩螗，民权幼稚，尚冀节哀顺变，继志为先，阐陈党纲，救斯民族达孝所格，上慰天灵。瞻望京华，不胜泣祷。唐支厦、黄翼球。铣。

（《哀思录》第二编卷二"吊唁函电"（乙）唁电，

第 15 页）

谢国光唁电
（1925 年 3 月 16 日）

孙夫人、哲生先生礼鉴：

阅京电，惊悉帅座薨逝，哲人其萎，薄海同悲。尚祈节哀顺变，慰帅座在天之灵，竟其未竟之志为祷。谢国光叩。铣。

（《哀思录》第二编卷二"吊唁函电"（乙）唁电，

第 5 页）

徐于唁电

（1925 年 3 月 16 日）

孙哲生君鉴：

读文电，惊悉吾大元帅在京仙逝。呜呼，吾大元帅手造共和，未竟统一，言之滋痛。然竟大元帅未竟之志者，皆吾辈后死者之责。望兄节哀顺变，以慰吾大元帅在天之灵。此间近况，理明兄赴京当能代白。特电奉唁，缕缕不尽。弟徐于叩。铣。

（《哀思录》第二编卷二"吊唁函电"（乙）唁电，第 12 页）

易次乾唁电

（1925 年 3 月 16 日）

孙公治丧处公鉴：

天殒元老，国失导师，噩耗惊传，曷胜悲悼。易次乾叩。铣。

（《哀思录》第二编卷二"吊唁函电"（乙）唁电，第 19 页）

张之江唁电

（1925 年 3 月 16 日）

孙哲生先生礼鉴：

顷奉侵电，惊悉噩耗。国丧元勋，民悲先觉，勉当大事，继志竟功。除于筱日全区军、政、绅、商各界开追悼大会聊申悲悼外，电唁孝思。张之江叩。铣。

（《哀思录》第二编卷二"吊唁函电"（乙）唁电，第 20 页）

奉天省议会副议长赵锄闵等唁电

（1925 年 3 月 16 日）

铁狮子胡同孙公治丧处公鉴：

得耗惊悉总理为国尽瘁，弃民长逝。哲人云亡，薄海同悲。谨电奉唁，并申哀忱。奉省议会副议长赵锄闵、秘书李醒樵、议员陈世显。谏。

（《哀思录》第二编卷二"吊唁函电"（乙）唁电，第 21 页）

国民党烟台市党部委员郑重等唁电

（1925 年 3 月 16 日）

北京铁狮子胡同孙公治丧事务所汪精卫先生、戴季陶先生、李协和先生、林子超先生、于范亭先生、王乐平先生烦转孙夫人、哲生先生均鉴：

吾党总理以经天纬地之才，本艰苦卓绝之志，手创民国，倡导共和，履艰苦尝辛酸。丰功伟烈，美之华盛顿、苏俄之列宁曾不多让。乃昊天不吊，摧我长城，国父殂丧，寰宇衔哀，矧重等著籍本党，能不怵悲。此间同志除筹备追悼外，誓遵总理遗嘱，为民众奋斗。追悼日期应以何日为宜，伏乞见示。总理最近遗像及对党遗嘱亦希寄下，以便陈列。哲生先生尚望勉节哀思，同心卫国。北望燕云，不尽凄怆。谨此吊唁，藉表哀忱。烟台国民党市党部委员郑重等叩。铣。

（《哀思录》第二编卷二"吊唁函电"（丙）代电，第 12 页）

竹秉衡、赵彬、唐公宪唁电

（1925 年 3 月 16 日）

北京汪精卫同志转中央执行委员会诸同志钧鉴：

侵电敬悉。总理孙先生逝世，哀悼莫名。总理不仅为吾党革命之领袖，实全民众之导师。最近主张之国民会议及废除一切不平等条约，尤为民众所同情，实救吾民唯一之良策。国人方冀吾被压迫于列强帝国主义下之中国从此或可放一线光明，不料会议尚未开始，革命正在进行，而总理乃遽尔长逝。国人不幸，孰逾于斯。然而徒表哀痛亦复无益，党员等惟愿遵总理遗训，唤醒民众，与世界被压迫民族联合革命战线，打倒一切军阀，消灭世界帝国主义，誓死奋斗，以达目的。哀此电悼。竹秉衡、赵彬、唐公宪同叩。铣。

（《哀思录》第二编卷二"吊唁函电"（丙）代电，
第 17 页）

东南大学唁电

（1925 年 3 月 17 日）

孙公治丧事务所鉴：

元勋遽殒，寰宇同悲。特请罔懋祖、赵叔愚二教授代表本校赴京吊唁。敬此电闻。国立东南大学。筱。

（《哀思录》第二编卷二"吊唁函电"（乙）唁电，
第 8 页）

东南大学学生自治总会唁电

（1925 年 3 月 17 日）

铁狮子胡同孙公行辕哲生先生礼鉴：

噩耗传来，哀悼万分，国难未已，元勋遽殒，瞻念前途，隐慑靡极。除择日开会追悼外，谨先电唁。东南大学学生自治总会叩。筱。

（《哀思录》第二编卷二"吊唁函电"（乙）唁电，第8页）

广东善团总所、广州市商会唁电
（1925年3月17日）

孙夫人、哲生先生苫鉴：

帅座薨逝，薄海同哀，惟典型尚在，虽死犹生。乞节哀思，勉襄大事。广东善团总所、广州市商会同叩。筱。印。

（《哀思录》第二编卷二"吊唁函电"（乙）唁电，第5页）

广东省立第一中学学生唁电
（1925年3月17日）

孙夫人暨哲生先生鉴：

惊悉帅座薨逝，惨痛曷极。务祈勉节哀悲，为国珍重。广东省立第一中学全体学生叩。筱。

（《哀思录》第二编卷二"吊唁函电"（乙）唁电，第5页）

国民党巴生港口党员唁电
（1925年3月17日）

噩耗传来，总理终天，党员哽痛不已。特电吊唁，以慰国魂。国民党巴生港口全体党员叩。筱。

（以上 Portswettenham）

（《哀思录》第二编卷二"吊唁函电"（乙）唁电，第 23 页）

国民党浙江杭县党部唁电

（1925 年 3 月 17 日）

文电传来，惊悉总理仙逝。革命未成，遽失导师，方今国事危急，帝国主义与军阀正复猖獗。吾同志惟有继总理遗志，完全国民革命事业，藉慰总理在天之灵。特此吊唁。浙江杭县党部叩。筱。

（《全国哀悼孙先生》，上海《民国日报》1925 年 3 月 18 日）

国民党浙江杭县第一区第二分部唁电

（1925 年 3 月 17 日）

北京中国国民党中央执行委员会钧鉴：

噩耗传来，总理逝世，全体党员莫不痛失导师。誓遵总理遗嘱继续国民革命，并一致拥护中央执行委员会代替总理职权，指挥全党工作，以竟总理未竟之遗志。中国国民党浙江杭县第一区第二区分部全体党员。筱。叩。

（《哀思录》第二编卷二"吊唁函电"（丙）代电，第 8 页）

国民党九江市第一区党部唁电

（1925 年 3 月 17 日）

北京铁狮子胡同孙哲生先生鉴：

总理弃世，党国同悲，大难方殷，责在来者。尚望节哀顺变，继承先志。同人等亦当谨守遗言，继续努力，以慰总理在天之灵，而完国民革命之功。临电凄怆，伏维鉴察。中国国民党九江市第一区党部叩。筱。

（《哀思录》第二编卷二"吊唁函电"（丙）代电，第 11 页）

国民党南方大学党员唁电
（1925 年 3 月 17 日载）

北京铁狮子胡同孙公治丧事务所诸公钧鉴：

孙中山先生为创造民国元勋，为中华全民众谋幸福之革命领袖。吾人严遵孙公之主义，努力向社会奋斗，今遽失导师，曷胜悲悼。谨此电吊，以表崇仰。南方大学国民党全体同志敬叩。

（《各界哀悼孙先生》，上海《民国日报》1925 年 3 月 17 日）

国民党南方大学党员唁电
（1925 年 3 月 17 日载）

中央执行委员会钧鉴：

总理逝世，遽失导师，吾人惟有本总理遗嘱，矢志进行。并希大会同心一志，努力指导全党工作，以竟总理未竟之业。南方大学国民党全体同志敬叩。

（《各界哀悼孙先生》，上海《民国日报》1925 年 3 月 17 日）

国民党南方大学党员唁电

（1925 年 3 月 17 日载）

北京孙哲生先生礼鉴：

革命未成，导师遽逝，天胡不吊，薄海同悲。务祈节哀继志，以竟全功。南方大学全体国民党同志敬叩。

（《各界哀悼孙先生》，上海《民国日报》1925 年 3 月 17 日）

国民党上海市第五区第五分部唁电

（1925 年 3 月 17 日）

北京孙公治丧处执事均鉴：

总理孙公逝世，同志声泪与俱，诸公环听遗嘱，其痛可知。万冀戮力一心，奠安灵柩。南天在望，延伫为劳，即候党安。上海市第五区第五分部叩。筱。印。

（《哀思录》第二编卷二"吊唁函电"（丙）代电，第 4 页）

国民党上海市第五区第五分部唁电

（1925 年 3 月 17 日）

北京孙哲生先生鉴：

尊君功在民国，薄海同钦，久病幽燕，奄然长逝，忧时之士莫不同声一哭。惟国家多难，来日方长，伏冀顺变节哀，为国珍重，克承先志，先生勉之。专电驰唁，即候孝安。上海第五区第五分部执行委员会叩。筱。印。

（《哀思录》第二编卷二"吊唁函电"（丙）代电，
第4页）

国民党香山县党部等唁电
（1925 年 3 月 17 日）

孙夫人暨哲生先生礼鉴：

昊天不吊，夺我元首，噩耗惊传，百身何赎。尚望以国为重，
勿过悲伤。曷胜哀感。国民党香山县党部暨大元帅哀典香山筹备处
同人泣叩。筱。

（《哀思录》第二编卷二"吊唁函电"（乙）唁电，
第6页）

国民党浙江各县党部党员唁电
（1925 年 3 月 17 日）

国民革命尚未成功，总理遽然去世，实深悲痛。唯今后我党同
志誓遵遗训，更加努力，以求本党总理未成之志。浙江各县县党部
全体党员同叩。筱。

（《全国哀悼孙先生》，上海《民国日报》1925 年 3
月 18 日）

湖社唁电
（1925 年 3 月 17 日）

季陶先生鉴：

昊天不吊，丧我元勋，请代表吊唁。湖社。筱。

（《哀思录》第二编卷二"吊唁函电"（乙）唁电，
第 10 页）

杭州学生联合会唁电
（1925 年 3 月 17 日）

吾中华民族奋斗底领袖孙中山先生，京电传来，遽尔逝世，不
胜悲痛。尤望努力前进，竟中山先生未成之功。杭州学生联合会
叩。筱。

（《全国哀悼孙先生》，上海《民国日报》1925 年 3
月 18 日）

杭州青年协进会唁电
（1925 年 3 月 17 日）

中山先生数十年来奔走不暇，为民众奋斗，为国家奋斗，今遽
尔逝世，曷胜悲悼。谨此电唁。杭州青年协进会叩。筱。

（《全国哀悼孙先生》，上海《民国日报》1925 年 3
月 18 日）

江西省议会唁电
（1925 年 3 月 17 日）

孙中山先生治丧事务所鉴：

国家不幸，天丧元勋，噩耗惊悉，薄海同泣。特电奉达，藉表
哀忱。江西省议会叩。筱。

（《哀思录》第二编卷二"吊唁函电"（乙）唁电，
第 17 页）

江西省景德镇教育会唁电
（1925 年 3 月 17 日）

北京铁狮子胡同孙中山先生治丧事务所鉴：

惊闻中山先生在京寓逝世，噩耗传来，曷胜哀感。伏念中山先生本民治之主义手造共和，扫专制之淫威，力图革命，系立国之元勋，为人民所敬仰。天不慭遗，薄海震悼。敝会除通知各学校于夏历三月初五日至初七日止休课并下半旗，暨函知各团体、局、所届时一体下半旗同申哀悼外，特此电唁，尚乞孙大公子节哀，为国珍重。江西景德镇教育会长江起鹏暨全体职员叩。筱。

（《哀思录》第二编卷二"吊唁函电"（丙）代电，
第 11～12 页）

江西永新旅沪学生会唁电
（1925 年 3 月 17 日载）

孙公治丧处公鉴：

国父长辞，曷深悼惘，谨电吊唁。江西永新旅沪学生会叩。

（《各界哀悼孙先生》，上海《民国日报》1925 年 3 月 17 日）

旅沪菜馆公会唁电
（1925 年 3 月 17 日载）

中山先生逝世消息传来，全沪震惊。昊天不吊，遽殒元勋，民国前途，危险堪虞。特电吊唁。旅沪菜馆公会全体同人敬吊。

（《各界哀悼孙先生》，上海《民国日报》1925 年 3 月 17 日）

宁波学生联合会唁电
（1925 年 3 月 17 日）

孙公治丧事务所诸公钧鉴：

噩耗传来，惊骇欲绝，凡属国民，同深哀悼，瞻望前途，怨感五中。祈诸公以先生主义为主义，继志奋斗，庶先生以不死。尚希节哀顺变，为国珍重。除派代表赴沪致祭外，谨电唁闻。宁波学生联合会叩。筱。

（《哀思录》第二编卷二"吊唁函电"（丙）代电，第 8 页）

山东女界国民会议促成会筹备会唁电
（1925 年 3 月 17 日）

北京铁狮子胡同孙宅治丧事务所公鉴：

中山先生奋斗三十余年，处处为全民利益而战，三层压迫下之女界实视先生为唯一解放的领导者。于今一旦长逝，全国国民之不幸，吾女界尤为不幸。此后除更加努力促成国民会议，实现中山先生主张外，惊悼之余，谨此电唁。山东女界国民会议促成会筹备会叩。筱。

（《哀思录》第二编卷二"吊唁函电"（丙）代电，第 12 页）

上海大学唁电

（1925 年 3 月 17 日）

国民党中央执行委员会鉴：

惊闻中山先生逝世，全校痛悼失此导师。尚望贵党秉承遗志，领导民众继续奋斗，以求民族解放之实现。上海大学叩。筱。

（《哀思录》第二编卷二"吊唁函电"（乙）唁电，第 10 页）

上海职工青年会唁电

（1925 年 3 月 17 日载）

孙哲生先生礼鉴：

噩耗传来，全沪震惊，哀吾民众，遽失导师。本会同人深痛奚极，除加入各公团定期追悼外，并先电唁。尚祈先生节哀顺变，克守遗训，努力奋斗，以达尊公初志，民国幸甚，国民幸甚。上海职工青年会总干事朱晓云暨同人泪卬。

（《各界哀悼孙先生》，上海《民国日报》1925 年 3 月 17 日）

浙江诸暨县中学唁电

（1925 年 3 月 17 日）

北京东城铁狮子胡同孙哲生先生礼鉴：

顷接省电，惊悉中山先生徂逝，同人闻之不胜痛惜。先生手创共和，四十年来奔走国事，心力俱疲。现虽政体维新，民权未展，前途荆棘，正希竭力铲除大好河山，共望大勋克集。乃昊天不愸，丧我导师，言念时艰，曷胜浩叹。兹于校中下半旗三日开会追悼外，谨电致唁。浙江诸暨县中学校教职员、学生同叩。霰。

（《哀思录》第二编卷二"吊唁函电"（丙）代电，第 8 页）

职工进德会、少年工艺同团唁电
（1925 年 3 月 17 日载）

北京治丧委员会钧鉴：

孙先生辛苦了四十年，替我们中华国民谋幸福，创造了民国，感着帝国主义直接间接的压迫，还是不能实现真正的民族自决，所以还是领导群众奋斗，而尤其是对于我们劳动者保护不遗余力，并且时常指导。不幸在我们还不能自立，还须保护的时候，忽然弃我们去了。我们从此又少了一个保护和指导者了，我们是何等的悲伤呵。然而，悲伤也无补于事，我们自后当遵从孙先生遗嘱，努力的团结、奋斗、互助，成功先生之所未成功的。也希望各位不必悲伤，继续孙先生的事业，成功其所未成功的，也时常的保护和指导我们，那末也不辜负先生的苦心。中山先生虽死，中山先生精神不死，也就是我之所以报答孙先生的。职工进德会、少年工艺同团同志唁。

（《各界哀悼孙先生》，上海《民国日报》1925 年 3 月 17 日）

陈肃仪唁电
（1925 年 3 月 17 日）

哲生先生礼鉴：

盱地交通不便，今晨始悉总理逝世噩耗，惊聆之下，哀悼莫名。先生骤膺大故，尚希节哀以求竟总理未竟之志，仪愿闻其后。陈肃仪叩。筱。

（《哀思录》第二编卷二"吊唁函电"（丙）代电，第 15 页）

冯玉祥唁电

（1925 年 3 月 17 日）

铁狮子胡同孙前大总统行辕秘书处公鉴：

文电奉悉。中山先生手造共和，身许邦国，承天革命，比迹汤武，觉世牖民，追纵［踪？］卢列，哲人虽萎，名誉犹存，盥诵回环，益增涕泗。当此国乱未平，百端待理，凡属后死，自当奉兹圭臬，勉步前尘，本坚忍不拔之精神，为世界大同之奋斗，以副绵缀之苦心，而慰英灵于天上也。冯玉祥。筱。

（《哀思录》第二编卷二"吊唁函电"（乙）唁电，第 20 页）

李鸣钟唁电

（1925 年 3 月 17 日）

汪精卫先生、吴稚晖先生、柏烈武先生均鉴：

中山先生逝世，举国震惊，绥矗军民尤深哀痛。现已饬全区一体虔默致哀心丧七日，并于十七日在归化城内举行追悼大会，藉伸永感而志哀忱。中山夫人暨哲生兄并祈代为慰唁为感。专电奉达，顺候道履。李鸣钟叩。筱。印。

（《哀思录》第二编卷二"吊唁函电"（乙）唁电，第 21 页）

林百克唁函

（1925 年 3 月 17 日）

哲生先生素鉴：

　　尊公抱命世雄才作中华砥柱，遽闻溘逝，寰海同悲，余及余之眷属尤深怆惜。阁下遭此大故，自必异常哀毁。尚乞以礼制情，勉承伟略，藉慰薄海人民之望。吾人将于下星期日举行追悼会于纽约，并以奉闻。专函驰唁，顺候

孝履

一九二五年三月十七日

林百克自美京华盛顿拜上

　　（《哀思录》第二编卷二"吊唁函电"（甲）唁函"译函一"）

国民党香山县第二区党部执委刘毓明等唁电

（1925 年 3 月 17 日）

孙夫人暨哲生志兄哀鉴：

　　噩耗传来，总理薨逝，哀痛之余，谨电吊唁。仍望志兄努力党务竟成父志，前途珍重，不胜幸甚。中国国民党香山县第二区党部执行委员会常务委员刘毓明等哀叩。筱。印。

　　（《哀思录》第二编卷二"吊唁函电"（丙）代电，第 1～2 页）

卢家驹唁电

（1925 年 3 月 17 日）

大元帅治丧办事处转朱先生卓文、李先生蟠鉴：

　　元电悉，骇闻大元帅逝世，哀痛莫名。谨遵照大本营通告大元

帅哀典筹备委员会议案办理，务期隆重。至纪念事极重要，议决再报。卢家驹叩。筱。印。

（《哀思录》第二编卷二"吊唁函电"（乙）唁电，第6页）

卢兴邦唁电
（1925年3月17日）

铁狮子胡同孙哲生先生礼鉴：

文电惊传，不胜哀悼之至。大功未竟，遽夺元勋，前途曷胜悲痛。幸先生为国节哀，兴邦当秉帅志，谨率所部努力奋斗，以慰在天之灵。临电哽咽，谨掬哀忱。卢兴邦叩。筱。

（《哀思录》第二编卷二"吊唁函电"（乙）唁电，第14页）

建国第三军警备司令罗克中等唁电
（1925年3月17日）

孙夫人暨哲生先生鉴：

噩耗传来，三军痛泣，努力奋斗，责在后起。望节哀继志。谨唁。建国第三军警备司令罗克中、中将陈崇威、指挥廖汉雄率官佐、士兵同叩。筱。印。

（《哀思录》第二编卷二'吊唁函电"（乙）唁电，第5页）

农生唁电
（1925年3月17日）

孙哲生先生鉴：

帅座逝世，同深怆吁。惟念继述为孝，尚祈顺变节哀。农生叩。筱。

（《哀思录》第二编卷二"吊唁函电"（乙）唁电，
第 15 页）

国民党江苏省党部执委秦毓唁电
（1925 年 3 月 17 日）

铁狮子胡同孙公治丧处诸先生均鉴：

阅报惊悉总理逝世，不胜悼痛。邦本未宁，泰山遽颓，国将安赖，民将安仰。凡我同志亟宜戮力同心，恪遵遗嘱，以竟先生未竟之功，而尽吾侪后死之责也。〈国〉民党江苏省党部执行委员秦毓叩。筱。

（《哀思录》第二编卷二"吊唁函电"（乙）唁电，
第 10 页）

任寿祺唁电
（1925 年 3 月 17 日）

北京铁狮子胡同孙先生治丧事务所鉴：

总理手创民国，功盖寰区。以苍生托命之人，值群雄逐鹿之会，大业未完，明星遽陨。英灵虽逝，主义不磨，三复遗书，百感流涕。谨电哀吊，无任凄惶。任寿祺叩。筱。

（《哀思录》第二编卷二"吊唁函电"（丙）代电，
第 16 页）

石德纯等唁电
（1925 年 3 月 17 日）

余香谷转孙大元帅丧次：

倾闻大元帅于三月文日逝世，私衷无任哀悼。伏维大元帅首倡革命，手造共和，一身安危，邦家所系。且现值国是未定，海内分崩，一代元勋，中外仰望，今忽逝世，哀悼曷极。谨此奉唁，并派余香谷君代表致祭。石德纯暨全军将士同叩。筱。

（《哀思录》第二编卷二"吊唁函电"（乙）唁电，第 19 页）

孙传芳唁电

（1925 年 3 月 17 日）[1]

孙哲生先生鉴：

阅报惊谂令尊中山先生噩耗，不胜哀悼。先生手创民国，五族一人，大厦未安，两楹遽奠，普天共惜，环海同怅。特电驰唁，并问孝履。孙传芳。筱。

（《哀思录》第二编卷二"吊唁函电"（乙）唁电，第 14 页）

谭庆林唁电

（1925 年 3 月 17 日）

孙中山先生治丧处鉴：

侵电奉悉。中山先生创造民国，功烈昭著，胡天不吊，夺我元勋，哀耗传来，殊深悲悼。谨电奉唁。谭庆林。筱。

（《哀思录》第二编卷二"吊唁函电"（乙）唁电，第 20 页）

---

[1] 按：《顺天时报》1925 年 3 月 19 日《孙丧中之各唁电》载孙传芳铣日（16 日）唁电，内容与此相同，兹不另录。——编者

上海蜀评社社长吴山等唁电

（1925 年 3 月 17 日）

北京铁狮子胡同孙公治丧处鉴：

中山先生革命领袖、开国元勋，去岁赴京召集国民会议。吾人方冀澄清有日，统一可期，孰意昊天不吊，丧我元勋，噩耗传来，举世哀悼。本社同人痛父师指导之失，抱河山倾覆之忧，哀悼之余，特电吊唁。云山北望，涕泗沾襟。上海蜀评社社长吴山、总经理石琢光、总纂袁蘜生泣叩。筱。印。

（《哀思录》第二编卷二"吊唁函电"（丙）代电，第 5 页）

萧耀南唁电

（1925 年 3 月 17 日）

孙公行辕秘书处鉴：

奉侵电，惊悉中山先生于本月十二日逝世。国事方艰，元勋遽陨，敬怀伟绩，哀悼曷胜。除派代表恭致祭唁外，特此复闻，惟希台察。萧耀南。筱。

（《哀思录》第二编卷二"吊唁函电"（乙）唁电，第 14 页）

徐佩英唁电

（1925 年 3 月 17 日）

前闻义父抱病在京，即拟束装往省，俟以俗牵未果前行。适接噩耗，深悔此行之不果，致抱遗恨于无穷。况义父以一代元勋，独创共和，功成身殒，谁不哀伤？矧在儿女之行，能不椎心泣血悲痛欲绝哉？但吾母长随义父，一旦离弃，其悲痛之情当更逾于女悲，尚乞暂抑一时之哀，勉为身后之计，此女儿于痛父之中不能不更进而唁母也。刻以道远未克亲奠，谨电驰唁，伏希鉴察。上海英界博物院路中国经济讨论处义女徐佩英叩。筱。

（《哀思录》第二编卷二"吊唁函电"（丙）代电，

第 15 页）

阎锡山唁电
（1925 年 3 月 17 日）

孙行辕秘书处鉴：

侵电悉。共和倡导，大星遽殒，远闻噩耗，怆悼同深。除另派员奠祭外，特复。阎锡山。筱。

（《哀思录》第二编卷二"吊唁函电"（乙）唁电，

第 20 页）

广东省议会郑里铎等唁电
（1925 年 3 月 17 日）

哲生先生鉴：

帅座薨逝，中外同悲，属在粤人，尤深痛悼。尚希节哀顺变，为国珍重。谨电吊唁，藉表哀忱。广东省议会郑里铎暨各议员同叩。筱。印。

（《哀思录》第二编卷二"吊唁函电"（乙）唁电，

第 5 页）

周自得唁电

（1925 年 3 月 17 日）

孙夫人暨哲生兄鉴：

帅座薨逝，万古留哀，回念党国，悲愤何极。自得谨率全体学生及教导团官兵在校设坛缟素，誓守遗言，努力前途，用副帅座在天之灵。尚乞节哀顺变，为国珍重。谨电布悃，墨与泪俱。周自得叩。筱。

（《哀思录》第二编卷二"吊唁函电"（乙）唁电，第 5 页）

朱品珊唁电

（1925 年 3 月 17 日）

孙公治丧事务所及国民党同志诸公均鉴：

接京电，惊悉总理逝世，噩耗传来，普天同悲。国本未宁，遽失先导，凡我同人此后仍当善继先生之志，努力奋斗，以竟先生未竟之功，则先生虽死犹不死也。谨电吊唁，用代哀悼。朱品珊叩。筱。

（《哀思录》第二编卷二"吊唁函电"（乙）唁电，第 19 页）

广肇客栈方言工会唁电

（1925 年 3 月 18 日）

孙哲生先生鉴：

国难未平，元勋遽谢，殷忧未已，努力向前。尚祈顺变节哀，以襄大事。谨电驰唁，无任怆怀。广肇客栈方言工会叩。巧。

（《哀思录》第二编卷二"吊唁函电"（乙）唁电，第7页）

国会非常会议秘书厅唁函
（1925年3月18日载）

迳启者：奉值日行政委员谕：本会议全体同人定于本月十四日（星期六）午后三时齐赴行辕，公吊中山先生。等因。相应函达，即希查照为荷。

此致
中山先生治丧事务处

国会非常会议秘书厅启

（《北京治丧处所得唁电》，上海《民国日报》1925年3月18日）

国民党安徽寿县党部唁电
（1925年3月18日）

中央执行委员会鉴：

昊天不吊，夺我总理。哀痛之余，誓当虔遵遗训，益加奋勉，引导民众努力于国民革命之完成，以竟总理未竟之志。安徽寿县党部常务委员徐梦秋暨全体党员自沪叩。巧。

（《哀思录》第二编卷二"吊唁函电"（丙）代电，第12页）

国民党广三特别区党部唁电

（1925 年 3 月 18 日）

孙哲生兄并转呈孙夫人鉴：

惊闻总理逝世，全体悲痛。乞节哀珍重，以伸绍述。广三特别区党部叩。巧。

（《哀思录》第二编卷二"吊唁函电"（乙）唁电，第 5 页

国民党南京党部唁电

（1925 年 3 月 18 日载）

北京孙行辕中央执行委员会鉴：

噩耗传来，悲痛欲绝。除定期追悼外，谨此电唁。南京国民党党部叩。

（《全国哀悼孙先生》，上海《民国日报》1925 年 3 月 18 日）

国民党南京党部唁电

（1925 年 3 月 18 日载）

北京孙行辕中央执行委员会转全国同志鉴：

总理逝世，中伤频来，望仰体遗嘱，戮力同心，固内攘外。南京国民党党部叩。

（《全国哀悼孙先生》，上海《民国日报》1925 年 3 月 18 日）

国民党吴江县党部唁电

（1925 年 3 月 18 日）

治丧委员会鉴：

革命未成，导师遽丧，北望燕云，无涕可挥。同人等誓遵守遗嘱，一致奋斗。吴江县党部叩。巧。

（《哀思录》第二编卷二"吊唁函电"（乙）唁电，第 10 页）

国民党浙江永嘉县党部唁电

（1925 年 3 月 18 日）

北京中央执行委员会鉴：

总理逝世，薄海同悲，革命未成，导师遽殒，吾党同人，尤深哀悼。惟有誓遵遗嘱，努力奋斗，以竟总理未竟之志。除通知县属各党部准备追悼外，谨此电达，用表哀思。中国国民党浙江永嘉县党部叩。巧。

（《哀思录》第二编卷二"吊唁函电"（丙）代电，第 8 页）

国民党浙江永嘉县党部唁电

（1925 年 3 月 18 日）

北京铁狮子胡同孙哲生先生礼鉴：

尊翁为开国元勋、民众领袖、我党导师，惊闻谢世，悲悼同深。尚祈为国为民节哀顺变，善继遗志，以竟厥功，用慰总理在天之灵。谨此电唁。中国国民党浙江永嘉县党部叩。巧。

（《哀思录》第二编卷二"吊唁函电"（丙）代电，第8页）

国民党浙江镇海县第一区第一分部唁电
（1925年3月18日）

国民党中央执行委员会鉴：

总理逝世，举国痛悼。革命尚未成功，民众遽失领袖。誓遵遗嘱，以竟总理未竟之志。谨此电唁，诸惟鉴察。国民党浙江镇海县第一区第一分部叩。巧。

（《哀思录》第二编卷二"吊唁函电"（丙）代电，第8页）

杭州反帝国主义大同盟唁电
（1925年3月18日）

北京中国国民党中央执行委员会诸公钧鉴：

噩耗传来，惊悉贵党总理、国父孙中山先生薨逝都门，曷胜悲悼。中山先生为民国元勋、国民导师，客岁由粤北上提倡国民会议，思出吾民于水火，尤复历经艰险。而今事业未成，哲人先萎，瞻念国事前途，可为同声一哭。所幸贵党同志团结一致，贵会诸公矢志靡他，继中山先生未竟之功，以求早日实现国民革命，解放我被压迫之群众，使勿为敌所乘，则国民幸甚，民国幸甚。除在当地参加发起追悼孙公筹备会外，谨此电唁。杭州反帝国主义大同盟叩。巧。

（《哀思录》第二编卷二"吊唁函电"（丙）代电，第7页）

鹤山第一区农民协会唁电

（1925 年 3 月 18 日）

中国国民党中央执行委员会诸公哀鉴：

惊闻为农工群众解放之导师，为弱小民族独立之伟人孙中山先生遽然长逝，不胜哀悼。惟同人等决定自今日起联络我农界同胞以及被压迫群众，遵守孙先生之遗规，继承先生之精神，加倍努力，向军阀及帝国主义进攻，以完成群众所需要之国民革命。特电驰唁，不胜悲愤。鹤山第一区农民协会叩。巧。印。

（《鹤山农民之唁电》，《广州民国日报》1925 年 3 月 24 日）

湖北钟祥石牌商会唁电

（1925 年 3 月 18 日）

北京孙行辕秘书处公鉴：

前大总统孙公首创革命，缔造共和，丰功伟烈，中外同钦。此次入都，正期与我四万万民族立平等自由幸福之基，讵意抵津后肝疾日笃，疗治无效。近读通告，惊悉我前大总统孙公于本月十二日上午九时三十分登遐。昊天不吊，遽夺元勋，曷胜痛悼。谨电申哀。湖北钟祥石牌商会叩。啸。

（《哀思录》第二编卷二"吊唁函电"（丙）代电，第 10 页）

沪西四路商界联合会唁电

（1925 年 3 月 18 日）

北京铁狮子胡同孙公治丧事务所诸公暨哲生先生均鉴：

天祸民国，夺我元勋，凡有血气，罔不痛心。惟诸公皆当世贤杰，对于孙公主义、国家安危均有重大责任。除依遗嘱治丧外，务请节哀顺变继续奋斗，是为至祷。沪西四路商界联合会叩。巧。

（《各方面唁电之汇录》，上海《民国日报》1925 年 3 月 19 日）

旅沪工商协会、闸北公民自治会、
育贤公学唁电
（1925 年 3 月 18 日）

孙哲生先生及中央执行委员会诸公均鉴：

昊天不吊，丧我元良，国倾柱石，民失长城，国难正殷，继起何人，瞻怀前途，曷胜哀悼。谨此唁闻。旅沪工商协会、闸北公民自治会、育贤公学叩。巧。

（《各方面唁电之汇录》，上海《民国日报》1925 年 3 月 19 日）

旅鄂湖南学校校友会唁电
（1925 年 3 月 18 日）

孙公治丧事务所公鉴：

中山先生手造共和，功在国家，遽尔溘逝，中外同悲。敝会同人哀恸之余，订于马日开追悼大会。特电奉闻。旅鄂湖南学校校友会叩。巧。

（《哀思录》第二编卷二"吊唁函电"（乙）唁电，第 14 页）

上海南洋烟草职员同志会唁电
（1925 年 3 月 18 日）

孙公治丧处诸先生公鉴：

　　惊闻噩耗，痛悼万分，革命还未成功，导师先殒，悲何可言。尚望国人失怙之后益承先生遗训，继续努力奋斗。哀此电唁。上海南洋烟草职员同志会委员长唐夔、张渭川牵会众叩。巧。

　　（《哀思录》第二编卷二"吊唁函电"（乙）唁电，第 10 页）

上海工界救国同志会唁电
（1925 年 3 月 18 日）

孙公治丧处暨中央执行委员会公鉴：

　　国民革命领袖中山先生辞世，工界同人不胜痛悲。誓遵守先生遗嘱，努力为群众奋斗。临电哽咽，谨掬哀忱。工界救国同志会全体工人同叩。

　　（《各方面唁电汇录》，二海《民国日报》1925 年 3 月 18 日）

上海南北浙江路商界联合会唁电
（1925 年 3 月 18 日）

北京中国国民党中央执行委员会公鉴：

　　国是未定，元首仙逝，噩耗传来，惶悚何似。甚望贵党全体克遵遗嘱，继志进行，国运兴亡，于焉是赖。谨此电唁。上海南北浙江路商界联合会干事长孙镜湖暨全体会员公叩。

　　　（《各方面唁电汇录》，上海《民国日报》1925 年 3
　月 18 日）

唐山大学唁电
（1925 年 3 月 18 日）

中山先生治丧处鉴：

　　中山先生逝世，薄海同悲。除由校即日开会追悼外，谨电奉
唁。唐山大学校长孙鸿哲暨教职员、学生全体同叩。巧。

　　　（《哀思录》第二编卷二"吊唁函电"（乙）唁电，
　第 11 页）

天津良心救国团唁电
（1925 年 3 月 18 日）

北京铁狮子胡同孙公行辕诸同志鉴：

　　中山先生具建国之主义与精神，毕生为民众利益而奋斗。乃革
命尚未成功，同志遽失先导，噩耗传来，弥深震痛。除筹备追悼
外，谨先电唁，尚希节哀。天津良心救国团叩。啸。

　　　（《哀思录》第二编卷二"吊唁函电"（丙）代电，
　第 7 页）

苏州体育专门学校唁电
（1925 年 3 月 18 日载）

　　民国不幸，崩殂元勋，普天同哭，若失长城，鞠躬尽瘁，虽死
犹存。专电哀号，谨志唁忱。苏州中华体育专门学校校长柳成烈、

教职员暨全体学生恭叩。

　　　　（《各方面唁电汇录》，上海《民国日报》1925 年 3

月 18 日）

芜湖县教育会、劝学所等唁电
（1925 年 3 月 18 日）

北京铁狮子胡同孙公行辕汪精卫、孙哲生先生礼鉴：

　　元勋谢世，国柱倾颓，缅企先徽，不胜悲悼。除漾日开会追悼
外，并祈节哀，为国珍重。芜湖县教育会、劝学所、小学教员联合
会叩。巧。

　　　　（《哀思录》第二编卷二"吊唁函电"（丙）代电，

第 12 页）

新黎里报社、新盛泽报社唁电
（1925 年 3 月 18 日）

北京孙哲生先生鉴：

　　惊悉总理逝世，噩耗传来，不胜悲痛。革命尚未成功，同志顿
失领袖，务祈节哀顺变，继承先志，则同人幸甚，国家幸甚。新黎
里报社、新盛泽报社同叩。巧。

　　　　（《哀思录》第二编卷二"吊唁函电"（丙）代电，

第 5 页）

镇海国民会议促成会唁电
（1925 年 3 月 18 日）

哲生兄礼鉴：

噩耗传来，惊悉令尊仙逝。哀哀蒸民，遽失长城，瞻念前途，涕泗滂流。我兄仁孝成性，必悲痛逾恒。尚祈节哀顺变，用竟先志。特电奉唁。镇海国民会议促成会叩。巧。

　　　（《哀思录》第二编卷二"吊唁函电"（丙）代电，

第 8 页）

中华电气工业联合会唁电

（1925 年 3 月 18 日）

北京铁狮子胡同孙行辕公鉴：

　　惊闻先生噩耗，全国哀悼。窃维先生推倒专制，建设民主，抵抗强暴，保障民权，今遽长逝，同人等曷胜痛惜。祈请同志继续奋斗，庶先生不死。中华电气工业联合会。巧。印。

　　　（《哀思录》第二编卷二"吊唁函电"（丙）代电，

第 2 页）

东亚同文会唁电①

（1925 年 3 月 18 日）

　　孙中山先生逝世，实为中日两国之大损失，不胜哀悼之至。谨表悼意。（十八日）

　　　（《日人之悼孙》，《顺天时报》1925 年 3 月 19 日）

邓锡侯唁电

（1925 年 3 月 18 日）

孙公行辕秘书处鉴：

―――――――――

　　①　报纸报道中注明此电为东亚同文会唁电。――编者

侵电奉悉。孙公溘逝，哀悼同深，手造共和，大业未竟。此次北游燕蓟，方期发表政见，综汇群说，改订条约，望慰喁喁。因肝疾之忽萌，致精华之既竭，骞裳一去，罢市同悲，北望瞻帏，无任怆泣。邓锡侯叩。巧。

（《哀思录》第二编卷二"吊唁函电"（乙）唁电，第 15 页）

董耕云、李希莲唁电
（1925 年 3 月 18 日）

孙公治丧处鉴：

报载总理中山先生十二日溘然长逝，云等闻耗五内生悲。先生虽开创民国，然未获建设三民五权政策，值此军阀专事水火人民之秋，遽尔弃世，诚吾党之不幸，亦民国之大戚也。痛此悼唁，以志哀思。董籽〔耕〕云、李希莲叩。巧电。

（《哀思录》第二编卷二"吊唁函电"（乙）唁电，第 21 页）

前安徽国民军总司令高世读唁电
（1925 年 3 月 18 日）

孙哲生先生礼鉴：

读秘书处侵电，惊悉前大总统逝世。伏念前大总统首创民国，缔造艰难，乃国本未宁，遽陨先哲，泰山崩颓，寰宇衔悲。除电知署代表经猷在京代为致吊，并率所部军队遥为祭奠以志哀感外，谨此奉唁，诸维鉴察。前安徽国民军总司令、皖北镇守使高世读叩。巧。印。

（《哀思录》第二编卷二"吊唁函电"（乙）唁电，第 17 页）

卢永祥唁电

（1925 年 3 月 18 日）

治丧处鉴：

删电悉。兹派敝处范参议毓灵，于巧日北上前往致祭。特达。卢永祥。啸。印。

（《哀思录》第二编卷二"吊唁函电"（乙）唁电，第 9 页）

香山县县长卢家驹唁电

（1925 年 3 月 18 日）

孙夫人暨哲生先生礼鉴：

骇闻大元帅噩耗，阖邑同悲。惟元首功业精神，千古不朽，尚望节哀顺变，为国珍重，克竟前功，曷胜盼祷。本邑筹备哀典务期隆重，以表凄忱，并祈察照。香山县县长卢家驹叩唁。巧。印。

（《哀思录》第二编卷二"吊唁函电"（乙）唁电，第 6 页）

郭云楼、杨仔耘等唁电

（1925 年 3 月 18 日）

孙哲生先生鉴：

顷接京电，惊悉尊翁于三月十二日午刻逝世。窃念手造共和，功在民国，倏闻山颓，罔不凄怆。吾兄仁孝生成，自必异常哀毁。惟孝贵承志，当国事纷扰之际，尊翁于民国未竟之志吾兄能继续贯彻，即可慰在天之灵。除电请敝会熊议长皖屺就近代表致祭以表哀忱外，尚望以礼制情，节哀顺变，勉自珍摄，是所切盼。四川省议会同志弟郭云楼、杨仔耘、傅子欣、刘普生、陈次清、郭万青、陈云舫、曾吉芝、汪蜀宇、伍伯沟、冯易之、张赤父、刘卓彬、彭金门、张和齐、王显珉、罗叔玉、陈炳光、熊與九、刘在方、黎梓青、陈稷安、刘质文、曾少淇、范春青、严丕承、曹叔宝、林烺青、王笠僧、李丕承、刘瑞禾、高玉冈、李兆祥、杜香樽、王干青、金丽硊、胡禀民叩。巧。

　　（《哀思录》第二编卷二"吊唁函电"（乙）唁电，

第 16 页）

<h1 style="text-align:center">何荣山唁电</h1>
（1925 年 3 月 18 日）

孙夫人暨哲生兄鉴：

　　惊悉总理薨逝，悲痛万状。务望节哀，为国珍重。何荣山叩。巧。

　　（《哀思录》第二编卷二"吊唁函电"（乙）唁电，

第 5 页）

<h1 style="text-align:center">铁血团李天德等唁电</h1>
（1925 年 3 月 18 日）

孙科君鉴：

　　惊闻噩耗，先生崦殂，大志未完，赍恨以殁，天也。节哀顺变，以继志为孝。临电涕泣，不知所云。李天德暨铁血团同志叩。巧。

　　（《哀思录》第二编卷二"吊唁函电"（乙）唁电，

第 5 页）

侨居北京韩国人李天民、张如唁函
（1925 年 3 月 18 日载）

痛哭，叩头，流血，大声高呼东亚之革命父母中山先生。呜呼！革命未达目的，先生何忍逝□。哀哉，痛哉！大中华民国大元帅中山先生，千古流芳，万邦共泪。侨居北京韩人李天民、张如同叩。

（《北京治丧处所得唁电》，上海《民国日报》1925
年 3 月 18 日）

林德轩、杨道馨、廖文蔚等唁电
（1925 年 3 月 18 日）

孙大元帅行辕汪精卫先生暨同志诸公均鉴：

中原不幸，丧我元首，瞻望燕云，痛悼罔极。然死者已矣，生者责更难辞，凡我同人，务宜遵循主义，拼身奋斗，以竟元首未竟之功，庶足仰慰在天之灵，俯顺国人之望。诸公为吾党领袖，善后事宜，谅有至计，元首遗嘱及营葬办法一并示知。临电依依，统候明教。石门林德轩、知事杨道馨、国民党分部长廖文蔚叩。巧。印。

（《哀思录》第二编卷二"吊唁函电"（乙）唁电，
第 13 页）

刘成勋唁电
（1925 年 3 月 18 日）

哲生先生鉴：

顷得京电，惊悉尊翁中山先生于文日逝世，悲悼曷极。窃念尊翁吾民先觉，华夏元勋，劳于国事，竟终京都，此乃薄海黎庶引为不幸者也。惟是尊翁名重区宇，功在国家，万古千秋，自当不朽。现在国步艰难，需才治理，先生金相玉赐，庭训亲承，建国大猷，智珠在握，务望节哀顺变，为国珍重，以慰群伦属望之殷，藉补尊翁未竟之志。特电奉唁，无任依驰。弟刘成勋叩。巧。

（《哀思录》第二编卷二"吊唁函电"（乙）唁电，第 15 页）

马晓军唁电
（1925 年 3 月 18 日）

孙夫人暨哲生先生哀鉴：

帅座薨逝，震悼同深，遗训昭垂，前功待竟，伏维节哀继志，以慰先灵。怅望燕云，谨申唁慰。马晓军叩。啸。

（《哀思录》第二编卷二"吊唁函电"（乙）唁电，第 5 页）

民治急进社彭光武、吴子垣等唁电
（1925 年 3 月 18 日）

北京孙公治丧事务所执事诸公鉴：

孙公功在民国，德洽人心，一旦仙逝，涕零何极。诸公亲睹弥留，力肩丧事，伏冀上承总理遗嘱，奉灵柩遵海而南，宣传本党政纲，使苍生喁喁向化，不胜悲恳翘盼之至。民治急进社彭光武、吴子垣、刘辅民、吴桢等同叩。巧。印。

（《各方面唁电之汇录》，上海《民国日报》1925 年 3 月 19 日）

民治急进社彭光武、吴子垣等唁电

（1925 年 3 月 18 日）

孙哲生先生苫次：

　　读本党文电，惊悉尊大人仙逝。丧我国父，悲悼莫名。伏念尊大人推翻专制，手造共和，望重全球，功垂宇宙。昊天不吊，人之云亡。来日方长，补苴未艾。尚希顺变节哀，为国珍重。民治急进社彭光武、吴子垣、刘辅民、吴桢等同叩。巧。印。

　　　　（《各方面唁电之汇录》，上海《民国日报》1925 年 3

　　月 19 日）

谭创之唁电

（1925 年 3 月 18 日）

孙行辕诸同志并转沧白、慧生、锡卿、玉章、青阳、铁桥、季陶诸兄均鉴：

　　奉电惊悉中山先生于侵日逝世。昊天不吊，降此鞠凶，凡属国人，同深哀悼。何时国葬，并望电知，锦水燕山当同声一哭也。谭创之叩。巧。

　　　　（《哀思录》第二编卷二"吊唁函电"（乙）唁电，

　　第 16 页）

王天一唁电

（1925 年 3 月 18 日）

北京铁狮子胡同孙哲生先生鉴：

捧诵侵电，惊聆总理是日薨逝之音，殊深痛哀。总理为国功高，一疾遽尔长辞，在中外人士闻之如丧考妣，况先生乎。但总理虽死而主义长存，躯壳虽萎精神如在。伏望先生顺变节哀，幸勿过毁精神，与我同志继续努力奋斗，以竟总理欲成未成之志。王天一。巧。叩。

（《哀思录》第二编卷二“吊唁函电”（丙）代电，第18页）

夏之时、向传义等唁电
（1925年3月18日）

孙大元帅治丧处诸同志鉴：

奉电惊悉帅座病故，痛念邦国之瘁，岂惟同人之悲。哲生兄大孝生成，敬乞转达唁怀。继志之日甚长，更望节哀顺变，为国珍重。此间同人正商举办追悼会矣。夏之时、向传义、向楚、黄宗麟、萧德明、曾宝森、黄金鳌、唐尧、黄锴、余痴虎叩。巧。

（《哀思录》第二编卷二“吊唁函电”（乙）唁电，第15页）

北伐军党务处长谢晋唁电
（1925年3月18日）

孙哲生先生鉴：

总理逝世，薄海同悲。然导师虽去，信徒更勇，主义实现，精神不死。尚祈节哀以继未竟之业，而慰在天之灵。临电怆怀，不知所措。北伐军党务处长谢晋叩。啸。

（《哀思录》第二编卷二“吊唁函电”（乙）唁电，第5页）

徐树铮唁电

（1925 年 3 月 18 日）

　　中山先生逝世，噩耗传来，惊悼之至。哲生想已到京，祈转致吊唁。先生功在民国，中外同钦，非弟一人所私誉。甫逾六旬，遽闻凋谢，国家损一重镇，民党失所依归，亦非弟一人私戚。谨备奠仪，托敝友方石珊君在京津、光农闻君在沪、刘卓彬君在港粤代祭。敬希照拂。溥泉、觉生、仲恺、展堂、汝为、香芹①、无量诸友好均祈代致慰问，无任心感。树铮。三月十八日。②

　　（《京治丧处所得唁电》，上海《民国日报》1925 年 3 月 22 日）

上海民国公学许竞公、朱晓云等唁电

（1925 年 3 月 18 日）

北京孙公治丧事务所鉴：

　　天胡不吊，夺我导师，凡属国民，谁不恸悼。敝校同人尤胜哀痛，除举哀追悼外，谨再电唁。尚祈诸公恪守孙公遗训，努力奋斗，以期三民五权之实现、国民革命之成功。上海民国公学许竞公、朱晓云、陈野鸥、张之勋等泪叩。

　　（《各方面唁电汇录》，上海《民国日报》1925 年 3 月 18 日）

---

　　①　应为"湘芹"，即古应芬。——编者
　　②　报纸报道中说明此电为致汪精卫唁电。——编者

建国第二军第一师师长杨虎等唁电

（1925 年 3 月 18 日）

分送孙科先生鉴：

　　总理逝世，薄海同悲。除遵礼吊奠，希执事节哀珍摄为盼。建
国第二军第一师师长杨虎率全部叩。啸。

　　（《哀思录》第二编卷二"吊唁函电"（乙）唁电，
第 7 页）

杨树庄唁电

（1925 年 3 月 18 日）

海〈军〉郑司长鉴：来电畚转孙府治丧处鉴。元勋徂谢，率土同
悲。兹烦敝署总参议郑君宝菁前来敬唁。相应电达，乞即察照。杨
树庄。巧。叩。

　　（《哀思录》第二编卷二"吊唁函电"（乙）唁电，
第 14 页）

喻士英唁电

（1925 年 3 月 18 日）

孙先生治丧事务所鉴：

　　国乱未平，元良遽丧。烽烟遍野，苍生何依。闻耗凄惶，涕泪
奚似。谨电奉吊，藉表哀忱。江西喻士英叩。巧。

　　（《哀思录》第二编卷二"吊唁函电"（丙）代电，
第 15 页）

袁刚、喻迦陵唁电

（1925 年 3 月 18 日）

孙先生治丧事务所鉴：

民众不幸，丧失导师，我辈闻耗，只知悲痛。谨电哀吊，无任凄惶。江西袁刚、喻迦陵同叩。巧。

（《哀思录》第二编卷二"吊唁函电"（丙）代电，第 15 页）

江苏泰兴民气报社张人伟唁电

（1925 年 3 月 18 日）

北京孙哲生先生鉴：

尊公逝世，民失导师，长城遽陨，国命安依，遥听之余，薄海兴悲。特电布唁，敬希节哀竟先公之厥志，达民主之真谛，不胜大愿。江苏泰兴民气报社张人伟。巧。

（《哀思录》第二编卷二"吊唁函电"（丙）代电，第 6 页）

朱念祖唁电

（1925 年 3 月 18 日）

北京铁狮子胡同孙先生治丧事务所鉴：

昊天不吊，夺我总理，噩耗传来，痛悼曷极。愿我同人共遵遗嘱，努力奋斗，以竟我总理未遂之志，则党义不磨而正气长存。临电涕泣，不知所云。朱念祖叩。巧。

（《哀思录》第二编卷二"吊唁函电"（丙）代电，第 14 页）

国民党安徽寿县党员朱松年、曹蕴真等唁电

（1925 年 3 月 18 日）

中央执行委员会鉴：

国父遽丧，全国震惊。革命尚未成功，中途竟失导师。党员等誓遵遗命，继续奋斗，外御国际资本帝国主义之侵略，内戢割据军阀之蛮横，以速国家民族独立解放之实现。安徽寿县第一区第三分部朱松年、曹蕴真、第四区第一分部徐达文、胡宏让、徐铁生同自沪叩。巧。

（《哀思录》第二编卷二"吊唁函电"（丙）代电，第 12 页）

建国滇军第四师师长朱世贵唁电

（1925 年 3 月 18 日）

孙夫人、孙哲生先生哀鉴：

惊闻帅座薨逝，悲恸曷胜。世贵身在前敌，不克趋吊，兹于前线率全师将士设灵遥祭，以志哀悼。国事多艰，尚请顺变节哀。谨电奉唁。建国滇军第四师师长朱世贵叩。巧。印。

（《哀思录》第二编卷二"吊唁函电"（乙）唁电，第 7 页）

安源路矿工人俱乐部唁电

（1925 年 3 月 19 日）

中山先生治丧事务处：

噩耗传来，中山先生逝世，万余工人无不北瞻忧痛悲悼。特
电。安源路矿工人俱乐部。皓。印。

（《哀思录》第二编卷二"吊唁函电"（乙）唁电，
第 17 页）

非基督教同盟唁电

（1925 年 3 月 19 日）

北京中国国民党中央执行委员会诸公均鉴：

革命未成，导师云亡，为国为民，同声一哭。希秉中山先生遗
嘱，进行国民革命，为我被压迫人民吐气。非基督教同盟叩。皓。

（《各地方追悼汇录》，上海《民国日报》1925 年 3
月 20 日）

国民党菏泽县党部唁电

（1925 年 3 月 19 日）

中央执行委员会鉴：

总理逝世，哀痛莫名。同志等于悲悼之余，只有继其精神与主
义，勇往直前，以竟遗志。山东菏泽县党部。效。

（《哀思录》第二编卷二"吊唁函电"（乙）唁电，
第 18 页）

国民党桂林县党部筹备处唁电

（1925 年 3 月 19 日）

孙中山先生治丧处、《民国日报》转各同志、广东中国国民党中央

执行委员会均鉴：

　　孙总理于三月十二日在京疾故，噩耗传来，曷胜悲悼。惟念先生虽已逝世不可复生，而先生所抱之三民主义仍存天壤作我准绳。所望吾党同人以先生之心志为心志，以先生之毅力为毅力，不避艰难，一致奋斗，使先生之主义始终贯彻，永垂不朽，吾党幸甚，中国幸甚。中国国民党桂林县党部筹备处叩。皓。借印。

　　（《哀思录》第二编卷二"吊唁函电"（乙）唁电，第7~8页）

杭州劳工协会唁电
（1925年3月19日）

北京中国国民党中央执行委员会鉴：

　　噩耗传来，惊悉贵党总理仙逝。中山先生为民奋斗，数十年如一日，方今国事危急，导师遽丧，曷胜悲悼。敬希贵会诸公秉中山先生遗志，代行职务，指挥同志，早日完成国民革命，是所至祷。敬此电唁。杭州劳工协会叩。皓。

　　（《各地方追悼汇录》，上海《民国日报》1925年3月20日）

旅武汉广东香山四大两都人士唁电
（1925年3月19日）

孙公治丧事务所鉴：

　　同人拟于四月十二日在汉开会追悼孙公，特先吊唁。旅武汉广东香山四大两都同人电。皓。

　　（《哀思录》第二编卷二"吊唁函电"（乙）唁电，第14页）

南洋巴达斐亚华侨书报社唁电
（1925 年 3 月 19 日）

孙大总统治丧处鉴：

　　元勋殒殁，地震天惊，噩耗传来，薄海同悲。孙公功在人类，伟烈永垂，哀哀我民，难为后死。本社钦崇国父，已非一日，乃设祭堂，朝夕墨礼，瞻仰遗像，无不饮泣。兹并订期召集华侨全体筹备追悼大会，藉以表扬孙公铲除专制手创共和之幽光，而励沉迷未醒不知亡国者之志气，先此电唁，用申痛忱。南洋巴达斐亚华侨书报社全体泣叩。皓。

　　（以上 Botavia）

　　　　（《哀思录》第二编卷二"吊唁函电"（乙）唁电，第 22 页）

琼崖改造同志会唁电
（1925 年 3 月 19 日）

北京孙中山先生治丧处转孙夫人暨孙哲生先生哀鉴：

　　天胡不吊，丧我国父，北望燕云，哀痛无已。同人后死，誓当秉承遗嘱，继续奋斗，以竟厥志。尚冀节哀顺变，为国珍重。谨电慰唁，藉表哀忱。琼崖改造同志会叩。皓。

　　　　（《哀思录》第二编卷二"吊唁函电"（丙）代电，第 2 页）

芜湖狮山雅各中学唁电
（1925 年 3 月 19 日）

孙公行辕鉴：

中山先生为我民国国父，噩耗传来，全校哀悼，谨电奉唁。芜湖狮山雅各中〈学〉校全体。效电。

（《哀思录》第二编卷二"吊唁函电"（乙）唁电，第 17 页）

浙江省农会唁电
（1925 年 3 月 19 日）

北京中央执行委员会鉴：

建设未成，元勋遽殒，噩耗传来，悲悼莫名。除发起联合追悼外，谨先电唁。浙江省农会叩。皓。

（《哀思录》第二编卷二"吊唁函电"（丙）代电，第 7 页）

浙江公益医药专门学校学生唁电
（1925 年 3 月 19 日）

北京孙哲生先生礼鉴：

噩耗传来，曷胜悲恸。尚希节哀继志革命，为我民众先导。浙江公益医药专门学校全体学生叩。皓。

（《各地方追悼汇录》，上海《民国日报》1925 年 3 月 20 日）

浙江公立医药专门学校学生唁电
（1925 年 3 月 19 日）

北京孙哲生先生礼鉴：

尊公仙逝，国事蜩螗，尚希节哀继志革命，为我民众先导。浙江公立医药专门学校全体学生叩。皓。

（《各地方追悼汇录》，上海《民国日报》1925 年 3 月 20 日）

浙江宁波国民会议促成会唁电
（1925 年 3 月 19 日）

中山先生为国捐躯，噩耗惊传，全民哀悼。促成国民的国民会议，废止国际不平等条约，自当继续奋斗，永矢勿谖，以慰英灵。宁波国民会议促成会叩。效。

（《哀思录》第二编卷二"吊唁函电"（丙）代电，第 8 页）

冯玉祥唁函
（1925 年 3 月 19 日载）

哲生先生苫次：

自别清仪，良驰鄙系。顷闻尊公之讣，为国家痛元老，于道义失典型，遥仰礼门，无任悲悼！吾兄素笃孝思，惨遭大故，呼怆之情，固由天性。惟念尊公勋高今古，遗憾毫无，尚祈节哀顺变，强慰萱帏，续图大局之熙平，以缵前徽之绪业，是所企唁。祥心殷鹤吊，迹阻鸠趋，谨具奠敬万元，恳季龙先生代为陈上。不腆微仪，聊伸诚悃，务请赐纳，祗候

礼安

冯玉祥拜启

（《孙丧中之各唁电》，《顺天时报》1925 年 3 月 19 日）

笪鹏唁电

（1925 年 3 月 19 日）

国民党执行部鉴：

　　总理逝世，国事不可知，党事不可知。鹏怀往事，更伤救死无人。刻因留豫筹备追悼大会，不得赴京凭棺一哭，谨电致哀。笪鹏叩。皓。印。

　　　　（《哀思录》第二编卷二"吊唁函电"（乙）唁电，第 19 页）

广东石龙基督教女界联爱会长黄文翰唁电

（1925 年 3 月 19 日）

孙夫人暨哲生哀鉴：

　　噩耗传来，惊悉中山息劳归天，良深哀恸。北望烟云，挥泪吊唁。广东石龙基督教女界联爱会长黄文翰叩。皓。

　　　　（《哀思录》第二编卷二"吊唁函电"（乙）唁电，第 6 页）

刘文辉唁电

（1925 年 3 月 19 日）

北京东方饭店段代表升阶请转杨沧白先生、谢慧生先生、灵［卢］赐卿先生、吴玉章先生、王子骞先生、石青阳先生、赵铁桥先生均鉴：

　　顷奉文电，祗悉中山先生遽尔长逝。国是未定，元老先摧，莽莽前途，罔识所届，望风陨泪，曷罄哀忱。诸先生謦欬素亲，遗言在耳，宏谟硕画，继述有贤，此后救国良规，尚祈时赐明教，庶几老成虽陨，灵爽犹凭。北望燕云，弥深怅惘。刘文辉叩。皓。印。

（《哀思录》第二编卷二"吊唁函电"（乙）唁电，

第 15 页）

吕超唁电
(1925 年 3 月 19 日)

孙公行辕治丧事务所鉴：

奉京电，惊悉先生遽逝，海泣山崩，哲人云亡，邦国殄瘁，言念前途，五内俱裂。超亲炙有年，饫闻莱训，比以西陲待罪，不获亲奉遗言，北望灵帏，血泪俱下。除敬派专员赴京奠唁外，肃电驰哀，伏维垂察。吕超叩。皓。

（《哀思录》第二编卷二"吊唁函电"（乙）唁电，

第 16 页）

广东石龙基督教五监会代表单叙贤唁电
(1925 年 3 月 19 日)

孙夫人暨哲生君鉴：

惊闻中山先生逝世，痛悼殊深，北望燕云，敬伸吊唁。广东石龙基督教五监会代表单叙贤叩。皓。

（《哀思录》第二编卷二"吊唁函电"（乙）唁电，

第 5 页）

唐继尧唁电
(1925 年 3 月 19 日)

孙公治丧事务所汪精卫先生、孙哲生先生鉴：

接京电，惊悉中山先生于文日逝世，哀悼曷胜。先生为国先
觉，手造共和，卅载经营，心力交瘁。现国事方艰，正赖先生撑
柱，天星忽陨，深为国痛。窃念先生指导群伦，发皇民治，揭橥主
义，昭若日星。此后吾辈益当同心专志，拥护国家，以承先生未竟
之功，而竟后死应负之责，始可奠定国本，以慰在天之灵。兹特派
周钟岳、王九龄、徐之深、马聪、李华英等在京襄助治丧，并在滇
开会追悼，知会领团下旗志哀。敬呈治丧处一万元，饬沪富行汇
上，藉表哀忱。除通电海内外一致追悼外，特此奉唁。临电泫然，
未能罄意。唐继尧叩。皓。

（《哀思录》第二编卷二"吊唁函电"（乙）唁电，
第 8 页）

王和顺唁电

（1925 年 3 月 19 日）

汪精卫先生转哲生世兄暨孙夫人鉴：

总理逝世，传来噩耗，举国同哀。和顺十三载追随，尤深悲
悼。伏望勉节哀思，为国珍重。总理虽死，其革命精神、建国主义
自足千秋不死，尤贵我同志弥加努力，贯彻主义，以竟全功。谨电
驰唁，无任涕零。王和顺叩。皓。

（《哀思录》第二编卷二"吊唁函电"（乙）唁电，
第 5 页）

武昌县教育协进会会长吴鸿斌唁电

（1925 年 3 月 19 日）

北京孙中山先生治丧处鉴：

昊天不吊，夺我元勋，噩耗传来，同声一哭。除于本月二十二日召集全体会员举行哀悼，并参加各团体共同追悼外，谨先电唁，并以奉闻。武昌县教育协进会会长吴鸿斌。效。叩。

　　（《哀思录》第二编卷二"吊唁函电"（丙）代电，第 10 页）

杨森唁电
（1925 年 3 月 19 日）

北京执政府秘书厅转孙前总统治丧事务所鉴：

　　顷准执政处［府］秘书厅文电开：前临时大总统孙中山先生由粤北上在京病逝等由。闻讣之下，薄海同悲。伏念中山先生开国元勋、革命首领，共和肇造成功而不居，约法尊崇背叛则必讨，反对帝制，反对复辟，正三民主义所由伸，或称总裁，或称元帅，亦五权宪法所自组。满望宏兹抱负，用奠艰屯，谁知遽然沉疴，难臻康复，为厄龙蛇而成谶，竟骖鸾鹤以升仙。蓟北沉大星，军民追悼者廿一省；岭南传凶，闻袍泽衔恩者十万师。以云车风马之灵，助木坏山颓之痛。京华在望，怆恻曷胜。转电奉唁，伏维亮察。杨森叩。效。印。

　　（《哀思录》第二编卷二"吊唁函电"（乙）唁电，第 15 页）

杨愿公、陆更存、陆涉川唁电
（1925 年 3 月 19 日）

孙夫人暨哲生兄鉴：

　　噩耗惊传，帅躬殄化，昊天不吊，夺我元戎，白云掩晨，旭光惨澹，载怀遗泽，痛何可任。尚祈勉节哀思，为国珍重。杨愿公、陆更存、陆涉川叩。皓。

（《哀思录》第二编卷二"吊唁函电"（乙）唁电，第 5 页）

赵成梁唁电
（1925 年 3 月 19 日）

孙哲生先生鉴：

元勋逝世，痛悲全寰，吞托伽幪，尤深哀悼。所幸主义不死，遗泽在人，继续奋斗，责无旁贷。望哲生兄略经顺变，勉节哀毁。肃电唁吊，涕泣涟涟。弟赵成梁叩。十九。印。

（《哀思录》第二编卷二"吊唁函电"（乙）唁电，第 5 页）

周馥昌唁电
（1925 年 3 月 19 日）

骑河楼大中公学纪云樵先生转孙总理治丧处钧鉴：

总理仙逝，曷胜痛悼。特电驰唁，藉表哀忱。周馥昌叩。皓。

（《哀思录》第二编卷二"吊唁函电"（乙）唁电，第 15 页）

潮州善后委员会委员谢松楠、林少梅等唁电
（1925 年 3 月 20 日）

孙大总统哀典筹备处、孙夫人、孙哲生先生均鉴：

国是未定，方待创国元勋整理煦育，何期昊天不吊，木坏山颓。粤中潮汕虽复，疮痍遍地，善后诸端亟待训示，乃竟薨逝，攀号莫及，考妣如丧。谨电告唁，以写我哀。潮州善后委员会委员谢松楠、林少梅、陈箇民、陈午楼、陈志强、郑松雪、曾靖圣、林祖泽、孙家哲、林公任等哀叩。号。印。

（《哀思录》第二编卷二"吊唁函电"（乙）唁电，第 6 页）

潮州善后委员会唁电
（1925 年 3 月 20 日）

孙大总统哀典筹备处、孙宋夫人、孙哲生先生均鉴：

国是未定，方待元勋整理。何期昊天不吊，乔坏山颓。潮汕克复，疮痍遍地，善后诸端，亟待训示。今遽舍我，哀号莫及，考妣如丧。谨电奉唁，以写我哀。潮州善后委员会委员哀叩。号。印。

（《哀思录》第二编卷二"吊唁函电"（乙）唁电，第 7 页）

国民党潮安分部唁电
（1925 年 3 月 20 日）

哲生先生大鉴：

孙公手创民国，功在万世，遽闻殂谢，薄海同哀。躯体虽灭，主义不灭，凡我同志誓竭心力继此未竟。中国国民党潮安分部长林少梅、总务科长陈之英暨全体党员同唁叩。号。印。

（《哀思录》第二编卷二"吊唁函电"（乙）唁电，第 6 页）

国民党广东大学特别区党部唁电

（1925 年 3 月 20 日）

孙夫人、孙哲生先生暨治丧处诸兄哀鉴：

　　孙总理功业未竟，中道崩殂，传来噩耗，薄海同悲，同人等尤深哀悼。继志述事，责在后死，誓加努力，以成大业。伏祈节哀顺变，为国珍重。掬泪驰唁，痛悼不宣。广东大学特别区党部。哿。

　　（《哀思录》第二编卷二"吊唁函电"（乙）唁电，

第 6 页）

国民党丹阳县第一区第一区分部唁电

（1925 年 3 月 20 日）

北京中国国民党中央执行委员会公鉴：

　　总理仙逝，薄海同悲。革命尚未成功，同志遽失导师，瞻念前途，涕泗横流。同人除持服哀悼外，誓当遵守遗训，继续奋斗，以竟总理之志。尚乞诸公一致团结，巩固本党，指示同志，得所依归。临电不胜凄惨悲痛之至。丹阳第一区第一区分部全体党员叩。号。

　　（《哀思录》第二编卷二"吊唁函电"（丙）代电，

第 6 页）

国民党上海第四区第七区分部唁电

（1925 年 3 月 20 日）

北京国民党中央执行委员会均鉴：

我国不幸遽丧国父，我党不幸，遽失导师。凡吾同志，誓当恪遵总理遗嘱，拼死前进，以全我党未全之业，救我国不救之症，慰总理在天之灵。上海国民党第四区第七区分部全体同志叩。号。

（《哀思录》第二编卷二"吊唁函电"（丙）代电，第3～4页）

国民党上海第五区第九分部唁电
（1925年3月20日）

北京孙哲生先生鉴：

尊大人手造共和，功垂万世，一旦仙逝，薄海同悲。伏乞善摄礼躬，节哀顺变，克承先志，以尽孝思。同人不才，愿追随鞭蹬，继续奋斗。诸希为国珍重，此候孝安。上海第五区第九分部执行委员任莫军、雷干生、陆健军暨全体党员叩。哿。印。

（《哀思录》第二编卷二"吊唁函电"（丙）代电，第4页）

国民党上海第五区第九分部唁电
（1925年3月20日）

北京孙公治丧事务处执事鉴：

孙公为国宣劳，功垂万世，一旦仙逝，痛悼何堪。诸公力任治丧，事膺艰巨，伏冀扶輀南下，奠定幽宫，上慰孙公在天之灵，下副苍生喁喁之望，不胜仰恳哀盼之至。此候党安。上海第五区第九分部执行委员任雷军、莫干生、陆健军暨全体党员叩。哿。印。

（《哀思录》第二编卷二"吊唁函电"（丙）代电，第4页）

国民党汕头特别市党部筹备处唁电

（1925 年 3 月 20 日）

委员会、全国各机关、各社团、各报馆暨全国各界同胞公鉴：

当此革命尚未成功之时，痛悉我开国大总统、现任大元帅、本党总理孙中山先生，于三月十二日上午九时三十分逝世。念全民痛苦之未除，嗟举国慈母之见背，同人等怆地呼天，悲痛曷极。二十世纪医药之能力，既无法以维持我伟大明慈领袖之健康于此努力革命之时期。呜呼，痛哉！同人等以身许国，汇队于全民革命旗帜之下，惟有本我总理国民革命之主张继续奋斗，以期中华民族之解放，全国福利之增加。同人等谨以万分诚恳，希望我国受压迫之各界同胞速起联合团结，促成国民会议之实现，以竟中山先生未竟之志，共图民族之健存，则中山先生虽死犹生矣。悲痛之下，五内如焚。敬致哀忱，愿共努力。中国国民党汕头特别市党部筹备处叩。号。印。

（《汕头市党部唁电》，上海《民国日报》1925 年 3 月 27 日）

江西国民会议促成会唁电

（1925 年 3 月 20 日）

北京孙中山先生治丧处鉴

顷接哀讣，惊悉天丧元勋，祸及党父，凡我赣民，同深哀痛。特此电吊。江西国民会议促成会。哿。印。

（《哀思录》第二编卷二"吊唁函电"（丙）代电，第 11 页）

江西省教育会唁电

（1925 年 3 月 20 日）

北京铁狮子胡同孙先生治丧事务所鉴：

四方多难，元勋遽逝，闻耗涕泣，凄惶奚似。江西省教育会
叩。号。

（《哀思录》第二编卷二"吊唁函电"（丙）代电，
第 11 页）

江西女子参政协会唁电

（1925 年 3 月 20 日）

兆铭先生转庆龄女士、哲生公子暨各同人鉴：

侵电惊悉中山先生于本月十二日九时半病故行辕。大老云亡，
元勋遽逝，哀音所及，莫不举国震悼，薄海同悲。本会除联合同志
召集女界定期开会追悼以表哀忱外，谨代表本省全体女界特先电
唁，并祈节哀为国珍重体躯，完成先生未竟之志、未成之功，则不
仅女界同人心香祷祝，而先生亦当含笑九泉矣。谨此顺叩制安。江
西女子参政协会叩。哿。印。

（《哀思录》第二编卷二"吊唁函电"（丙）代电，
第 11 页）

旅沪安徽公学唁电

（1925 年 3 月 20 日）

北京铁狮子胡同孙哲生先生礼鉴：

昊天不吊，夺我国父，四万万人痛绝欲死。所幸三民五权犹存

寰宇，继志有人，千古不朽。务恳先生为国节哀，领率群流努力前进，克竟仙翁未竟事业。谨电代哭，无任祈祷。旅沪安徽公学校长李振亚暨教职、学生全体叩。哿。

（《哀思录》第二编卷二"吊唁函电"（丙）代电，第 5 页）

松江市公共卫生会唁电
（1925 年 3 月 20 日载）

中山先生民国元勋，奔走国事，积劳成疾，今竟溘逝，全国同悲。特电致唁。松江市公共卫生会叩。

（《各地方追悼汇录》，上海《民国日报》1925 年 3 月 20 日）

武汉各团体追悼孙中山先生大会筹备处唁电
（1925 年 3 月 20 日）

孙公治丧处鉴：

中山先生为民国元勋，忽闻仙逝，哀痛殊深。除定本月敬日举行追悼外，谨先驰唁。武汉各团体追悼孙中山先生大会筹备处段子美、郭芬等叩。哿。

（《哀思录》第二编卷二"吊唁函电"（乙）唁电，第 14 页）

浙江私立广济医药专门学校学生唁电
（1925 年 3 月 20 日）

北京铁狮子胡同孙公治丧处主任先生礼鉴：

呜呼！长蛇封豕，外患方殷，社鼠城狐，内讧未靖。方期老成当国，解此倒悬，不意梀崩栋折，遽失砥柱。噩耗飞来，薄海同悲。然来日大难，后死者与有责，愿诸同志善述其志，群策群力，却外侮息内争，则孙公亦瞑目于九泉矣。临风陨泪，毋任哀悷，谨此驰唁。浙江私立广济医药专门学校全体学生叩。哿。

　　（《哀思录》第二编卷二"吊唁函电"（丙）代电，第 8 页）

<h3 style="text-align:center">驻沪中华民国华侨学生会唁电</h3>
（1925 年 3 月 20 日）

北京国民党中央执行委员会鉴：

　　孙公逝世，全国震惊，天祸中原，曷胜悲悼。临电陨涕，哀奠英灵。驻沪中华民国华侨学生会叩。哿。

　　（《哀思录》第二编卷二"吊唁函电"（丙）代电，第 5 页）

<h3 style="text-align:center">陈抱一、颜如愚唁电</h3>
（1925 年 3 月 20 日）

北京孙宅治丧处：

　　总理逝世，薄海同悲。民国元勋，永垂不朽。谨遵遗嘱，以慰魂灵。特申吊唁，尚祈鉴督。陈抱一、颜如愚同叩。号。

　　（《哀思录》第二编卷二"吊唁函电"（乙）唁电，第 15 页）

邓藉香唁电

（1925 年 3 月 20 日）

哲生先生大鉴：请转孙先生灵鉴：

　　昊天不吊，降此鞠凶，丧我党魁，失我导师，临穴黄鸟可赎，宁止百身上天，白龙攀髯，独达万里，国魂不死，佑我中华。党员邓藉香号叩，潮安分部长林少梅代发。

　　　　（《哀思录》第二编卷二"吊唁函电"（乙）唁电，

第 6 页）

邓质彬唁电

（1925 年 3 月 20 日）

北京铁狮子胡同孙哲生先生暨国民党中央执行委员会诸公鉴：

　　总理逝世，群众悲伤，况属质彬，素荷陶镕，哀痛尤甚。本应亲来吊奠，因事羁绊，未克如愿。谨电代唁，尚祈顺变节哀，为国珍重，以尽总理未竟之志。邓质彬叩。号。

　　　　（《哀思录》第二编卷二"吊唁函电"（丙）代电，

第 17 页）

大本营副官丁象益、严觉、萧芹唁电

（1925 年 3 月 20 日）

孙夫人暨哲生先生哀鉴：

　　自读侵日噩电，痛断肝肠，如丧考妣。我大元帅提倡民治，

造福国家，事业亘古今，正气弥天地。今虽骑箕归天，而主义精
神永垂人世。副官等亲聆教训有年，自当谨遵遗命，努力奋斗，
冀达革命目的。尚祈夫人与哲生先生节哀顺变，以继未竟之志。
临电呜咽，不知所云。大本营副官丁象益、严觉、萧芹泣叩。号。
印。

　　　　（《哀思录》第二编卷二"吊唁函电"（乙）唁电，
第 6 页）

香山县工务局长洪式文唁电
（1925 年 3 月 20 日）

孙哲生先生哀鉴：

　　痛悉大元帅噩耗，伤悼莫名。元首德高舜禹，望重中西，千古
不朽。尚望为国节哀，善继善述。本邑自筹备哀典外，禀承县命，
业规定西山原址为中山公园，立像建碑，以伸纪念，祈为亮詧。香
山县工务局长洪式文叩唁。哿。

　　　　（《哀思录》第二编卷二"吊唁函电"（乙）唁电，
第 6 页）

香山隆镇各界追悼大元帅大会筹备处
胡轩、刘汉华、李公蕃唁电
（1925 年 3 月 20 日）

北京铁狮子胡同孙夫人暨哲生先生鉴：

　　昊天不吊，帅座长辞，天下同哀，矧在乡国。惟希节哀顺变，
勉自珍重。香山隆镇各界追悼大元帅大会筹备处主任胡轩、副主任
刘汉华、李公蕃。哿。印。

（《哀思录》第二编卷二"吊唁函电"（丙）代电，
第 1 页）

赖心辉唁电

（1925 年 3 月 20 日）

孙公行辕秘书处公鉴：

顷奉侵电，惊悉前大总统孙中山先生于本月十二日在京逝世。
窃念民国肇造，公为元勋，保障共和，厥功尤伟，值此战祸粗平，
亟谋善后，慨然命驾，力疾入都，本其素抱，发抒嘉猷，政府设
施，视为电鉴，苍生喁望，更切云霓。奈何大星遽陨，泰岳忽颓，
天不慭遗，吾将安仰，抚膺太息，举世同悲，北望燕云，黯然无
色。谨电奉唁，并志哀忱。赖心辉叩。号。

（《哀思录》第二编卷二"吊唁函电"（乙）唁电，
第 16 页）

李林唁电

（1925 年 3 月 20 日）

哲生同志先生礼鉴：

总理为缔造民国先觉，一朝崩逝，中外咸为悲悼。先生纯孝成
性，苫块之戚，更何以堪。但毁性为古礼所戒，哀痛为孝之小节，
继述为孝之大经。深冀节哀顺变，善自珍卫，以竟总理未竟之志。
想总理在天之灵必当默相吾辈之奋斗也，林等敢不殚竭驽骀，以效
驰驱。瞻望灵帏，神魂为之飞越矣。特此敬唁。李林叩。号。

（《哀思录》第二编卷二"吊唁函电"（丙）代电，
第 16 页）

刘绍斌唁电

（1925 年 3 月 20 日）

孙公行辕治丧事务处沧白、青阳、慧生、锡卿、玉章、铁桥诸先生均鉴：

斌日前到渝，获覆侵电，惊悉总理逝世，群龙无首，痛悼莫名。除遵转各地同志并在渝集商追悼办法外，谨电奉唁，伏希赐察。刘绍斌叩。号。

（《哀思录》第二编卷二"吊唁函电"（乙）唁电，第 16 页）

湖北省议会议长屈佩兰等唁电

（1925 年 3 月 20 日）

孙中山先生治丧处鉴：

先生创造共和，功在国家。兹闻溘逝，中外同悲。兰等追仰元勋，尤深悼痛。谨先电吊，用志哀忱。湖北省议会议长屈佩兰、副议长刘楫、李德寅同叩。号。

（《哀思录》第二编卷二"吊唁函电"（乙）唁电，第 14 页）

鄂军混成旅旅长夏斗寅唁电

（1925 年 3 月 20 日）

治丧处公鉴：

噩耗传来，惊悉前大总统孙公谢世。惟公人格，中外同钦，创造共和，坚持主义，英光灏气，星山能回，先觉先知，再接再厉，孑然一老，赍志九京，栋护榱崩，山枯海泣，匪维私感，实属国丧。除另行追悼外，谨电申唁。鄂军混成旅旅长夏斗寅叩。号。印。

　　（《哀思录》第二编卷二"吊唁函电"（乙）唁电，第12页）

琼崖西路讨贼军游击第十五支队
许世福、潘福阶唁电
（1925年3月20日）

北京孙夫人暨哲生先生哀鉴：

　　民国不幸，丧我元首，遥望幽燕，哀痛良深。世福等属在后死，自当秉承遗训，矢志讨贼，努力前驱，不达目的不休。尚乞勿过哀毁，为国自爱。临电挥泪，不知所云。琼崖西路讨贼军游击第十五支队正司令许世福、副司令潘福阶叩。哿。

　　（《帅座薨逝之各方唁电》，《广州民国日报》1925年3月31日）

张成孝唁电
（1925年3月20日）

哲生先生礼鉴：

　　接读杨沧白诸兄文电，骇悉尊翁先生薨逝，恸悼殊深。窃维先生为民国元老，手创共和，名播寰宇，立德、立言、立功三者皆足以永垂不朽，遗之感朝野同悲。吾兄素性纯孝，遭此大故，自必毁痛逾恒。尚望节哀顺变，以继承先志，慰尊翁在天之灵，是所企盼。特此奉唁，即希鉴察。张成孝叩。号。

（《哀思录》第二编卷二"吊唁函电"（乙）唁电，
第 16 页）

朱芗青唁电
（1925 年 3 月 20 日）

哲生先生礼鉴：

噩耗传来，惊悉令尊溘然长逝。天祸民国，夺我导师，从今已
后，不闻徽音，静心寂思，能不呜咽。尚祈节哀，为国自珍。临颖
悲悼，谨此电唁。朱芗青叩。哿。

（《哀思录》第二编卷二"吊唁函电"（丙）代电，
第 17～18 页）

苏联共产党（布）中央唁电
（1925 年 3 月 20 日载）①

苏联中央执行委员会干部，对于此为国奋斗四十年，领导一九
一一至一九一二年中国革命之中国国民最〈伟〉大领袖之丧亡，谨
向中国国民致其极沉痛之同情与哀悼。已逝之领袖，已受定运所驱
使，遗下其使中国统一、巩固及脱离外强保护干预之未竟的伟业。
孙逸仙为民而牺牲，为其理想而生存，宣示中国国民与世界各国平
等之原则，以为其工作未来发展之基础，并确立与彼（实行列宁所
主张的真民族自决及世界劳动者联合之苏联人民）合作之定则，以

---

① 报纸报道称："苏联中央执行委员会为孙逸仙逝世，特致电于中国国民党"。报
道未说明发电日期。——编者

作国民党及中国对外政策之基础。苏联中央执行委员会干部深信中国国民必将高揭其领袖不能再举之旗帜，实现其领袖之□志。

（《莫斯科之哀声》，上海《民国日报》1925 年 3 月
21 日）

贵阳中山先生追悼大会筹备处唁电
（1925 年 3 月 21 日）

孙公治丧处并转孙哲生先生鉴：

中山先生为世界人类之先觉，中华民国之元勋，正冀抱疾阈[国]都，撷期早日就痊，策国家永久之安全，谋人民未来之幸福，乃昊天不吊，医药无灵。噩耗传来，曷胜痛悼。本处刻正筹备举行追悼大会，用表哀忱。先此电唁，诸希察照。贵阳中山先生追悼大会筹备处叩。马。

（《哀思录》第二编卷二"吊唁函电"（乙）唁电，
第 8 页）

国民党云南省党员唁电
（1925 年 3 月 21 日）

急。北京铁狮子胡同孙哲生先生、中央执行委员诸公鉴：

噩耗传来，同人不胜悲痛。惟念总理为国尽瘁，虽死犹荣。尚乞节哀，以襄大举。中国国民党滇省众党员叩唁。個[箇]①。

（《哀思录》第二编卷二"吊唁函电"（丙）代电，
第 17 页）

---

① 21 日的代日韵目为"箇"而非"個"，径简化为"个"。下同。——编者

国民党哈尔滨党员唁电

（1925 年 3 月 21 日）

北京国民党中央执行部鉴：

　　惊闻总理薨逝，骇痛莫铭［名］。窃前自总理入京，党员等方期总理导率吾党铲除军阀及帝国主义恶魔，为民请命。不图昏昏苍天，假纵恶魔之意未厌，终不欲斯人逃出死运，夺吾党导师、万民救主以去。远望燕云，不禁血泪交拼。兹党员等谨以在远之躯望空叩悼，遥奉誓于总理在天之灵：此后当一遵总理临终遗嘱，本吾党主义，追随同志，继续与万恶军阀战，与帝国主义战，为全国、全世界被压迫人民请命，俾竟总理在生之志，完吾党之使命。除接电为总理成服以志悼痛外，谨此唁闻。哈尔滨全体国民党员。马。叩。

　　（《哀思录》第二编卷二"吊唁函电"（丙）代电，第 13 页）

江西平民教育促进会唁电

（1925 年 3 月 21 日）

北京铁狮子胡同孙中山先生治丧事务所鉴：

　　昊天不吊，夺我元勋，瞻念前途，殷忧曷已。夫人、公子尚冀节哀。江西平民教育促进会叩。马。

　　（《哀思录》第二编卷二"吊唁函电"（丙）代电，第 11 页）

江西新闻记者联合会唁电

（1925 年 3 月 21 日）

北京铁狮子胡同孙先生治丧事务所公鉴：

革命未成，大星遽陨，人亡国瘁，隐忧曷极。谨电致哀。江西新闻记者联合会叩。简。

（《哀思录》第二编卷二"吊唁函电"（丙）代电，第 11 页）

山东省议会唁电
（1925 年 3 月 21 日）

北京孙公治丧处并转孙哲生先生鉴：

中山先生首创共和，功在国家，素志未竟，与世长辞，国丧元老，民失导师，噩耗传来，薄海同哀。除筹备追悼外，特此电唁。山东省议会。个。印。

（《哀思录》第二编卷二"吊唁函电"（乙）唁电，第 18 页）

上海粤侨工联会唁电
（1925 年 3 月 21 日载）

北京孙公治丧处鉴：

国难未已，遽殒元勋，噩耗传来，殊深哀恸。悲悼之余，谨此电唁。上海粤侨工联会叩。

（《各方面唁电之汇录》，上海《民国日报》1925 年 3 月 21 日）

天津农民协会唁电
（1925 年 3 月 21 日）

北京铁狮子胡同孙先生治丧处鉴：

阅报悉中山先生于文日逝世，曷胜惶恐泣悼。十四年来吾农民处帝国主义、国内军阀及劣绅地主压迫之下，苦曷堪言。幸先生北来，对民众解放多所策划。吾民方冀早出水火，得重睹天日，略享民国幸福，孰意先生夙愿未偿，遽尔弃其四百兆苦同胞而自逝矣。民失长城，党失导师。呜呼！吾民何辜，不幸如斯。敝处除开会追悼努力宣传外，仍请诸公转诸同志，勿过哀思，为国珍重，以竟先生遗志。先生虽逝，九泉下当含笑也。天津农民协会抆泪敬叩。个。

（《哀思录》第二编卷二"吊唁函电"（丙）代电，

第 7 页）

徐州各界追悼大会筹备处唁电
（1925 年 3 月 21 日）

铁狮子胡同孙公治丧处公鉴：

昊天不吊，国父云亡，薄海人民，同深痛悼。预定四月四日开追悼大会，谨先电唁。徐州各界追悼大会筹备处叩。马。

（《哀思录》第二编卷二"吊唁函电"（乙）唁电，

第 11 页）

成延治、汪治安等唁电
（1925 年 3 月 21 日）

北京孙总理治丧事务所孙哲生公子、汪精卫先生并转非常国会湖北议员彭养光、吴寿田先生暨国民党诸先生均鉴：

国事方殷，总理素持主义未达，胡天不吊，夺我元勋，北望燕云，不胜陨涕。务望哲生公子与诸公以后仍持总理未竟之志，勿再分门别户，勿再分道扬镳，同心协力，奋起直追，以慰总理于九京之下。至总理自壮至老，奔走国事，尽力吾民，功在中华。吾华即当以国民全体名义举行国葬，以示尊崇而昭优异。尤望诸公毅力主持，一致进行。临电呜咽，不知所云。成延治、汪治安、王家淞、陈光汉、舒用、湖北旅霖孙作钺、傅仁础、韩之桢、周子模、许赣同人国俊、胡廷柱、王弼、徐献谟、冯如俊、殷瑞琨、喻宗海、余良驹、曹世禧同叩。个。

（《哀思录》第二编卷二"吊唁函电"（丙）代电，

第 17 页）

东江招抚委员关汉光唁电
（1925 年 3 月 21 日）

北京铁狮子胡同孙宅孙夫人暨哲生先生鉴：

噩耗南来，惊闻总理为民众争存，积劳而死，殊深悲痛。但总理虽死而主义精神长在，吾辈后死继志向前，务达总理遗嘱目的。伏望节哀顺变，为国珍重。临电号泣，不尽欲言。东江招抚委员关汉光。马。叩。

（《哀思录》第二编卷二"吊唁函电"（丙）代电，

第 15 页）

黄晋三等唁电
（1925 年 3 月 21 日）

孙夫人暨哲生兄鉴：

惊悉总理逝世，噩耗传来，殊深哀悼。乞节哀为国珍重。黄晋三等叩。马。

（以上 Sandeg California）

（《哀思录》第二编卷二"吊唁函电"（乙）唁电，

第 23 页）

林皇卷唁电

（1925 年 3 月 21 日）

哲生志兄礼鉴：

总理推倒帝制，创立民国，功垂万世。兹闻薨逝，五内如焚。惟三民主义、五权宪法尚未达到完全目的，切祈节哀顺变，继承父志，努力奋斗，誓竟革命全功，国民幸甚。谨此电唁。中国国民党全国代表大会福建代表林皇卷叩。个。

（《哀思录》第二编卷二"吊唁函电"（丙）代电，
第 15 页）

东江招讨使第六游击司令佘礼铭等唁电

（1925 年 3 月 21 日）

北京铁狮子胡同孙宅孙夫人暨哲生先生鉴：

总理仙逝，煞是悲恸。而死者不可复生，国难方殷，正吾人报国之时，岂可过事哀伤。万望努力前进，以竟总理未竟之志，而作继述之功。同人誓努力以与先生同事奋斗，并候礼安。东江招讨使第六游击司令佘礼铭、参谋长苏民望暨全体官佐士兵同叩。個 [个]。

（《哀思录》第二编卷二"吊唁函电"（丙）代电，
第 2 页）

王天培唁电

（1925 年 3 月 21 日）

西四平定里五号传代表觉民鉴：守密。译转孙大元帅行营秘书厅诸公鉴：

奉读来电，惊悉大元帅□文日逝世。天胡不吊，丧此元勋，栋折榱崩，举世同悼，在培后辈，哀痛尤深，瞻望慈云，悲怆无已。除在渝约同志成服追悼，特电伸派代表甘凤章、傅觉民两君就近吊慰外，专电奉唁，藉布哀忱。临电呜咽，依依不尽。王天培叩。马。

（《哀思录》第二编卷二"吊唁函电"（乙）唁电，第 8 页）

曾仁慈唁电
（1925 年 3 月 21 日）

北京铁狮子胡同孙夫人暨哲生先生哀鉴：精卫、季龙先生均鉴：

元首逝世，举国同悲。忆我总理手造共和，艰苦备尝，四十年如一日，厥功宏大，宇内无俦。乃昊天不吊，降此鞠凶，噩耗传来，潸然陨涕。此后山河破碎，维系何人？顾念宿型，忧心如捣。仁慈伏膺总理训诲，谨当益加奋勉，始终不渝，上副总理在天之灵。敬乞节哀顺变，为国珍重。临风洒泪，不尽欲言。党员曾仁慈叩。马。

（《哀思录》第二编卷二"吊唁函电"（丙）代电，第 18 页）

复旦大学唁电
（1925 年 3 月 22 日）

铁狮子胡同孙夫人暨哲生先生鉴：

元勋殂谢，薄海同悲。尚望节哀继志，为国珍重。谨唁。上海复旦大学叩。养。

（《哀思录》第二编卷二"吊唁函电"（乙）唁电，第 10 页）

湖北黄梅追悼孙中山先生大会筹委会唁电
（1925 年 3 月 22 日）

北京铁狮子胡同孙中山先生治丧事务所钧鉴：

　　孙先生代表民众利益而奋斗，历四十年如一日，丰功伟绩，中外同钦。此次溘然长逝，举国震悼。民众失所凭依，怆痛何如。敝会谨以最诚恳之敬意电致哀忱，并祝孙先生精神永在。湖北黄梅追悼孙中山先生大会筹备委员会叩。养。

　　（《哀思录》第二编卷二"吊唁函电"（丙）代电，第 10 页）

嘉兴新塍洪涛文学社唁电
（1925 年 3 月 22 日）

北京铁狮子胡同汪精卫先生转孙中山先生治丧事务所鉴：

　　中山先生手创共和，辛苦奋斗，数十年如一日。噩耗传来，中外震悼。惟希克守遗训，努力奋斗，以竟全功。谨此电唁，哽咽不尽。嘉兴新塍洪涛文学社叩。养。

　　（《哀思录》第二编卷二"吊唁函电"（丙）代电，第 8 页）

南昌总商会唁电
（1925 年 3 月 22 日）

孙公治丧处鉴：

　　开创共和，未竟公志，惊传噩耗，大地同悲。南昌总商会叩。养。

　　（《哀思录》第二编卷二"吊唁函电"（乙）唁电，第 17 页）

芜湖学生联合会唁电
（1925 年 3 月 22 日）

孙公行辕诸先生鉴：

　　孙公逝世，梁栋倾颓。本会哀痛之余，谨此电唁。芜湖学生联合会叩。养。

　　　　（《哀思录》第二编卷二"吊唁函电"（乙）唁电，

第 17 页）

宣城皖南中学唁电
（1925 年 3 月 22 日）

孙行辕公鉴：

　　中山先生逝世，举国同悲。专电藉伸哀敬。宣城皖南中学全体叩。养。

　　　　（《哀思录》第二编卷二"吊唁函电"（乙）唁电，

第 17 页）

菲律宾总商会唁电[①]
（1925 年 3 月 22 日载）

　　昊天不吊，丧我元良，噩耗传来，侨众震恸，请订日开大会追悼。特电奉唁。

　　　　（《京治丧处所得唁电》，上海《民国日报》1925 年 3

月 22 日）

---

　　① 报纸报道注明此电为菲律宾总商会唁电。——编者

陈青云唁电

（1925 年 3 月 22 日）

铁狮子胡同汪精卫先生鉴：

帅座逝世，全国恸悼，青云受恩最深，如不亲往祭奠，心何能安。兹同何猛参谋长准于漾日由沪起程赴京致祭，特此奉闻。陈青云。养。叩。

（《哀思录》第二编卷二"吊唁函电"（乙）唁电，第 10 页）

河南太康县商会会长郭成章唁电

（1925 年 3 月 22 日）

北京铁狮子胡同孙哲生先生礼鉴：

文电惊悉总理仙游。国是未定，遽失导师，凡属国民，怆然堕泪。所幸继志有人，虽死犹生。尚希节哀顺变，为国珍重。谨电奉唁，诸维鉴察。河南太康县商会会长郭成章叩。养。

（《哀思录》第二编卷二"吊唁函电"（丙）代电，第 13 页）

何丰林唁电

（1925 年 3 月 22 日）

铁狮子胡同孙哲生先生礼鉴：

尊翁仙逝，举国同哀，谨派汪中将庆辰代表叩奠并致唁忱。何丰林。养。印。

（《哀思录》第二编卷二"吊唁函电"（乙）唁电，
第 10 页）

建国联军鄂军第一军第二混成旅
第四梯团团长万中权唁电
（1925 年 3 月 22 日）

孙大元帅治丧处孙公子科礼鉴：

　　大元帅奔走国事，积劳成疾，皇天不吊，丧我元首，噩耗传
来，曷胜哀悼。我兄英才伟略，克绍箕裘，国事纷纭，正资倚臂，
尚望节哀顺变，努力前程。弟以戎马羁身，不果趋奠，临电追悼，
用表下忱。旧部现任建国联军鄂军第一军第二混成旅第四梯团团长
万中权敬叩。养。

　　　　（《哀思录》第二编卷二"吊唁函电"（乙）唁电，
第 20 页）

吴永熙唁电
（1925 年 3 月 22 日）

万急。北京铁狮子胡同孙哲生仁兄大鉴：

　　粤垣一别，寒暑四易，每忆光霁，怀念为劳。近读报章，惊悉
中山先生与世长别。遽听之余，悲悼无既。吾兄孝性天成，遭此大
故，自必哀毁逾恒。然古者孝贵继志而不重乎恸毁，盖务其大也。
方今国步艰难，正吾兄继行尊翁未尽所怀之时，亟盼节哀，为国珍
重，是所至祷。弟吴永熙叩。养。

　　　　（《哀思录》第二编卷二"吊唁函电"（丙）代电，
第 15 页）

邢森洲唁电
（1925 年 3 月 22 日）

北京孙夫人、哲生先生哀鉴：

　　总理崩殂，寰宇悲凄，森洲时望燕云，不胜痛心泣血。惟念其主义与精神配天配地，光同日星。誓遵遗嘱，与众同志继续奋斗，以竟伟志，藉慰英灵。尚乞节哀，为国珍重。洒泪临电，不知所云。邢森洲叩。养。

　　　　（《哀思录》第二编卷二"吊唁函电"（丙）代电，
　　第 15 页）

许显廷等唁电
（1925 年 3 月 22 日）

孙夫〈人〉暨哲生兄鉴：

　　惊闻国父逝世，噩耗传来，同深哀悼。乞节哀为国珍重。勇武协会主席许显廷等叩。祃。

　　（以上 Sandeg California）

　　　　（《哀思录》第二编卷二"吊唁函电"（乙）唁电，
　　第 23 页）

国民党墨西哥总支部唁电
（1925 年 3 月 23 日）

北京国民党治丧处鉴：

　　同志于二十四日为孙公举行吊礼，谨诚敬而痛苦。呜呼，丧我国父，崩我长城，同志惝悼。国民党墨西哥总支部率全体党员同哀叩。漾。

（以上墨西哥）

　　（《哀思录》第二编卷二"吊唁函电"（乙）唁电，第25页）

国民党墨西哥米麻分部唁电
（1925年3月23日）

北京治丧处：

　　同志于二十四日为孙公举行吊礼，谨具诚敬之词而哭曰：孙公国父，与世长辞。呜呼，痛哉！薄海同悲。墨西哥米麻分部同谨哀叩。漾。

（以上墨西哥）

　　（《哀思录》第二编卷二"吊唁函电"（乙）唁电，第25页）

国民党福建临时省党部唁电
（1925年3月23日）①

北京狮子胡同孙公治丧事务所及中央执行委员会鉴：

　　噩耗传来，总理逝世，闽省同志均深哀悼。誓遵遗嘱，继续国民革命，并一致拥护中央执行委员会代替总理职权，指挥全党工作，以竟总理未竟之遗志。哀此电闻。中国国民党福建临时省党部叩。

　　（《各地追悼纪》，上海《民国日报》1925年3月28日）

---

　　①　报纸报道中说明此电为福建省党部3月23日唁电。——编者

杭州各界追悼中山大会筹备处唁电①

（1925 年 3 月 23 日）

中山先生为民国伟人，而国民党则为其一生奋斗之结晶。若吾国今日欲脱离帝国主义及军阀之压迫，而达中山先生之主义，实惟国民党是赖。吾人于此惨痛之余，惟有对贵党表示拥护，务希贵会诸公团结一致，指导工作，贵党同志集合一体，努力奋斗，以求国民革命之实现。敬此电唁。杭州各界追悼中山大会筹备处。梗。叩。

（《各地追悼纪》，上海《民国日报》1925 年 3 月 25日）

鹤山昆东追悼孙中山先生筹备会唁电

（1925 年 3 月 23 日）

国民党中央执行委员会鉴：

中山先生为谋人民之平等自由，奋斗数十年，手创共和，功在国家。去岁挺身赴京，尽力与帝国主义及封建军阀于搏战，以图国民之利益，致积劳成病，溘然长逝，凡属国民，无不悲痛。谨先电唁。鹤山昆东追悼孙中山先生筹备会。梗。哀叩。

（《帅座薨逝之各方唁电》，《广州民国日报》1925 年3 月 31 日）

湖南平江县议会唁电

（1925 年 3 月 23 日）

北京孙前临时大总统治丧事务所鉴：

---

①　报纸报道中说明此电为致北京中国国民党中央执行委员会唁电。——编者

元勋逝世，震悼同深。伏念中山先生铲除专制，创造共和，五族同邦，幸河山之粗奠，四郊多垒，怅族类之相残。方期驾莅燕都，乾坤整顿，何意神归鹫岭，山岳倾颓。敝会蒿目时艰，眷怀先觉，痛哲人之瞑目，勉后死以仔肩。谨于本月马日停会一天，下半旗以志哀感，择期三十日，彑通告军、政、学、警、农、工、商各界开会追悼。敬电奉闻。湖南平江县议会叩。梗。印。

（《哀思录》第二编卷二"吊唁函电"（丙）代电，第 9 页）

江西西江中学校唁电

（1925 年 3 月 23 日）

北京铁狮子胡同孙中山先生治丧事务所公鉴：

国难方殷，元勋遽殒，努力奋斗，责在后生，北向长号，谨此致哀。江西西江中学校。漾。叩。

（《哀思录》第二编卷二"吊唁函电"（丙）代电，第 12 页）

南通军政警学商农各界唁电

（1925 年 3 月 23 日）

铁狮子胡同孙公治丧处：

昊天不吊，丧我元勋，噩耗传来，同声一哭。兹订宥日开会追悼，藉表哀忱。谨电奉闻。南通军、政、警、学、商、农各界。漾。

（《哀思录》第二编卷二"吊唁函电"（乙）唁电，第 11 页）

南洋霹历太平埠华侨追悼孙中山联合会唁电
（1925 年 3 月 23 日）

孙公中山治丧事务所鉴：

昊天不吊，歼我元良，噩耗传来，薄海同悼。谨此电唁。南洋霹历太平埠华侨追悼孙公联合会。梗。

（以上 Taipingperak）

（《哀思录》第二编卷二"吊唁函电"（乙）唁电，第 24 页）

上海反帝国主义大同盟唁电
（1925 年 3 月 23 日载）

中央执行委员会鉴：

当此帝国主义猛烈侵略之秋，遽丧我民族革命之领袖，敝会同人，无任悲悼。敬希贵会诸公誓守遗训，一致团结，努力奋斗，为我被压迫民族谋解放，国民幸甚。上海反帝国主义大同盟。

（《吊唁电文之汇录》，上海《民国日报》1925 年 3 月 23 日）

上海金银业工人互助会唁电
（1925 年 3 月 23 日载）

中央执行委员会鉴：

贵党总理逝世，敝会实深悲痛。党失导师，国失长城。伏乞诸公恪守遗训，以竟遗志，并竭力保障劳工权利，为我被压迫阶级谋解放。上海金银业工人互助会。

（《吊唁电文之汇录》，上海《民国日报》1925 年 3
月 23 日）

上海市民协会唁电
（1925 年 3 月 23 日载）

中央执行委员会鉴：

　　贵党总理薨逝都门，惊电传来，无不痛悼。敬望诸公遵守遗
嘱，为国节哀，努力于国民会议，以求解决国是，不胜企祷。谨此
电唁。上海市民协会。

（《吊唁电文之汇录》，上海《民国日报》1925 年 3
月 23 日）

上海市民对外协会唁电
（1925 年 3 月 23 日载）

中央执行委员会鉴：

　　革命未竟，导师遽丧，噩耗传来，无任哀恸。敬求贵会诸公节
哀应变，为国珍重，并希更益固结，努力前进，致意于废除不平等
条约，图谋民族之解放，不胜幸甚。上海市民对外协会。

（《吊唁电文之汇录》，上海《民国日报》1925 年 3
月 23 日）

上海闸北市民协会唁电
（1925 年 3 月 23 日载）

中央执行委员会鉴：

　　开国元勋、革命领袖中山先生逝世，敝会不胜震悼。革命未

竟，赍志以终，尚望诸公遵守遗嘱，一致奋斗，以底国民革命之成功。上海闸北市民协会。

（《吊唁电文之汇录》，上海《民国日报》1925 年 3
月 23 日）

上海中国机器工会唁电
（1925 年 3 月 23 日载）

孙公治丧处鉴：

国难未已，遽殒元勋，噩耗传来，殊深哀悼。悲悼之余，谨此电唁。上海中国机器工会叩。

（《吊唁电文之汇录》，上海《民国日报》1925 年 3
月 23 日）

同源总会林萃耀等唁电
（1925 年 3 月 23 日）

孙夫人及孙科君鉴：

中山先生仙游，同人失一良友，深为忧悼。同源总会林萃耀
等。漾。印。

（以上 San Francisco）

（《哀思录》第二编卷二"吊唁函电"（乙）唁电，
第 23 页）

旅湖苏人钱树菜唁电
（1925 年 3 月 23 日）

北京铁狮子胡同孙中山先生治丧事务所执事先生鉴：

天丧党父，后生失师，谨电追悼，用志哀忱。旅湖苏人钱树棻。漾。叩。

（《哀思录》第二编卷二"吊唁函电"（丙）代电，第 16 页）

国民党南昌市第二区第一区分部唁电
（1925 年 3 月 24 日）

噩耗传来，哀悼莫名。革命尚未成功，同志遽失导师。但总理之主义永远存在，望我同志遵守遗嘱，继续奋斗，以完全总理所欲竟而未竟之志，达到总理所欲达而未达之目的。国民党江西省党部南昌市第二区第一区分部全体党员同叩。迥。

（《江西国民党之表示》，上海《民国日报》1925 年 3 月 31 日）

江西国民外交后援会等唁电
（1925 年 3 月 24 日）

元勋溘逝，薄海同悲，噩耗传来，匡庐黯淡。敝公团业经推派代表曹俊、章朝佐亲诣吊唁。谨比奉闻。江西国〈民〉外交后援会、江西法政学社、江西省宪研究事［社］、南昌律师公会。敬日。叩。

（《江西国民追悼会筹备》，上海《民国日报》1925 年 3 月 31 日）

旅菲律宾香山同乡会唁电
（1925 年 3 月 24 日）

孙夫人、哲生兄鉴：

噩耗传来，惊悉孙公逝世，旅菲同乡殊深悼惜。冀节哀顺变，为国珍重。旅菲香山同乡会叩。敬。印。

（以上 Manana）

（《哀思录》第二编卷二"吊唁函电"（乙）唁电，第 22 页）

彭享直凉华侨唁电
（1925 年 3 月 24 日）

汪精卫先生转哲生君鉴：

惊闻国父薨逝，薄海同哀。伏祈为国自珍。谨电驰唁，无任涕零。彭享直凉全体华侨叩。敬。

（以上赛吕班）

（《哀思录》第二编卷二"吊唁函电"（乙）唁电，第 24 页）

汕头市孙大元帅哀典筹备处唁电
（1925 年 3 月 24 日）

孙宋夫人、孙哲生先生、中国国民党中央执行委员会孙公治丧处、广州分送中国国民党中央执行委员会胡代帅钧鉴：

噩耗惊传，国父遽丧，柱倾维裂，薄海同哀。谨组哀典筹备处，定廿七、廿八、廿九三天分班追悼，举行大祭。特电奉唁。汕头市孙大元帅哀典筹备处叩。敬。印。

（《哀思录》第二编卷二"吊唁函电"（乙）唁电，第 6 页）

川军第八师长陈洪范唁电

（1925 年 3 月 24 日）

孙大元帅行辕秘书处大鉴：

奉读侵电，悲悼无已。中山先生艰难缔造，手创共和，泽被群黎，功垂万世。当此国是待定之日，正赖元老揩拄之时。讵料天不慭遗，竟使仪型邈渺，为党为国，哀痛同深。谨此电唁。川军第八师长陈洪范叩。敬。

（《哀思录》第二编卷二 "吊唁函电" （乙）唁电，

第 17 页）

胡佩韦唁电

（1925 年 3 月 24 日）

孙先生治丧事务所李协和先生暨同志诸先生均鉴：

阅报惊悉总理中山先生噩耗，曷胜悲痛。先生手创民国，艰苦备尝，大志未售，哲人遽逝。望我同志联合一气，急起直追，竟先生未竟之功。先生虽死，英灵不昧。翘首燕云，涕泪如雨。谨电致哀。胡佩韦叩。敬。

（《哀思录》第二编卷二 "吊唁函电" （丙）代电，

第 16 页）

清远党部焦渭溪等唁电

（1925 年 3 月 24 日）

孙夫人暨哲生、精卫先生鉴：

总理逝世，痛不欲生。誓遵遗嘱，继续奋斗。尚祈节哀，为国珍重。清远党部焦渭溪等叩。敬。印。

　　　　（《哀思录》第二编卷二"吊唁函电"（乙）唁电，
第 7 页）

黎元洪唁电
（1925 年 3 月 24 日）

孙公治丧处孙哲生世兄、汪精卫先生鉴：

　　中山先生灵幕初开，极思前来致吊，藉伸悼悯。只以京师为政治渊数，举动易涉嫌疑，下走之身不欲为人指摘，是以欲前且却。兹派秘书李钦代表致祭，特电奉闻，一俟灵樱运津再当躬亲奠醼也。黎元洪。敬。

　　　　（《哀思录》第二编卷二"吊唁函电"（乙）唁电，
第 11 页）

李鬐邨、刘殿国等唁电
（1925 年 3 月 24 日）

孙公治丧处诸先生：

　　天崩地坼，总理升遐，噩耗传来，莫名悲悼。窃念孙公民国元勋，共和鼻祖，追惟艰难缔造之劳，弥抱风雨飘摇之感。昊天不吊，遽摧吾国干城，沧海横流，孰作狂澜砥柱。人亡国瘁，来日大难，北望燕云，欲哭无泪。临电悲咽，不尽神驰。安徽党员李鬐邨、刘殿国、刘俊程、李壁城、张文乔、川阮佩南①等叩。敬。

　　　　（《哀思录》第二编卷二"吊唁函电"（乙）唁电，
第 6 页）

---

　　① 此处原文为"张文乔　川阮佩南"，"乔"与"川"之间有一空格，或缺字。——编者

李毓嵩唁电

（1925 年 3 月 24 日）

北京铁狮子胡同孙公治丧处中山先生冥鉴：

呜呼！先生革命鼻祖，创业未半，中道崩殂。国失导师，痛心疾首。主义宣传，永垂不朽。先生有灵，神明悠久。尚飨。国务院存记简任职李毓嵩叩。敬。

（《哀思录》第二编卷二"吊唁函电"（丙）代电，第 17 页）

汕头华侨联合会正会长林桂园等唁电

（1925 年 3 月 24 日）

北京前大总统孙公治丧处钧鉴：

噩耗传来，惊悉元勋薨逝，人之云亡，邦国殄瘁。伏读遗嘱，拳拳以废除不平等条约为言，匡救侨胞，至深且笃，追维功德，悼痛曷极。特此奉唁。汕头华侨联合会正会长林桂园、副会长林一足、曾则舆、吴逸岩、林介孚同叩。敬。印。

（《哀思录》第二编卷二"吊唁函电"（丙）代电，第 2 页）

莫永贞唁电

（1925 年 3 月 24 日）

孙中山行辕戴季陶兄转孙哲生君鉴：

中山先生廿载默契，一早［朝］溘逝，海内同声为之一哭。

谨电致哀。莫永贞。敬。

（《哀思录》第二编卷二"吊唁函电"（乙）唁电，
第 14 页）

蕉岭县徐亦禾唁电
（1925 年 3 月 24 日）

北京孙中山先生治丧处公鉴：

中山先生民国元勋、世界伟人，生平丰功伟烈令人崇拜之极。吾侪克享共和幸福，实受先生之惠赐，凡有血气，罔不尊亲。近岁才逾花甲，精神矍铄，国人方期先生寿臻期颐，续任总统，俾中华民国立于强富之地位。乃粤疆多故，宵旰忧劳，致成痼疾，居京治理。吾人默祝其以次就痊，苍生霖雨。匝月来，潮汕战起，交通阻梗，何期电音传来，以逝世闻。呜呼，痛哉！窃念先生功在国家，名垂万世，躯壳虽死而精神不死。吾人默受先生人格之感化，信仰不懈，曩年在粤得亲道范，辱荷勉励有加，言犹在耳。迩日闻丧，曷胜悼念。后此吾人应继先生之志，以道德为根本，以功业为前提，爱护民国，同任艰巨。尤望哲生先生节哀顺变，勉襄大事，为国珍重。临电凄恻，不尽欲言。蕉岭县国子徐亦禾叩。敬。

（《哀思录》第二编卷二"吊唁函电"（丙）代电，
第 18 页）

杨春芳、何庭光等唁电
（1925 年 3 月 24 日）

孙公行辕诸同志转沧白、慧生、锡卿、青阳、玉章、铁桥诸公均鉴：

中山总理噩耗传来，薄海痛悲，山颓梁坏，民命焉托？春芳等素荷提携，尤深隐痛。除就地追悼外，谨电奉唁，用表哀忱。至应如何策励将来，并恳诸公惠示。杨春芳、何庭光、吴伯葵、张树柟、张镕、赵腐若同叩。敬。

（《哀思录》第二编卷二"吊唁函电"（乙）唁电，第 17 页）

郑校之唁电
（1925 年 3 月 24 日）

孙夫人、孙哲生兄鉴：

帅座晋京，国是待正，辱以工程册籍见委，未获追随，北望燕云，心焉向往。方期发扬党义，竟厥全功，乃天不慭遗，夺我元勋。噩耗传来，举国震悼，胼襟久隶，哀恸尤深。然继续奋斗，后死之责，尚祈为国节哀，共襄六事。郑校之叩。敬。印。

（《哀思录》第二编卷二"吊唁函电"（乙）唁电，第 8 页）

潮安各界筹办孙大元帅哀典事务处唁电
（1925 年 3 月 25 日）

孙夫人、孙哲生先生暨孙公治丧处诸公鉴：

昊天不吊，夺我元勋，噩耗传来，薄海同悲。谨组哀典事务处，定四月一日举行大祭。特电奉唁。潮安各界筹办孙大元帅哀典事务处叩。径。印。

（《哀思录》第二编卷二"吊唁函电"（乙）唁电，第 7 页）

循军司令严德明等唁电

（1925 年 3 月 25 日）

孙夫人、哲生兄鉴：

　　职在前线痛闻总理薨逝，丧我国父，悲惨曷极。誓当谨遵遗嘱，肃清东隅。尤望夫人、哲生兄顺变节哀，为国珍重。循军司令任〔严〕德明暨全体官兵同叩。径。

　　（《哀思录》第二编卷二"吊唁函电"（乙）唁电，第 6 页）

湖北省议会唁电①

（1925 年 3 月 25 日载）

　　顷诵侵电，惊悉前临时大总统孙公于京邸逝世，飞来噩耗，震悼莫名。惟公迭经艰巨，创造共和，成功不居，晚节弥励。缅元勋于开国，群仰斗山，怅沧海之横流，方资砥柱。胡天不憖，遽殒大星，遥望云旌，心伤殄瘁。专驰电唁，不尽凄怆。除另期追悼外，特此奉复。

　　（《各地追悼纪》，上海《民国日报》1925 年 3 月 25 日）

江西遂川孙先生追悼会筹备事务所唁电

（1925 年 3 月 25 日）

孙先生治丧事务所鉴：

　　昊天不吊，夺我元勋，噩耗传来，同深悲悼。敬先电唁。江西遂川县孙先生追悼〈会〉筹备事务所叩。有。

----

　　①　报纸报道中说明此电为湖北省议会致孙中山行辕秘书处唁电。——编者

（《哀思录》第二编卷二"吊唁函电"（乙）唁电，
第 17 页）

绍兴青年励志会、绍兴青年救国团、
绍兴青年协进会唁电
（1925 年 3 月 25 日）

孙夫人、孙哲生先生公鉴：

昊天不吊，夺我元勋，噩耗传来，曷胜痛悼。惟是孙公虽死而其主义不死，此后我人誓当努力奋斗，竟孙公未竟之志。除全体服丧一月外，特此电唁。绍兴青年励志会、绍兴青年救国团、绍兴青年协进会同叩。有。

（《哀思录》第二编卷二"吊唁函电"（丙）代电，
第 9 页）

绍兴学生会唁电
（1925 年 3 月 25 日）

孙夫人、孙哲生先生公鉴：

革命未成，导师竟亡，悲怆如何。此后誓当继续努力，达公之志，慰公之灵。特全体服丧以志哀悼外，并此电唁。绍兴学生会叩。有。

（《哀思录》第二编卷二"吊唁函电"（丙）代电，
第 9 页）

苏联东方商会唁电
（1925 年 3 月 25 日载）

莫思科三月十九日华俄电云：苏联东方商会追悼孙逸仙大会致

电国民党，内称该会哀悼中国革命领袖，深信国民党仍按孙逸仙所指之大道进行，并贺中国国民已入为民族解放而战事之道路，祝中俄两民族政治经济关系万岁。该会同时并致电宋夫人，表示同深哀悼，并谓坚□孙逸仙之主义永不灭，及中国国民将继其领袖之志，可减轻其共同之哀痛云。

（《苏联商人之吊电》，上海《民国日报》1925 年 3 月 25 日）

湘西公会唁电①

（1925 年 3 月 25 日载）

中国革命元勋、贵党总理孙中山先生惊传逝世，敝会同人不胜悲痛。先生手创之中华民国依然狼虎横行，先生力呼废除致中国死命之一切不平等条约反日尊重之，先生鞠躬尽瘁为民请命之国民会议仍未见之实行。愿贵党领导国民抚棺自奋，本先生之精神，依照先生之主义政策，完成先生之革命志愿。敝会除已由大会议决联络各公法团发起开会追悼外，特此电唁。

（《各地追悼纪》，上海《民国日报》1925 年 3 月 25 日）

象山国民会议促成会唁电②

（1925 年 3 月 25 日载）

中山先生创造民国，提倡民治，万众瞩望。忽闻噩耗，悲悼曷极。除联集各界追悼外，并誓遵先生遗嘱，努力继续奋斗，藉慰英灵。

（《各地追悼纪》，上海《民国日报》1925 年 3 月 25 日）

---

① 报纸报道中指出此电为湘西公会致中国国民党唁电。——编者
② 报纸报道中指出此电为象山国民会议促成会所致唁电。——编者

东江招讨使兼惠阳县长罗伟强唁电

（1925 年 3 月 25 日）

中国国民党中央执行委员会均鉴：

　　总理此次北上，原为率领民众努力革命奋斗，讵料大功未竟遽尔薨逝。伟强执戈前方，陡闻噩耗，五中欲裂。此后吾人愈当为主义奋斗，以竟总理未竟之功。兹谨以迥日敬率同人在淡水行署设坛望祭外，谨电奉唁，伏维垂察。东江招讨使兼惠阳县长罗伟强叩。有。印。

　　（《帅座薨逝之各方唁电》，《广州民国日报》1925 年
3 月 31 日）

饶汉祥唁电

（1925 年 3 月 25 日）

北京铁狮子胡同孙公行辕汪精卫兄、孙哲生兄惠鉴：

　　前闻先生病笃，履欲赴京，祇候奈①卧病缠绵，伤寒之后心疾复剧，鸡骨支床，不能出户，突闻噩耗，悲痛弥深。回忆光绪丙丁之交，履谒先生于东京寓邸，循循善诱，如在目前。改革以后，天各一方，虽踪迹稍疏而精神尝响。泰山其颓，竟成千古。吾侪小子，将安所亲炙耶。病重不能躬吊，复不能以只字宣扬，谨述最叩，惮恳挚之忱，乞达灵右。饶汉祥叩。有。

　　（《哀思录》第二编卷二"吊唁函电"（丙）代电，
第 14 页）

---

　　①　"祇候奈"三字疑误。——编者

湘西镇守使田应诏唁电

（1925 年 3 月 25 日）

孙前大总统治丧处公鉴：

昨奉省电，惊悉中山先生在京逝世，悼痛良深。窃以先生频年奔走，缔造共和，伟绩殊勋，中外崇仰。应诏前在宁沪曾于光复之际，蒙先生拔擢于群流之中任以军旅。际兹国步艰难，涓埃未报，惟有互遵先生主义，以补其未竟之志。临电神怆，不知所云。湘西镇守使田应诏叩。有。

（《哀思录》第二编卷二"吊唁函电"（乙）唁电，第 13 页）

杨宇霆唁电

（1925 年 3 月 25 日）

孙哲生兄礼鉴：

尊公之薨，举国痛悼，泰颓梁坏，吾徒安仰。霆以职务所羁，不克亲临执绋，景行在望，感想良深。谨致唁词，敬维珍摄，并唁孝履。杨宇霆。有。

（《哀思录》第二编卷二"吊唁函电"（乙）唁电，第 21 页）

国民党安南滀臻支部唁电

（1925 年 3 月 26 日）

北京孙哲生同志先生苫次：

奉读中央执行委员会通告，惊悉令先君三月十二日在北京行辕

仙逝，不禁骇颤。窃维令先君为建国元勋、我党领袖，丰功伟绩，
薄海咸钦。兹次北上，满望重树奇勋，何图昊天不吊，竟促仙归，
六合生民闻耗且为震悼。矧在先生，大孝根成，哀恸当何如耶。惟
是逝者已矣，哭难望甦，人间无不散之筵，君子有节哀之训，伏望
先生因时顺变，毋过哀毁，留有用之躯，力支危局，继伟大之业，
慰彼英灵。肃此，顺慰令堂大人。中国国民党驻安南滀臻支部吴逸
民、柯梦仙、刘柳坡、黄洽仁、马宗骏、胡正、赵福、游子山、李
汝暨全体党员叩。宥。

　　（《哀思录》第二编卷二"吊唁函电"（丙）代电，
第 14 页）

宣城学生联合会唁电
（1925 年 3 月 26 日）

孙公行辕鉴：

　　山颓星陨，举国震动，噩耗传来，曷胜悲哀。谨此电唁。安徽
宣城学生联合会叩。寝。

　　（《哀思录》第二编卷二"吊唁函电"（乙）唁电，
第 17 页）

江苏崇明龚其禄等五十名国民党员唁电
（1925 年 3 月 26 日）

北京铁狮子胡同孙哲生先生礼鉴：

　　昊天不吊，夺我元勋，噩耗传来，薄海咸痛。尚望先生为国节
哀，勖励吾党，共竟尊父未竟之志。其禄等遥滞江左，未能亲诣致
吊，除合同志开会追悼以伸哀忱外，谨此电唁，即叩履安。江苏崇

明国民党员龚其禄、黄炎等五十人叩。宥。印。

（《哀思录》第二编卷二"吊唁函电"（丙）代电，
第 6 页）

赖心辉唁电
（1925 年 3 月 26 日）

孙行辕秘书处台鉴：

文电奉悉。中山先生硕德元勋，肇造区夏，厥力宏大，设施未终，值兹启足启手之余，犹廑己饥己溺之志，循省遗嘱，不禁悲钦。诸公绪论省承，导扬未命，企仰高躅，尤切神驰。赖心辉叩。寝。

（《哀思录》第二编卷二"吊唁函电"（乙）唁电，
第 16 页）

刘玉山唁电
（1925 年 3 月 26 日）

哲生、精卫、海滨诸兄均鉴：

总理薨逝，八表哀腾。玉山躯环甲胄，未获亲临吊唁，现派敝军宋秘书长采誉代表赴日北上吊唁，以表克忱。刘玉山叩。宥。印。

（《哀思录》第二编卷二"吊唁函电"（乙）唁电，
第 6 页）

安化县追悼孙中山大会唁电
（1925 年 3 月 27 日）

北京铁狮子胡同孙中山先生治丧事务所鉴：

前大总统孙公首倡革命. 满清于以推翻，政尚共和，民国由其手创，艰难缔造，功成不居。近更痛国事之日非，期主义之实现，努力奋斗，始终不渝。方期挽回劫运，与民更始，遽闻逝世，举国同悲。敝县各界除发起追悼大会，假县议会为筹备处，定四月八日举行公祭外，谨先电唁。安化追悼孙中山大会叩。感。印。

（《哀思录》第二编卷二"吊唁函电"（丙）代电，第 10 页）

国民党江西永修县党部唁电[①]
（1925 年 3 月 27 日载）

总理孙中山先生揭櫫三民主义，提倡国民革命，为国奔走四十余年。此次为号召国民会议，运动取消不平等条约，毅然北上，乃竟积劳成疾，与世长辞。噩耗传来，举国震惊。仍望我们同志、我们国民，一致团结，努力奋斗，遵总理遗志与遗嘱，共同站在国民革命之旗帜下，实行推翻国内军阀，实现民权主义；制止帝国主义，实现民族主义；改革现代中国经济制度，实现民生主义之目的。

（《各地哀声》，上海《民国日报》1925 年 3 月 27日）

国民党浙江省党部唁电
（1925 年 3 月 27 日）

北京中央执行委员会大鉴：

---

① 报纸报道中指出此为国民党江西省修水县党部致北京治丧委员会快邮代电。——编者

总理仙逝，不能复生，本部同志誓以拥护总理之热诚拥护中央执行委员会，以党的集权主义代替总理职权。一切对内对外事宜，务请善为规划，以继总理之遗志，而杜仇我之破坏，无任企盼。浙江省党部。感。

（《浙江省党部表示》，上海《民国日报》1925 年 3 月 29 日）

九江牯岭政学工商各界唁电
（1925 年 3 月 27 日）

北京孙中山先生治丧事务所鉴：

昊天不吊，降此鞠凶。际兹国难正殷，导师遽失，同人不胜悲恸之至。除定期追悼外，谨此电唁。牯岭政学工商全体叩。感。

（《哀思录》第二编卷二"吊唁函电"（丙）代电，第 11 页）

浙江温州国民会议促成会唁电
（1925 年 3 月 27 日）

北京铁狮子胡同孙公治丧事务所委员诸公并哲生先生礼鉴：

革命未成，遽失导师，噩耗传来，举国哀恸。来日大难，端赖继起有人。尚祈节哀顺变，克承先志，以竟厥功。谨此电唁。浙江温州国民会议促成会叩。感。

（《哀思录》第二编卷二"吊唁函电"（丙）代电，第 8 页）

浙江温州孙中山先生追悼大会总筹备处唁电
（1925 年 3 月 27 日）

北京铁狮子胡同孙公治丧事务所委员诸先生并哲生先生礼鉴：

国父逝世，薄海同悲，吾温农、工、商、学各团体伤民生之不宁，痛导师之遽谢，爰定四月十二日举行追悼大会以表哀思。谨先电闻。浙江温州孙中山先生追悼大会总筹备处叩。感。

《哀思录》第二编卷二"吊唁函电"（丙）代电，第8页）

杜宝珊唁电
（1925 年 3 月 27 日）

北京孙大元帅哀典筹备处转孙哲生兄礼鉴：

昊天不吊，夺我元勋，惨闻令先君逝世，五内崩摧，哀号靡已。然此非兄之不幸，实国家之大变。伏愿节哀，勖励同人遵行遗嘱，则中山先生之精神不死也。挥泪陈词，不胜呜咽。杜宝珊叩。感。

（《哀思录》第二编卷二"吊唁函电"（丙）代电，第 18 页）

胡谦唁电
（1925 年 3 月 27 日）

北京铁狮子胡同孙夫人暨哲生先生礼鉴：

国民不幸，元首长辞，噩耗传来，悲恸欲绝。伏念三民主义炳若日星，废除不平等条约正待奋斗，尚祈为国节哀，共竟遗志。谨此电唁。胡谦泣叩。感。

　　（《哀思录》第二编卷二"吊唁函电"（丙）代电，
　　第 15 页）

兼护江西省长李定魁唁电
（1925 年 3 月 27 日）

孙公治丧处鉴：

　　昊天不吊，夺我元勋，噩耗传来，曷胜悲悼。诸公热忱伟图救国情殷，尚望努力同心，勉竟先生之志。并恳转致先生瀛眷顺礼节哀，为时自玉。兼护江西省长李定魁。感。

　　（《哀思录》第二编卷二"吊唁函电"（乙）唁电，
　　第 17～18 页）

李振云唁电
（1925 年 3 月 27 日）

孙中山先生治丧办公处鉴：

　　先生逝世，民失所依。曾随患难，良深痛悼。挥泪电吊，藉表哀忱。李振云叩。感。

　　（《哀思录》第二编卷二"吊唁函电"（乙）唁电，
　　第 19 页）

汕头交涉员林本民唁电
（1925 年 3 月 27 日）

本日开追悼大元帅、前大总统孙公大会，驻汕英、美、法、日、荷兰、哪喊等国领事均到会行礼，由英领事代表领团演说一致下半旗志哀，各领并请转向宋夫人及哲生兄代达哀忱。汕头交涉员林本民叩。感。

（《哀思录》第二编卷二"吊唁函电"（乙）唁电，

第 7 页）

贵州军事善后督办唐继虞唁电
（1925 年 3 月 27 日）

孙公治丧处公鉴：

中山先生手创共和，功在国家，大星忽陨，曷胜痛悼。虞以战胄在身，未克躬奠灵帏，深致哀绪。除派周惺甫、马伯局、徐葆权诸君代表致祭聊表哀忱外，专此奉唁，希维亮鉴。贵州军事善后督办、建国联军第一路总指挥唐继虞叩。感。

（《哀思录》第二编卷二"吊唁函电"（乙）唁电，

第 8 页）

四川实业厅厅长谢培筠唁电
（1925 年 3 月 27 日）

孙公行辕转治丧处诸公大鉴：

读京电，惊悉中山总座溻膺末疾，遽弃尘寰，闻耗之余，无任哀悼。伏念总座手创共和，功在民国，生灵属望，如切云霓，栋折山颓，悲曷有极。培筠以职守所羁，未能躬诣灵帏一申奠忱，特电奉吊，敬布区区。四川实业厅厅长谢培筠叩。感。

（《哀思录》第二编卷二"吊唁函电"（乙）唁电，

第 16 页）

道路协会唁函

（1925 年 3 月 28 日载）

敬启者：中山先生改造共和推翻帝制，名留万古，功在千秋。讵料昊天不吊，夺我元勋，革命尚未成功，国中遽失领袖。瞻念前途，悲感交集。本会以提倡建设全国道路，早日脉络贯通，为唯一宗旨，即与先生昔年全国铁道之大计划不谋而合。除派本会主干吴山昨往孙宅竭诚致祭外，特托本会会长王正廷、副会长徐谦在京就近奠悼。藉表哀思，而伸敬意。即希查照。

（《各界唁电之汇录》，上海《民国日报》1925 年 3 月 28 日）

福建永泰县南区各法团唁电

（1925 年 3 月 28 日）

哲生先生礼鉴：

阅报惊悉大总统宾天，公民全体悲痛无涯，拟定四月十九日各界开会追悼以志哀忱。谨此报闻，尚冀节哀以继大总统未竟之志，而慰各公民厚望之私。谨此驰唁，并祈惠赠大总统最近相片一张，迳寄南区总团收转。福建永泰县南区各法团全体。俭。叩。

（《哀思录》第二编卷二"吊唁函电"（丙）代电，第 9 页）

绍兴旅沪协会唁电

（1925 年 3 月 28 日载）

孙公治丧事务所鉴：

孙中山先生未死之前，屡为军阀嫉妒。今先生逝世，全国一致哀悼，痛失长城。同人等以豺狼当道，革命尚未成功，希望全国同志一致竟先生未竟之功。绍兴旅沪协会全体谨吊。

（《各界唁电之汇录》，上海《民国日报》1925 年 3 月 28 日）

中华民国留日广岛高师黎明学社唁电
（1925 年 3 月 28 日）

敬诵侵电，痛悉前临时大总统孙公于京邸逝世。噩耗飞来，海天震悼。孙公经艰履险，手造民国。国基未定，赖鸿猷以扶持，胡天不吊，遽丧国父，都门北望，哭不成声。代电驰唁，无任哀痛。中华民国留日广岛高师黎明学社。勘。叩。

（《哀思录》第二编卷二"吊唁函电"（丙）代电，第 14 页）

国民党惠来县党部筹备处陈淑、
方凤巢等唁电
（1925 年 3 月 28 日）

孙夫人、孙哲生先生钧鉴：

噩耗传来，惊悉总理崩殂，悲恸曷极。除会同同志敬谨帮助县署筹备哀典举行各界大祭外，谨定于四月三日在惠来县立第一高小学校特开本党追悼会以表哀思。特电奉唁。中国国民党惠来县党部筹备处陈淑、方凤巢等。勘。印。

（《哀思录》第二编卷二"吊唁函电"（丙）代电，第 2 页）

驻汕头国民党华侨党员郭醇卿、陈元德等唁电

（1925 年 3 月 28 日）

孙宋夫人、孙哲生先生、中国国民党中央执行委员会、孙公治丧处
钧鉴：

开国元首骤弃，吾党闻耗哀痛，泪与血俱。誓协党员遵守遗
嘱，竭力奋斗，继此未竟。谨此奉唁。侨□驻汕党员郭醇卿、侨安
南驻汕党员陈元德偕党员一百二十八人同哀叩。廿八。印。

（《哀思录》第二编卷二"吊唁函电"（乙）唁电，
第 7 页）

江西广昌何宪纲唁电

（1925 年 3 月 28 日）

北京铁狮子胡同孙公治丧事务所鉴：

元勋遽逝，薄海同悲。噩耗传来，民皆饮泣。勋劳民国，功垂
千古。临电怆悼，谨此哀唁。江西广昌何宪纲敬叩。俭。印。

（《哀思录》第二编卷二"吊唁函电"（丙）代电，
第 16 页）

山东路商界联合会钱龙章等唁电

（1925 年 3 月 28 日载）

孙公治丧事务所暨孙哲生先生公鉴：

国难方殷，大星遽陨，噩耗传来，失声痛哭。孙公手创民国，
功在国家，尚祈努力奋斗，以竟孙公未竟之志。临电哀悼。山东路
商界联合会钱龙章等叩唁。

（《各界唁电之汇录》，上海《民国日报》1925 年 3
月 28 日）

上海学商互助会徐执中唁电
（1925 年 3 月 28 日载）

昊天不吊，丧我元勋，泰山其颓，全球震惊，翘首燕云，不知
涕泪何从。上海学商互助会徐执中叩。

（《各界唁电之汇录》，上海《民国日报》1925 年 3
月 28 日）

安顺县中山先生追悼大会筹备处唁电
（1925 年 3 月 29 日）

上海法租界环龙路四十四号孙公葬事筹备处转国民党党务部暨孙哲
生先生鉴：

中山先生首创共和，奔走四十年为国瘁劳，本精神以奋斗，期
主义之实行。前因促开国民会议及废除不平等条约，由粤北上税驾
都门。方期造福生民乂安寰宇，讵意昊天不吊噩耗传来，曷胜惊
悼。此间刻已筹备开会追悼，用志哀忱。谨先电唁，诸维察照。安
顺中山先生追悼大会筹备处叩。艳。印。

（《哀思录》第二编卷二"吊唁函电"（丙）代电，
第 7 页）

潮阳各界追悼孙大元帅哀典筹备处唁电
（1925 年 3 月 29 日）

孙夫人、孙哲生先生鉴：

噩耗电传，总理逝世，长城遽失，中外同悲。万望节哀顺变，为国珍重。驰电悠痛，不知所云。潮阳各界追悼孙大元帅哀典筹备处。艳。叩。

　　（《哀思录》第二编卷二"吊唁函电"（乙）唁电，第 7 页）

江西实业学会唁电
（1925 年 3 月 29 日）

北京铁狮子胡同孙中山先生治丧处鉴：

昊天不吊，丧我元勋。敝会同人殊深哀悼。谨此电唁。江西实业学会。艳。叩。

　　（《哀思录》第二编卷二"吊唁函电"（丙）代电，第 11 页）

旅赣广东同乡协会唁电
（1925 年 3 月 29 日）

孙公治丧处鉴：

元勋凋谢，桑梓同悲。谨肃电词，藉伸唁悃。旅赣广东同乡协会叩。艳。

　　（《哀思录》第二编卷二"吊唁函电"（乙）唁电，第 18 页）

广州新学生社一中支部唁电
（1925 年 3 月 30 日）

北京孙中山先生治丧处诸先生转孙夫人暨哲生先生哀鉴：

胡天不吊，夺我国父。方今国事蜩螗，正待元勋，何期革命未成，导师遽丧，痛何可言。我辈青年学子，继先生遗志，打倒帝国主义，打倒军阀，以竟国民革命宗旨。尚望节哀顺变，为国珍重。临风电唁，不尽余哀。新学生社一中支部叩。陷。

（《帅座薨逝各方唁吊函电汇志》，《广州民国日报》1925 年 4 月 2 日）

江西信丰国民追悼孙中山先生大会筹备处唁电
（1925 年 3 月 30 日）

孙府均鉴：

中山先生手创民国，功在寰宇，噩耗传来，举世震悼。敝邑国民谨订五月十日为追悼先生大会日期，用表悼惜元勋之意。特电奉闻。江西信丰国民追悼孙中山先生大会筹备处叩。陷。

（《哀思录》第二编卷二"吊唁函电"（乙）唁电，第 18 页）

贵黔两省清乡总司令官彭汉章等唁电
（1925 年 3 月 30 日）

孙先生治丧处鉴：

电悉中山先生文日逝世，噩耗传来，曷胜悲悼。窃念中山先生以天民之先觉，提倡平民政治，艰苦卓绝，为天下先，历数十年如一日。缅其推翻专制、建设共和、创造精神，与时代潮流俱进，年来争民族之自由，力抗帝国主义，鞠躬尽瘁，不为威屈。方期天假遐龄，用集大勋，俾世界人黎同食和平幸福，遽闻溘逝，怆恸同深。论先生革命事功，前无古人，后开来者，固与躯壳之存亡无

关。惟国基幼稚，民智未启，陡折天柱，国脉何托。除会同各界开
会追悼藉表哀忱外，谨此奉唁，伏维鉴照。贵黔两省清乡总司令官
彭汉章暨全省军民同叩。卅。

（《哀思录》第二编卷二"吊唁函电"（乙）唁电，
第 8 页）

国民党香山县第二区第一区分部唁电
（1925 年 3 月 31 日载）

广州中国国民党中央执行委员会公鉴：并转北京狮子胡同孙公治丧
处均鉴：

噩耗传来，惊悉总理薨逝，全体党员同深哀悼。除积极准备追
悼外，誓共遵守总理遗嘱，继续革命工作，以竟总理未竟之遗志。
中国国民党香山县第二区第一分区部常务委员萧侠农暨全体党员叩。

（《帅座薨逝之各方唁电》，《广州民国日报》1925 年
3 月 31 日）

江西省议会唁电①
（1925 年 3 月 31 日载）

北京铁狮子胡同孙公治丧事务所鉴：

国丧勋耆，民皆饮泪，敝会特公推议长戴秉清代表前来致祭。
谨电奉闻。

（《江西国民追悼会筹备》，上海《民国日报》1925
年 3 月 31 日）

---

① 报纸报道中指出此电为江西省议会唁电。——编者

列宁格勒《真理报》唁电

（1925 年 3 月 31 日载）

列宁格勒三月十七日华俄电：列宁格勒《真理报》已致电国民党中央委员会吊唁云。

（《帅座薨逝之各方唁电》，《广州民国日报》1925 年
3 月 31 日）

苏联政府公报唁电①

（1925 年 3 月 31 日载）

同人深信国民党将联同中国共产党，追随列宁之精神，实行孙逸仙之遗志，与苏联劳动者携手，同为人类解放而奋斗。

（《帅座薨逝之各方唁电》，《广州民国日报》1925 年
3 月 31 日）

苏联奥兰堡苏维埃议会唁电②

（1925 年 3 月 31 日载）

苏联奥兰堡（Oterbntg）苏维埃议会致电中国国民，表示对中国国民重大损失之深切同情，并谓：在反帝国主义之奋斗中，孙逸仙之名乃东方农民与世界无产阶级团结之表征。在此

---

① 报纸报道称："（莫斯科三月十九日华俄电）苏联政府公报致电国民党及孙逸仙家属"，即此电。——编者
② 报纸报道中指出此电来自"奥兰堡三月二十五日华俄电"。——编者

哀悼之日，愿孙逸仙之旗帜飞扬愈高，以为世界被压迫民族之导光。

（《苏联又来》，上海《民国日报》1925 年 3 月 31 日）

苏联土耳其曼斯坦共产党中央唁电①

（1925 年 3 月 31 日载）

苏联土耳其曼斯坦共产党中央委员会，致电国民党中央执行委员会，表示对国民党丧失伟大领袖之深切哀悼。继称土耳其曼斯坦群众，对于国民之猛烈奋斗，即具热烈之同情，并深信领袖虽逝，而民党为孙逸仙之主义而奋斗，解放中国。

（《苏联又来》，上海《民国日报》1925 年 3 月 31 日）

沙面青年工社唁电

（1925 年 3 月 31 日载）

中国国民党中央执行委员会哀鉴：

帅座薨逝，中外同悲，肉体虽亡，主义不死。吾辈惟继续先生奋斗之精神，加倍努力，向军阀及帝国主义者进攻，以完成群众所需要之国民革命。方能慰先生在天之灵，而完吾辈之责任。特电驰唁，不胜悲痛哀悼之至。沙面青年工社。

（《帅座薨逝之各方唁电》，《广州民国日报》1925 年 3 月 31 日）

---

① 报纸报道中指出此电来自"塔斯干三月十六日华俄电"。——编者

乌克兰东方商会唁电

（1925 年 3 月 31 日载）

加尔可夫三月十九日华俄电：乌克兰东方商会已向国民党中央委员会及逸仙家属吊唁云。

（《帅座薨逝之各方唁电》，《广州民国日报》1925 年
3 月 31 日）

聂回凡唁电

（1925 年 3 月 31 日）

孙夫人、哲生兄鉴：

噩讣飞传，骇悉尊翁仙逝。南天柱折，大厦谁支？失群众之先驱，殇吾华之国父，北望燕云，悲感何极。谨电遥唁，略表哀忱。国步多艰，尚祈节哀继志是祷。聂回凡叩。世。由重庆发。

（《哀思录》第二编卷二"吊唁函电"（乙）唁电，
第 16 页）

宝安县第一区农民协会唁电

（1925 年 4 月 1 日载）

中国国民党中央执行委员会鉴：

我们的领袖孙中山先生逝世了。我们正在要求解放当中，遽然丧去一个伟人［大］的领袖，我们的损失何等重大，我们的哀痛何等深切。但先生之肉体虽死精神不死，先生之主义永远活在我们的脑海。我们一面固然哀悼先生之死，一面正因先生之死加紧团结，我们誓继先生之志努力进行。宝安第一区农民协会唁。

（《帅座薨逝之各方唁电》，《广州民国日报》1925 年
4 月 1 日）

宝安县第二区农民协会唁电
（1925 年 4 月 1 日载）

中国国民党中央执行委员会鉴：

　　手创中华民国、解放全民尤其是我农民的孙中山先生不幸死
矣，噩耗传来，万分哀痛。然先生之主义遗嘱我们牢记着，我们对
先生之死固深致哀痛，惟正因先生之死，加紧固结我们的营垒，以
求彻底的解放。宝安第二区农民协会唁。

　　（《帅座薨逝之各方唁电》，《广州民国日报》1925 年
4 月 1 日）

福建各界追悼孙中山先生大会筹备处唁电
（1925 年 4 月 1 日）

治丧处公鉴：

　　中山先生手创民国，革命导师，宿志未酬，遽而升天，惊闻噩
耗，同切悲哀。除即日设灵遥奠并定文日追悼外，特先电唁，尚希
鉴察。福建各界追悼孙中山先生大会筹备处叩。东。

　　（《哀思录》第二编卷二"吊唁函电"（乙）唁电，
第 15 页）

国民党永泰县党部唁电
（1925 年 4 月 1 日）

北京铁狮子胡同孙哲生先生鉴：

噩耗传来，惊悉总理仙逝。国失慈母，党失导师，痛悼殊深。仁孝如先生，必定哀感逾恒，尚希节哀守礼，以继述为怀。专此奉唁，顺颂礼祺。国民党永泰分部执行委员陈嘉诒暨全体党员泣叩。东。

（《哀思录》第二编卷二"吊唁函电"（丙）代电，第9页）

国民党永泰县党部唁电
（1925年4月1日）

北京铁狮子胡同中国国民党公鉴：

总理逝世，举国同悲。革命未成，导师遽殒，同人闻耗，更深痛悼。除持服哀悼并遵守遗嘱外，谨此电唁。国民党永泰分部执行委员陈嘉诒暨全体党员泣叩。东。

（《哀思录》第二编卷二"吊唁函电"（丙）代电，第9页）

南通胡超我、丘石生等唁电
（1925年4月1日）

北京孙公治丧委员会鉴：

惊闻总理噩耗，全国痛悼。革命未竟，导师先殒，同志等除在通开会追悼外，谨当遵守遗嘱，继续奋斗精神，完成国民革命。谨此电唁。南通胡超我、丘石生、石克敬、鲁纯忠等泣叩。先。

（《哀思录》第二编卷二"吊唁函电"（丙）代电，第16页）

符晋升唁电
（1925 年 4 月 1 日）

北京铁狮子胡同孙哲生先生礼鉴：

尊翁逝世，无任悲悼。我公笃孝成性，猝遭大故，呼抢之情，岂可言喻。第念尊翁手创共和，功在国家，是虽归真天上，自无遗憾人间。尚冀节哀顺变，为国珍重，是所企祷。晋鹤吊情殷，凫趋迹阻，特托家兄鼎升就近代表致祭外，谨此电唁，藉申哀悃。中国国民党赣支部党员符晋升泣叩。东。

（《哀思录》第二编卷二 "吊唁函电"（丙）代电，

第 16 页）

符晋升唁电
（1925 年 4 月 1 日）

北京铁狮子胡同孙公治丧委员会暨国民党本部诸同志均鉴：

昊天不吊，丧我党父，噩耗传来，哀痛曷极。除持服及托家兄鼎升就近代表致祭外，谨遵遗嘱，为国努力，以竟总理未竟之志。特电致哀，无任凄惶。中国国民党赣支部党员符晋升泣叩。东。

（《哀思录》第二编卷二 "吊唁函电"（丙）代电，

第 18 页）

安徽民智促进会唁电
（1925 年 4 月 2 日载）

孙公为民众奋斗，致陨其躯，噩耗传来，全民震悼。失此国父，民命堪悲。敬祝诸先生恪守遗训，继续革命，敝会不敏，誓竭诚随之。安徽民智促进会叩。

（《各地追悼》，上海《民国日报》1925 年 4 月 2 日）

国民党巴达维亚支部唁电①
（1925 年 4 月 2 日载）

遵经电集资万元以为购飞机之用。特此电告。

（《帅座薨逝各方唁吊函电汇志》，《广州民国日报》1925 年 4 月 2 日）

国民党东非洲跛罅支部唁电②
（1925 年 4 月 2 日载）

海外部转达北京：顷悉孙总理薨逝，不胜悲悼。谨特电吊唁。东非洲跛罅支部同人泣。

（《帅座薨逝各方唁吊函电汇志》，《广州民国日报》1925 年 4 月 2 日）

国民党三宝垄支部唁电③
（1925 年 4 月 2 日载）

此间于三月三十日开孙中山追悼大会，到会者三千余人，备极

---

①　报纸报道中指出此电为中国国民党巴达维亚支部来电。——编者
②　报纸报道中指出此电为中国国民党东非洲跛罅支部唁电。——编者
③　报纸报道中指出此电为三宝垄国民党支部唁电。——编者

哀悼，足表先生感人之深。特此电告。

（《帅座薨逝各方唁吊函电汇志》，《广州民国日报》
1925 年 4 月 2 日）

安徽南陵县各公团代表俞昌时唁电
（1925 年 4 月 2 日载）

总理大去，吾人固不胜惨痛。惟是革命尚未成功，吾人职责尤
大。敬祈顺变节哀，为国为党继续努力。除另筹备追悼大会外，谨
此电唁。安徽南陵县各公团代表俞昌时谨叩。

（《各地追悼》，上海《民国日报》1925 年 4 月 2 日）

建国联军湖北总司令孔庚唁电
（1925 年 4 月 3 日）

上海环龙路四十四号转孙夫人、孙哲生先生均鉴：

大元帅在京弃养，薄海摧伤。庚夙荷甄陶，尤深惨痛。自
闻噩耗，即由滇兼程来粤，更拟由粤北上谒奠遗容，稍慰哀慕。
行至香港，忽闻灵软奉移西山，治丧事竣，攀髯莫及，徒切悲
号。计惟有俟大葬金陵之日再行亲莅执绋耳。伏维帅座功在民
国，泽流万禩，主义不死，千古常新。所惜革命未竟全功，沉
疴竟一瞑不起，匪惟吾党之不幸，抑亦举世所同悲。尚冀节哀
顺变，宏济艰难，提挈党人，遵行遗嘱，藉慰海内喁望，当亦
帅灵所默相者也。肃电驰唁，顺颂礼祺。建国联军湖北总司令
孔庚叩。江。

（《哀思录》第二编卷二"吊唁函电"（丙）代电，
第 16 页）

吴永熙唁电

（1925 年 4 月 3 日）

万急。北京铁狮子胡同孙行辕杨沧白先生、谢慧生先生、卢锡卿先生并转列同志、诸先生均鉴：

中山先生扶疾北上，为国为民。昊天不吊，哲人云萎。噩耗传来，悲悼曷极。数十年革命三功痛亏一篑，哀我黎庶丧此先觉。诸君乃党中健者，务望体中山遗嘱以尽孙公所未尽之伟业，则是熙所厚期于诸君子也。弟吴永熙叩。江。

（《哀思录》第二编卷二"吊唁函电"（乙）唁电，
第 15 页）

福建永定湖雷青年同志读书会唁电

（1925 年 4 月 4 日）

孙公治丧事务处诸公鉴：

总理仙逝，闻耗同哀，转抱达观，视同未死。三民主义尚在，五权宪法犹存，国内外五十万同志果能以自己之志愿续总理之志愿，以自己之精神代总理之精神，我总理固长在人世矣。藉此谨唁，并祝同人。福建永定湖雷青年同志读书会。豪。

（《哀思录》第二编卷二"吊唁函电"（丙）代电，
第 9 页）

陈耀垣唁电

（1925 年 4 月 4 日）

孙夫人暨哲生兄鉴：

接噩耗，惊悉总理逝世，旅美同人殊深痛悼。望节哀为国自珍。总支部陈耀垣。支。

（以上 San Francisco）

（《哀思录》第二编卷二"吊唁函电"（乙）唁电，第 23 页）

秦毓鎏等唁电
（1925 年 4 月 4 日）

上海法租界环龙路四十四号孙先生葬事筹备处鉴：

中山先生手创民，国功垂青史，乃全功未竟，大星忽陨，国家顿失长城，民众骤丧导师。噩耗传来，薄海同悲。毓鎏等暨全县民众于四月五日假第三师范大礼堂开追悼大会，以志哀思。谨电奉闻。无锡全县民众秦毓鎏等同叩。支。

（《哀思录》第二编卷二"吊唁函电"（丙）代电，第 5 页）

无锡旅沪工商学会吴公望等唁电
（1925 年 4 月 4 日）

北京铁狮子胡同孙哲生君礼鉴：

孙公中山手创民国，丰功伟烈可与日月争光。噩耗传来，震悼几绝。先生为孙公哲嗣，尚祈勉节哀思，善继先志。同人不敏，誓遵孙公遗训，努力奋斗，以竟孙公未竟之功。无锡旅沪工商学会吴公望等叩。豪。

（《哀思录》第二编卷二"吊唁函电"（丙）代电，第 5 页）

国民党江苏松江县临时县党部唁电

（1925 年 4 月 5 日）

北京国民党中央执行委员会公鉴：

接奉侵电，惊悉总理逝世。昊天不吊，夺我元勋，党失导师，国失长城，凡吾同人，殊深悲痛。除定期开会追悼外，特此电唁。中国国民党江苏松江县临时县党部。微。印。

（《哀思录》第二编卷二"吊唁函电"（丙）代电，第 6 页）

双温太年华侨追悼孙中山大会唁电

（1925 年 4 月 5 日）

国父云亡，悲痛实深。特电吊唁，敬表哀忱。双温太年华侨全体追悼孙公大会公叩。歌。

（以上 Penang）

（《哀思录》第二编卷二"吊唁函电"（乙）唁电，第 23 页）

贵州省审计处处长王谟唁电

（1925 年 4 月 5 日）

北京孙行辕转孙哲生先生礼鉴：

昨读京报，骇悉尊翁中山先生遽于三月十二日弃养，哀悼怆恒，薄海同深。伏思中山先生缔造共和，经纬华夏，为国民革命中外奔波者垂四十年。醒四百兆未死之国魂，开五千年希有之创局，提倡自由平等，为民族谋真正和平主张，三民五权跻国家于全民政治，觉世牖民，无远弗届。此次入京与合肥合作，当中国残破之余力谋建设，欲达和平统一之目的，解决国家根本大法付诸国民会议，以为设施民治之先河，大道为公，积劳致疾，精神不朽，勋业垂成。乃天不慭遗，遽传噩耗，人亡国瘁，闻者兴悲。谟以乡国奔驰，久违侍侧，方冀高龄盛德，再遂瞻依。讵知木坏山颓，于何仰止。我兄纯孝性成，遽遭大戚，哀毁更何可言。惟是尊翁事功既空前而肇后，而继述责任在达孝以行权，万祈以礼制哀，勉自节抑，上慰先灵，是所企祷。特电致唁，敬候素履，诸希珍摄，不尽百一。贵州省审计处处长王谟叩。歌。印。

　　（《哀思录》第二编卷二"吊唁函电"（丙）代电，第 14 页）

刘国桢唁电
（1925 年 4 月 7 日）

孙哲生兄鉴：

　　噩耗传来，惊悉尊翁仙逝。南天柱折，失民众之先驱，燕北星沉，丧吾族之慈父，全民震悼，举国兴悲。惟国步方艰，大功未竟，克成先志，端在吾兄，尚祈为国珍重，勉抑哀痛。谨电奉达，聊申唁忱。刘国桢叩。阳。自重庆发。

　　（《哀思录》第二编卷二"吊唁函电"（乙）唁电，第 16 页）

祁阳县追悼孙中山大会筹备处唁电
（1925 年 4 月 8 日）

孙宅治丧事务所鉴：

　　中山先生手创共和，光复祖国，推翻数千年帝王之局。敝屦

［屉］第一次总统而不为，特识宏谟，超今轶古。功成再造，自处齐民。蟠错迭经，再接再厉。艰难一旅，揖柱天南，海水群飞，中流鼓楫。功罪听国民之裁判，成败不计较于胸中。喜玛拉山可移，革命宗旨不变。民国不亡，惟公是赖。卒之暴力屈于公理，军阀即于是焚。先生以解决国是北行，薄海同胞喁喁望治。天不降康，积劳成疾，时势所需要之国民会议尚未成立，人民所忍受之不平等条约尚未废除，噩电惊传，大星竟坠，河山雪涕，天日埋光。凡有血气之伦莫不震悼，凡日月照临之地莫不致哀。夺我元勋，天胡此醉。斯人长去，东亚萧条。况起陆龙蛇，杀机未已，危棋急劫，来日大难。同人等痛天柱之摧崩，伤邦国之殄瘁，以民宪未确定，为民国哭先生。轸念前途，我心孔亟，朔云万里，涕泪何从。定于四月二十六日起二十九日止于邑城开追悼大会，用彰殊烈，藉表哀忱。所望我全体国民竟死者未竟之志，尽生者当尽之责，使三民五宪之主张不随先生以俱没则幸甚。祁阳县悼孙会筹备处叩。庚。

（《哀思录》第二编卷二"吊唁函电"（丙）代电，第 10 页）

亚尔美尼亚少年共产党中央唁电[①]

（1925 年 4 月 8 日载）

亚尔美尼亚少年共产党，对于中国民族自由运动之英勇战士、革命的国民党及东方劳动群众之领袖孙逸仙博士之逝世，具有深切之哀痛，并深信国民党将谨守孙逸仙之遗志，实行其事业，以至取得最后之胜利。

（《亚尔美尼亚哀悼电》，上海《民国日报》1925 年 4 月 8 日）

---

① 报纸据"莫斯科四月二日华俄电"报道称："亚尔美尼亚少年共产党中央委员会致电国民党中央执行委员会，表示哀悼孙逸仙之意"。即此电。——编者

詹德恒、张尚群等唁电

（1925 年 4 月 8 日）

孙中山先生治丧处鉴：

　　报载中山先生于上月文日逝世，远道聆耗，惊恸曷极。伏念先生以现代之先导作社会之前驱，提倡平民政治垂四十余年。前此推翻专制，建设共和，功成不居，退而为贯彻主义之运动，其创造精神久而弥健，求之革命史中殆未多述。年来力抗帝国主义，废除不平等条约，为民族争自由。此次毅然北上，共谋统一，中外风闻，莫不欣幸。讵意天不假年，遽闻溘逝，大勋未集，震悼同深。论先生革命事功，固与天地同垂不朽，不能因形体变化而有所损益。惟邦基兀陧，国是未定，昊天不吊，夺我元勋，际此风雨飘摇之时，不无人亡国瘁之感耳。除会同各界开会追悼外，谨电驰唁，即希鉴照。詹德恒、张尚群、王谟、陶礼乐同叩。庚。印。

　　　　（《哀思录》第二编卷二"吊唁函电"（乙）唁电，第 8 页）

黔军第五师上校参谋徐昌侯唁电

（1925 年 4 月 9 日）

哲生先生礼鉴：

　　噩耗传来，惊悉总理仙逝，曷胜悲痛。尚望先生节哀应变，早继总理未竟之志，党务幸甚，国家幸甚。除在此间与各同志追悼外，谨此电唁。黔军第五师上校参谋徐昌侯叩。佳。印。

　　　　（《哀思录》第二编卷二"吊唁函电"（乙）唁电，第 17 页）

诏安建国粤军正兵第七旅第一支队
司令杨义鸣等唁电
（1925 年 4 月 11 日）

孙大元帅治丧处转孙先生府第哀鉴：

溯我孙大元帅以肫挚之诚提倡革命，欲登国民于衽席之上，厥功未竟，尽瘁以殁，凡我同胞咸深痛悼。义鸣等率同军、政、绅、学、工、商各界拟于本月十三日在福建诏安县公署开追悼大会，以表哀忱。谨电唁闻。诏安建国粤军正兵第七旅第一支队司令杨义鸣、诏安县知事杨卓太暨诏安各团体追悼会员同叩。真。

（《哀思录》第二编卷二"吊唁函电"（乙）唁电，第 15 页）

国民党高要县党部筹备员
李汉生、林大业、周靖环唁电
（1925 年 4 月 16 日载）

广州中央执行委员会钧鉴：

总理逝世，举国同哀。本县党部于十六日在党所设祭堂齐集党员望祭七日，又同日由本县党部及建国粤军第一师部联合西江财政整理处、粤军第三师、高要县公署等设西江哀悼会筹备处，定二十六、七、八一连三天，在肇庆城外南较场盖搭大祭坛开追悼大会。三日内每日赴祭人员均逾万数，以学生为最多。西江各县党部及各县公署均有代表致祭。会场满挂挽联、花圈，奠品无数。藉兹足见西江群众景仰总理之热诚。除将详情呈报哀典筹备委员会外，哀此电闻。高要县党部筹备处筹备员李汉生、林大业、周靖环叩。

（《广东各县追悼帅座详志》，《广州民国日报》1925年 4 月 16 日）

江西永丰县公团、各男女学校、
青年书报社等唁电
（1925 年 4 月 25 日）

上海环龙路孙公治丧处公鉴：

中山先生刱创①共和，致力革命四十年来，有如一日，于国于民，厥功至伟。讵意昊天不吊，遽尔薨逝。噩耗传来，曷胜痛悼。敝县全体国民除业于四月二十三日开会追悼，并组织国民会议促成会以继续孙公工作外，特此奉闻，藉致哀忱。江西永丰县各公团、各男女学校、青年书报社等。有。叩。

（《哀思录》第二编卷二"吊唁函电"（丙）代电，第 12 页）

花县追悼孙中山大会唁电
（1925 年 4 月 25 日载）

中国国民党中央执行委员会暨全国各机关、各团体均鉴：

近百年来，我国民族外受帝国主义压迫，内受专制军阀之摧残，国家之命，危如垒卵。幸中山先生起向［而］率领国民革命，内倒满清而攘军阀，外仗正义以抗列强。此风雨飘摇之神州，产此伟大之革命领袖，方谓从此可解除痛苦，吐我民族间不平之气。不料革命尚未成功，此伟大之革命领袖竟舍吾人而长逝。噩耗传来，悲痛欲绝。然而中山先生死去之日，正帝国主义与军阀展开狰狞之面孔微笑之时，尚望贵会号召全国各团体，谨守中山先生遗嘱，继续努力革命，向军阀与帝国主义迎头痛击，使之惊惶战栗于吾人之

---

① "刱"现定为"创"的异体字，均用正体则不词无义，故仍旧。——编者

前。我花县人热心爱国不让他人，此后誓当一致团结，拥护贵会，以谋革命势力之进展，以奠安中国。特电表示，且伸哀痛。花县追悼孙中山大会。

（《花县追悼大会之通电》，《广州民国日报》1925 年 4 月 25 日）

国民党中央妇女部唁电①

孙夫人暨哲生先生鉴：

总理逝世，噩耗传来，惊闻之下，深为悲痛。第总理虽死，精神不死，同人誓努力向前，以竟总理之志。谨电唁候，伏冀节哀顺变，为国珍重。临电不胜悲悼之至。中国〈国〉民党中央执行委员会妇女部电。

（《哀思录》第二编卷二"吊唁函电"（乙）唁电，第 2 页）

国民党内蒙省党部唁电

接侵电后知总理逝世，惊痛莫鸣［名］。昔者满清为虐，奴隶国人，总理奋斗二十余年，遂夺满清颠覆。不料军阀继起，任意为乱，加之帝国主义指挥于后，以致国人肌无完肤，脂膏殆尽。总理勇气不挠，继续革命，占东南半壁，奋斗十有余载，兹者曹、吴失败后受段、张之邀请北上与议国事，不幸抵京之后肝疾逝世。一生奋斗四十载，为人类争自由、争平等。今既总理逝世，吾侪之自由、平等，惟有本总理之遗嘱努力继续革命，则自由平等不难实现

---

① 以下各电函日期未明。——编者

也。谨电哀唁，伏希矜察。内蒙省党部启。

  （《哀思录》第二编卷二"吊唁函电"（丙）代电，
第 13 页）

国民党山东潍县临时县党部唁电

北京铁狮子胡同孙总理治丧事务所诸同人钧鉴：

  国乱未平，遽失导师，同人闻耗，毋任凄怆。国父虽去，主义
犹存。谨当遵守遗嘱，继续奋斗，以竟前功。哀此驰唁。中国国民
党山东潍县临时县党部全体党员泣叩。

  （《哀思录》第二编卷二"吊唁函电"（丙）代电，
第 13 页）

国民党安平县临时县党部唁函

  吾党总理孙中山先生，致力国家四十年，领导国民革命，拥护
民众利益，备受艰辛，百折不回。今国家居次殖民地位犹未脱离，
人民处两重压迫之下犹未自拔，有待于我总理之指导者正殷，奈竟
以积劳卧病，医药罔效，舍此手创之民国、被其拥护之四万万同胞
而与世长辞矣。呜呼，昊天不悯，降此大凶。惊闻之下，曷胜悲
恸。惟念我总理虽逝而主义常存，不得不勉节悲恸，努力奋斗，救
我国家人民，亦即所以报我总理于九泉之灵也。势隔两地，未能执
绋，谨此代表吾安同志以表示哀悼。

       中国国民党安平县临时县党部

  （《哀思录》第二编卷二"吊唁函电"（甲）唁函，
第 2 页）

国民党江西南昌第三区第二区分部唁电

北京铁狮子胡同孙中山先生治丧事务所钧鉴：

哀我国父，功在民国，噩耗传来，不胜悲痛。三民主义、五权宪法方期实现，天胡不吊。谨遵遗命，继续努力。总理虽死，精神不灭。中国国民党江西省党部南昌市第三区第二区分部全体党员同叩。

（《哀思录》第二编卷二"吊唁函电"（丙）代电，第 11 页）

国民党江西省女党员唁电

中国国民党中央执行委员会女女部公鉴：

昊天不吊，斲我元勋，哲人云萎，中心欲裂。革命未成，领袖遽尔永逝，瞻望前途，悲恸靡已。惟总理躯壳虽死而主义永存，今后国家前途端赖同志诸君努力。同人誓死遵守总理遗嘱，维护党中主义，继续奋斗，以竟总理未竟之志。临电涕泣，不知所云。江西国民党全体女党员同叩。

（《哀思录》第二编卷二"吊唁函电"（丙）代电，第 11 页）

国民党江西省女党员唁电

孙夫人暨二女公子慰鉴：

总理逝世，薄海同哀，矧属党人，悲恸尤切。尚望夫人为国节哀，继承总理遗志，领导我女界同胞继续奋斗，以光吾党，以救祖邦，总理虽死亦当瞑目于地下矣。临电不胜哀悼之至。江西国民党全体女党员同叩。

　　　（《哀思录》第二编卷二"吊唁函电"（丙）代电，
第 11 页）

国民党汉口特别市湖北省党部
追悼孙中山大会筹备处唁函

　　敬启者：昊天不吊，总理弃世，举国仓皇，全球震悼，凡我党人，如丧考妣。爰于十五日邀集省党部及特别市党部同人开筹备追悼大会，当已推选各股职员分别筹备追悼事宜，曾经电告，谅邀鉴察。除俟筹备完竣定期举行追悼外，特派李齐民君北上恭致吊唁并赞襄一切。祈赐接待，俾有遵循。此致
北京孙总理治丧事务所
　　中国国民党汉口特别市、湖北省党部追悼孙中山先生
大会筹备处谨启
　　　（《哀思录》第二编卷二"吊唁函电"（甲）唁函，
第 2 页）

国民党湖北京山县临时县党部唁电

北京孙哲生先生伟鉴：

　　我中山先生躬任忧劳，手造民国，前无古人，后无来者，亿兆托命，薄海归心。凶讯传来，忽惊溘逝，昊天不吊，夺我元勋，翘首燕云，莫名悲痛。道路修阻，攀援莫从，除集合同志开会追悼外，谨此电达，藉表哀忱。伏思先生已矣，先生之主义日月常新。我公名父之子，继志述事，从兹仔肩益重。尚希节哀顺变，勉成大

孝，尤同志等所馨香祷祝者耳。湖北京山县临时县党部执行委员查寅斗、李祖惠、林仲牲、任作梁，监察委员易德彬、袁垲、聂国楠、林世泽等同叩。

（《哀思录》第二编卷二"吊唁函电"（丙）代电，第10页）

国民党凌城市党部执行委员张治国、朱善夫等唁函

哲生、精卫两先生哀鉴：

顷接县党部讣闻，惊悉总理中山公逝世。世失导师，国殒长城，曷胜哀悼。润珊等在睢宣传先生主义，备受压迫，几濒于死，然藉先生之德望，受感化者亦颇不少。窃幸先生主义堪使人人皈依。讵昊天不吊，竟降鞠凶，致先生赍志以终，尤堪痛恨。虽然先生肉体虽殁，先生之主义与芙灵尚存人间，仍冀我党同人遵依遗言，努力奋斗，建设真正共和国家，以慰先生在天之灵。除在市党部开会追悼遵制执绋外，谨此函唁，藉表哀忱。惟国事方殷，依藉两先生者尤重，尚祈节哀顺变为国珍重，是为至祷。

专此，敬请
礼安

　　　　凌城市党部执行委员张治国、朱善夫、张祥远、丁寄石、姜润珊、余理臣泣启

（《哀思录》第二编卷二"吊唁函电"（甲）唁函，第2页）

国民党重庆党员唁函

哲生先生礼次：

日前承奉总理讣电，□愕无极。国丧元老，世失导师，天下之恸，岂为私哭。本党驻渝同志谨于三月二十日就忠烈祠开会致祭，随即发起各公团联合追悼大会定期举行。兹特委托同志何朋初代表同人专赴京师恭诣礼闱，奠致哀忱并达唁意。执事继志述事，责大任巨，尚望抑哀顺变，勿过毁伤，上慰总理在天之灵，以塞海内喁喁之望。北望浩墙，无任依依。

专肃

奉唁，并承

孝履

驻渝国民党党员等启

（《哀思录》第二编卷二"吊唁函电"（甲）唁函，第 2 页）

四川民党联欢社唁电

敬启者：同人惊悉本党总理中山先生于本月十二日午前九时三十分逝世，噩耗传来，不胜悲悼。窃念先生从事革命垂三十年，精神卓绝，内外同钦。不幸恶魔未去，顿失明星，瞻顾前途，弥增悚惧。同人不敏，此后惟有本先生主义，谨遵遗嘱，努力进行，以期竟先生未成之志。除特派代表赵观白、李开先二君亲诣灵堂吊唁藉表哀忱外，谨此先书驰达。此致孙行辕治丧办公处。四川民党联欢社同人哀启。

（《哀思录》第二编卷二"吊唁函电"（丙）代电，第 11 页）

国民党宿县党部唁电

北京中央执行委员会并转孙哲生先生鉴：

噩耗传来，惊悉总理逝世，引领北望，痛悼殊深。除通知全县党员遵礼哀吊外，誓一致遵守遗嘱努力为民众奋斗，以继总理未竟之志，并发起本县各团体、各学校追悼大会，期于三月二十五日举行，以示哀忱。谨此电唁，不胜凄惶之至。此唁。国民党宿县党部暨全体党员同叩。

> （《哀思录》第二编卷二"吊唁函电"（丙）代电，
> 第 12 页）

国民党浙江杭县第一区党部唁电

北京《民国日报》转中央执行委员会鉴：

国民革命尚未成功，总理遽然去世，实深悲痛。唯今后我党同志誓遵遗嘱，更加努力，以求［？］本党总理未成之志。浙江杭县第一区党部全体党员同叩。

> （《哀思录》第二编卷二"吊唁函电"（丙）代电，
> 第 8 页）

国民党直隶玉田县临时县党唁电

北京孙中山先生治丧处转同志诸君子鉴：

顷接直隶临时省执行委员会来函，惊悉吾党总理中山先生遽于本月十二日溘逝京国。闻唁之下，不胜哀悼。嗟乎！大志未酬，哲人云萎，缅怀前路，遗痛曷深。所望同志君子常以先生之志愿相淬厉，常以先生之主义相勖勉，协力猛进，无稍缩恧，先生虽则去而先生之精神不死，先生之事业不亡，先生有知，其亦可以稍慰也已。党人君子，宝鉴凭之。直隶玉田县临时县党部叩。

> （《哀思录》第二编卷二"吊唁函电"（丙）代电，
> 第 7 页）

国民党江苏省党部唁电

北京铁狮子胡同孙宅治丧委员会:

革命未成,导师先丧,党失领袖,国失长城,瞻念前途,涕泗横流。中国国民党江苏省党部泣叩。

（《哀思录》第二编卷二"吊唁函电"（丙）代电,第 3 页）

国民党江苏省党部唁电

北京铁狮子胡同孙夫人暨哲生先生:

昊天不吊,夺我导师,惊闻噩耗,涕泗滂沱。尚祈勉节哀忱,并再接再厉,谨遵遗嘱奋斗。中国国民党江苏省党部泣叩。

（《哀思录》第二编卷二"吊唁函电"（丙）代电,第 3 页）

国民党睢宁县党部唁电

北京铁狮子胡同孙哲生先生礼次:

惊传尊翁逝世,革命未竟全功,元老又复殂丧,瞻怀国事,痛悼曷极。务希节哀顺变,为国珍重。特此电唁。国民党睢宁县党部。

（《哀思录》第二编卷二"吊唁函电"（丙）代电,第 6 页）

国民党崇明县第一区第一、
二、三分部唁电

北京铁狮子胡同孙公治丧处暨中国国民党中央执行委员会公鉴：

顷接省党部公函，惊悉本党总理孙中山先生于今三月十二日上午九时半在北京行辕逝世。本党同人得此噩耗，涕泪沾襟。昊天不吊，夺我元勋，国难未已，遽萎哲人。丧此导师，我党不幸，凡我同志，遗嘱是遵，戮力同心，以竟革命。谨此致唁，以表哀忱。崇明第一区第一、二、三分党部同人谨叩。

（《哀思录》第二编卷二"吊唁函电"（丙）代电，第6页）

国民党江苏崇明县第一区第三分部唁函

中国国民党诸公鉴：

总理逝世，噩耗惊递，同人等引领北望，毋任凄怆。伏念总理提倡三民主义，创造共和，名扬寰宇，泽被国家。当兹群众盼望建功伊始之秋，昊天不吊，以肇新国治之首领遽尔作古，实邦国之痛，不徒吾党椎心泣血已也。同人等已通告全部党员，于遵礼奠祭外誓守遗嘱，努力奋斗，进行不怠，务期贯彻吾党主张，在天之灵爽实监临之。

此请
公安

中国国民党江苏崇明县第一区第三分部常务委员陈忱暨全体党员同叩

（《哀思录》第二编卷二"吊唁函电"（甲）唁函，第4页）

国民党上海执行部唁电

中央执行委员会鉴：

　　总理抱建国之主义，具建国之精神，未竟建国之志愿。遽来噩耗，悲悼同深。此间同志除筹备治丧外，誓谨遵总理遗嘱为民众奋斗。临电哽咽，谨申哀忱。上海执行部全体叩。

　　（《哀思录》第二编卷二"吊唁函电"（乙）唁电，
第9页）

国民党上海市一区四分部唁电

孙公治丧事务所公鉴：

　　昊天不吊，丧我元勋，噩耗传来，不胜震悼。从兹国父永逝，长城顿失，瞻前顾后，涕泗滂沱。同人于哀痛之余，惟有谨遵遗训，努力不隳。谨电唁闻。国民党上海市一区四分部全体同叩。

　　（《哀思录》第二编卷二"吊唁函电"（丙）代电，
第3页）

国民党上海市一区四分部唁电

哲生同志礼鉴：

　　惊悉总理逝世，痛悼万分。总理功在民国，遽然作古，寰海同悲。际此国家多难，而先生又为哲嗣，只望节哀顺变，克继先猷。谨此电唁。国民党上海市一区四分部全体同叩。

　　（《哀思录》第二编卷二"吊唁函电"（丙）代电，
第3页）

国民党上海市第二区第二分部唁电

治丧委员公鉴：

噩耗传来，惊悉总理逝世，革命未竟，遽丧领袖，北望燕云，悲痛曷极。本分部除在申筹备追悼外，遵守遗嘱，求中国之自由平等。临风堕泪，谨此吊唁。中国国民党上海市第二区第二分部执行委员会。

（《哀思录》第二编卷二"吊唁函电"（丙）代电，第3页）

国民党上海市第二区第七分部唁电

孙哲生先生礼鉴：

总理以国事劳瘁仙游北京行馆，噩耗传来，如丧考妣。栋梁柱石，遽尔摧崩，凡我国民，莫不为之痛哭流涕，而本部党员痛悼尤深。望先生节哀顺变，为国珍重，急挽狂澜，以达三民主义之目的。绳其祖武，克绍箕裘，总理在天之灵亦当含笑。谨特吊唁。中国国民党上海市第二区第七分部全体党员谨唁。

（《哀思录》第二编卷二"吊唁函电"（丙）代电，第3页）

国民党上海市第四分部等唁电

中央执行委员会钧鉴：

噩耗传来，总理仙逝，革命未成，导师遽丧，悲曷可竭。目今之政局依然纷扰，兹后之奋斗更倍于前，誓遵遗言，共建国基。拭泪吊唁，诸维亮鉴。上海市第四、第十四区分部全体党员叩。

（《哀思录》第二编卷二"吊唁函电"（丙）代电，第4页）

国民党上海市第五区党部唁电

北京孙公治丧事务所执事均鉴：

捧读文电，惊悉总理孙公逝世。昊天不吊，哲人其萎，爱国之士，同声一哭。伏念总理功垂宇宙，望重寰球，爱洽人心，德敷四海，一旦长逝，痛悼奚如。诸君亲瞻易箦［篑］，力任治丧，尚希遵照遗嘱，奠定松楸，上慰总理在天之灵，下副海隅苍生之望，无任感泣哀恳之至。谨电陈达，并候党祺。国民党上海第五区党部执行委员会叩。

（《哀思录》第二编卷二"吊唁函电"（丙）代电，第4页）

国民党上海市第五区第十五分部唁电

北京孙行辕暨中国国民党中央执行委员会公鉴：

噩耗传来，总理逝世，全体党员，实深哀痛。革命未竟，遽失导师，誓当恪守遗训，继续国民革命，并一致拥护中央执行委员会，以党的集权主义代替总理职权。尚祈为国节哀。谨此电唁。中国国民党上海市第五区第十五分部执行委员会。

（《哀思录》第二编卷二"吊唁函电"（丙）代电，第4页）

国民党上海市第五区第十九分部唁电

中央执行委员会鉴：

　　总理逝世，举世同悲，同人等誓遵遗训努力奋斗。谨此奉闻，伏乞公鉴。上海市第五区第十九分部执行委员谢毓龄率全体党员叩。

　　　　（《哀思录》第二编卷二"吊唁函电"（丙）代电，

　　第4页）

国民党上海市第八区第二分部唁电

北京中国国民党中央执行委员会及孙公治丧事务所诸公鉴：

　　总理逝世噩耗传来，同人悲恸欲绝。革命尚未成功，民众遽失导师，泰山已崩，寰宇衔恨。惟望为国节哀，继承遗志，以慰总理在天之灵，是所至祷。谨此电唁。上海曹家渡第八区第二分部叩。

　　　　（《哀思录》第二编卷二"吊唁函电"（丙）代电，

　　第4页）

国民党广州特别市党部妇女部唁电

哲生先生哀鉴：

　　昨接京电，传来噩耗，惊悉我总理竟于本月十二日逝世，哲人其萎。同人等惊闻之下，曷胜悲悼，想夫人暨先生哀痛自必逾恒。惟望节哀顺变，为国自重而留伟业，则总理躯体虽亡精神不死矣。临电悲痛，不知所云。广州特别市党部妇女部叩。

　　　　（《哀思录》第二编卷二"吊唁函电"（乙）唁电，

　　第2页）

国民党潮安县第一、二、三区党部唁电

北京铁狮子胡同孙夫人、孙哲生先生鉴：

昊天不吊，总理薨逝，噩耗传来，同深哀悼。惟是国事方殷，责任綦重，伏祈勉力节哀，以继总理未竟之志。谨唁。潮安县第一、二、三区党部同叩。

（《哀思录》第二编卷二"吊唁函电"（丙）代电，第 2 页）

国民党顺德县党部唁电

北京孙夫人暨哲生兄鉴：

奉电惊悉总理痛于十二号上午九时逝世，敝县党员闻耗咸来问讯，佥以天不助美，夺我元首，奉电之余，哀痛无既。然总理虽死，主义常生，凡我后死，自当谨奉典型，努力前进，以完革命未竟事业，庶总理在天之灵目其能冥。惟期节哀顺变，为国自爱，中国之幸，亦同志之幸也。哀痛陈词，仰希俯察并候孝履。顺德县党部执行委员会。

（《哀思录》第二编卷二"吊唁函电"（丙）代电，第 2 页）

国民党加拿大总支部唁电

哲生先生鉴：

闻总理逝世，全埠同志甚哀。驻加总支部谨唁。

（以上 Vancover B. C.）

（《哀思录》第二编卷二"吊唁函电"（乙）唁电，第 24 页）

国民党加拿大施伦他支部唁电

孙宋夫人鉴：

　　元首崩殂，良深哀痛，亠缣尺幅，难达其诚。谨此驰唁，诸希珍卫。加拿大施伦他国民党支部。

　　（以上 Canada）

　　　　（《哀思录》第二编卷二"吊唁函电"（乙）唁电，第 28 页）

国民党加拿大鸟埠区党部唁函

海外部长子超先生暨治丧处诸公大鉴：

　　惊悉孙总理讣报，悲痛欲绝。噫嘻，昊天不吊，降此鞠凶，哲人其萎，折我栋梁。呜呼，哀哉。兹汇返赙仪沪洋一百六十大元交上海本部林焕廷先生收，函托即转先生处，到请代办花车等物致祭，以志悲悼而表哀思。本月十九日并有电奉唁孙夫人及哲生先生矣。谨此布达，企候德音，即颂
党安

　　　　　　　　　　　　　　　鸟埠中国国民党区党部

　　　　（《哀思录》第二编卷二"吊唁函电"（甲）唁函，第 5 页）

国民党加拿大鸟埠区党部唁函

孙夫人、哲生先生惠鉴：

　　噩耗传来，惊悉总理孙公痛于民国十四年三月十二日晨九时半

在京逝世，本区党部同人骤闻讣报，悲悼欲绝，胡天不佑，降此鞠凶，哲人其萎，折我栋梁。呜呼哀哉。惟总理耆英硕望，筹考全终，伏祈为国节哀。而同人等亦誓为努力奋斗，以竟全功。兹汇返赙仪沪洋一百六十大元交上海本部林焕廷先生收，并嘱即转北京治丧处林森先生，请代办花车等物致祭，以志悲悼而表哀思。本月十九日电达奉唁，想早邀察阅〔阅〕矣。

谨此，敬候

孝履，诸维

自珍不戬

加拿大鸟埠中国国民党区党部

（《哀思录》第二编卷二"吊唁函电"（甲）唁函，第 5 页）

国民党蒙特阿尔党部唁电

国父逝世，普天同哀。蒙特阿尔国民党。

（以上 Montrealque）

（《哀思录》第二编卷二"吊唁函电"（乙）唁电，第 22 页）

国民党英属大不列颠哥伦比亚
Vancover 市党部唁电

孙夫人、哲生兄：

总理逝世，同人哀甚。请为国珍重。Vancover BC 国民党。

（以上 Vancover B. C.）

（《哀思录》第二编卷二"吊唁函电"（乙）唁电，第 24 页）

国民党英属大不列颠哥伦比亚
新威斯敏斯特市党员唁电

孙夫人、哲生兄鉴：

惊悉总理讣报，悲悼靡极，谨电奉唁。

（以上 New Westminster British Columbia）

（《哀思录》第二编卷二"吊唁函电"（乙）唁电，第 23 页）

国民党美国宾夕法尼亚州党部唁电

孙宋夫人、孙哲生先生同鉴：

痛失元勋，殊深哀悼。本薛文尼亚省国民党。

（以上 Philadelphia Pennsylvania）

（《哀思录》第二编卷二"吊唁函电"（乙）唁电，第 28 页）

国民党美国加利福尼亚州
巴克塞飞尔特党员唁电

孙夫人暨哲生兄鉴：

闻总理逝世，同深痛悼，望节哀述志。巴克塞飞尔特国民党。

（以上 Bakersfield California）

（《哀思录》第二编卷二"吊唁函电"（乙）唁电，第 21 页）

国民党美国西雅图市党部唁电

孙夫人暨哲生兄鉴：

惊闻孙公讣报，极哀悼。公芳名留青史，请顺变节哀。中国国民党。
（以上 Seattle W. N.）

（《哀思录》第二编卷二"吊唁函电"（乙）唁电，第 24 页）

国民党美国乐居分部唁电

孙夫人、哲生先生鉴：

总理逝世，曷胜悲悼，祈节哀。乐居分部。
（以上 San Francisco）

（《哀思录》第二编卷二"吊唁函电"（乙）唁电，第 24 页）

国民党美国汪古鲁分部唁电

孙夫人、哲生兄鉴：

总理逝世，殊深悲悼。请为国节哀。汪古鲁分部。
（以上 San Francisco）

（《哀思录》第二编卷二"吊唁函电"（乙）唁电，第 24 页）

国民党美国祖笞分部唁电

孙夫人、哲生兄鉴：

闻噩耗，至悼。请节哀。美国祖笪分部。

（以上 San Francisco）

（《哀思录》第二编卷二"吊唁函电"（乙）唁电，第 23 页）

国民党美国檀香山支部唁电

孙宋夫人鉴：

孙公仙逝，薄海同悲。谨此奉唁，藉达哀思。檀香山国〈民〉党支部。

（以上檀香山）

（《哀思录》第二编卷二"吊唁函电"（乙）唁电，第 27 页）

国民党美国波斯顿支部唁电

孙夫人、孙科君鉴：

总理仙逝，同深哽悼。节哀为国珍重。国民党波斯顿支部。

（以上波斯顿）

（《哀思录》第二编卷二"吊唁函电"（乙）唁电，第 25 页）

国民党纽约市党部唁电

孙夫人鉴：

孙总理为党为国积劳成疾，骤闻噩耗，同深哀悼。伏乞节哀，为国珍重。钮约国民党叩。

（以上 New York）

　　（《哀思录》第二编卷二"吊唁函电"（乙）唁电，
第 23 页）

国民党钵仑支部唁电

孙夫人礼鉴：

　　总理讣报，殊深哀悼。先生音容宛在，德范长存。伏祈顺变节
哀。钵仑国民党支部。

（以上 Portlandore）

　　（《哀思录》第二编卷二"吊唁函电"（乙）唁电，
第 23 页）

国民党世利乔党员唁电

北京国民党转孙夫人、哲生先生鉴：

　　民国不幸，骤失元首，万方同悼，谨电奉唁。世利乔国民党同
志。

（以上 New York）

　　（《哀思录》第二编卷二"吊唁函电"（乙）唁电，
第 23 页）

国民党布吉士打劳埠支部唁电

中央执行委员会诸同志鉴：

噩耗传到。总理逝世，同人哀悼，谨此电唁。布吉士打劳埠国民党支部叩。

（以上 Bocasdeltoro）

（《哀思录》第二编卷二"吊唁函电"（乙）唁电，第22页）

国民党墨国那罅分部唁电

国民党本部鉴：

惊悉总理噩耗，哀怆殊深，谨致吊唁。墨国那罅分部。

（以上 San Francisco）

（《哀思录》第二编卷二"吊唁函电"（乙）唁电，第24页）

国民党墨国加兰姐支部唁电

林焕庭先生：

吾侪闻总理薨逝，殊深哀悼，希转达孙宋夫人勿过悲毁。墨国加兰姐国民党支部。

（以上 Canada Son Mex 25）

（《哀思录》第二编卷二"吊唁函电"（乙）唁电，第28页）

国民党墨西哥总支部唁电

孙夫人暨哲生兄鉴：

惊悉总理逝世，至深哀悼。请节哀为国，以竟总理未竟之志。墨西哥总支部叩。

（以上墨西哥）

（《哀思录》第二编卷二"吊唁函电"（乙）唁电，第25页）

国民党墨西哥墨叁迫古分部唁电

孙夫人暨哲生兄鉴：

总理逝世，痛甚。望节哀。墨叁迫古分部关崇雅号Tampicomox。

（以上墨西哥）

（《哀思录》第二编卷二"吊唁函电"（乙）唁电，第25页）

国民党墨西哥党员唁电

哀悉。总理仙游，举行吊礼，同志泣血稽颡。

（以上墨西哥）

（《哀思录》第二编卷二"吊唁函电"（乙）唁电，第25页）

国民党南非总支部唁电

北京外交部转孙夫人、哲生先生鉴：

令尊翁升遐，闻讣痛极。哲人其萎，邦国疹［殄］瘁，遐迩悲哀，党员泣血。尚祈节哀顺变，为国珍重，继续奋斗，以竟厥志。南非总支部。

（以上南非洲）

（《哀思录》第二编卷二"吊唁函电"（乙）唁电，第 24 页）

国民党新加坡党部等唁电

顷接芎翁支部转电，惊悉总理侵日逝世，同人痛悼实深。除下半旗表哀忱外，谨电奉唁。呈加坡民党第一、二、三、四部叩。

（以上 Singapore）

（《哀思录》第二编卷二"吊唁函电"（乙）唁电，第 24 页）

国民党美利滨支部唁电

孙公治丧处鉴：

孙公逝世，党员全体哀悼遥祭。谨唁。美利滨支部。

（以上 Philipine）

（《哀思录》第二编卷二"吊唁函电"（乙）唁电，第 23 页）

国民党菲律宾纳卯支部唁电

孙夫人鉴：

孙总理殂落，举国涕零。惟望夫人暨公子节哀顺变，为党珍重。菲律滨纳卯中国国民党支部叩。

（以上 Philipine）

（《哀思录》第二编卷二"吊唁函电"（乙）唁电，第23页）

国民党庇胁支部唁电

北京国民党支部鉴：

孙总理为国捐躯，噩耗传来，同志不胜悲痛，特电表哀衷。庇胁支部叩。

（以上 Penang）

（《哀思录》第二编卷二"吊唁函电"（乙）唁电，第23页）

国民党南洋实兆远甘文阁分部唁函

溯自首都政变，我总理间关入京，同志等遒听之余窃喜吾道其北革命成功为期弗远。不料病讯频传，佳音顿杳，同志等忧心如焚，无以为计，惟盼天相吾华，假之以年，俾展其抱负，酬其夙愿，以拯民于水火之中而登之衽席之上耳。乃噩电飞来，遽传晏驾，昊天不吊，降此鞠凶。嗟我中华，胡其薄福。同志等痛其梁木其萎，泰山其颓，行将及溺之神州失其援手，心怆神悲不觉泪盈眶而声呜咽。然而吾党主义尚待恢张，国事蜩螗，尤须撑拄，此后肩巨任艰，端赖后死。同志等僻处山隅，莫知所措，望时锡南针以为遵守。翘首北企，无任神驰。

此上

中央执行委员会诸同志先生均鉴

南洋实兆远甘文阁分部主席林贻香暨诸同志等鞠躬

（《哀思录》第二编卷二"吊唁函电"（甲）唁函，第6页）

国民党安南总支部等唁函

迳启者：顷接电讯，惊悉总理逝世，同人闻耗，咸深哀恸。当此中原云扰，方期吾总理实施三民主义，展其建国方略，振兴母国，保护华侨。奈何昊天不吊，丧我元勋，痛哉，痛哉。敬祈诸同志善继总理之志，努力奋斗，贯彻主义，并请转劝宋夫人、孙哲生先生节哀，为国珍重，以竟总理未竟之志。此间除开会追悼外，谨派刘代表候武就近在京致祭，以表哀思。

此致
孙中山先生治丧处

中国国民党驻安南总支部、安南中华总工会同启

（《哀思录》第二编卷二"吊唁函电"（甲）唁函，第4页）

国民党东京支部唁函

敬启者：敝支部昨接孙总理噩耗，无限哀痛，即于十七日开全体党员哀悼大会，公举陈季博同志代表来京致祭执绋。除筱电奉知外，特再函达。

此上
孙中山先生治丧处执事诸先生台鉴

中国国民党东京支部

（《哀思录》第二编卷二"吊唁函电"（甲）唁函，第4页）

国民党横滨支部唁电

孙哲生先生：

尊公仙逝，谨此驰唁。横滨国民党支部。

（以上横滨）

（《哀思录》第二编卷二"吊唁函电"（乙）唁电，第 27 页）

国民党 Brantford 等地党员唁电

孙宋夫人鉴：

Brantford 及 Kitehner 之国民党党员当最近沉痛之时，谨表其深切之哀悼。

（以上 Brantfordont）

（《哀思录》第二编卷二"吊唁函电"（乙）唁电，第 28 页）

国民党 Calgargalta 支部唁电

孙宋夫人鉴：

孙公邃逝，哀痛良深。所幸典型长在，万世流芳，尚祈节哀。专此奉唁。Calgargalta 中国国民党支部。

（以上 Calgargalta）

（《哀思录》第二编卷二"吊唁函电"（乙）唁电，第 27 页）

国民党 Cheucheehsian Chensinchun Hauc hee Lin Pontanak 支部唁电

汪精卫先生鉴：

元勋遽殒，哀悼良深，家属之前希为代唁。Cheucheehsian Chensinchun Hauc hee Lin Pontanak 国民党支部。

（以上新加坡）

（《哀思录》第二编卷二"吊唁函电"（乙）唁电，第 26 页）

国民党 Chathamontario 党部唁电

转孙夫人鉴：

总理仙逝，普天同悲，谨电奉唁。国民党 Chathamontario。

（以上 Chathamontario）

（《哀思录》第二编卷二"吊唁函电"（乙）唁电，第 22 页）

国民党 Fresnocal 支部唁电

孙哲生先生鉴：

谨唁大孝。Fresnocal 国民党支部。

（以上檀香山）

（《哀思录》第二编卷二"吊唁函电"（乙）唁电，第 27 页）

国民党 Habana 支部唁电

汪精卫先生鉴：

电悉总理逝世，全体哀恸，谨此电唁。国民党支部。

（以上 Habana）

（《哀思录》第二编卷二"吊唁函电"（乙）唁电，第 22 页）

国民党 Jolo 支部唁电

孙夫人哀鉴：

惊闻总理仙游，悲哀莫名。惟功绩长存，虽死犹生，伏祈节哀。国民党支部叩。

（以上 Jolo）

（《哀思录》第二编卷二"吊唁函电"（乙）唁电，第 22 页）

国民党 Kamloopsbc 党部唁电

孙宋夫人及哲生先生鉴：

孙公逝世，悲悼良深。尚望节哀顺变，奋勉前驱，以完成中国之民主主义。Kamloopsbc 国民党。

（以上 Kamloopsbc）

（《哀思录》第二编卷二"吊唁函电"（乙）唁电，第 28 页）

国民党 Kualalumpur 党员唁电

噩耗传来，惊悉元良遽殒，民丧导师，哀痛之余，用特电唁。Kualalumpur 同志。

（以上 Kualalumpur）

（《哀思录》第二编卷二"吊唁函电"（乙）唁电，第 27 页）

国民党 Nanaimokc 支部唁电

孙宋夫人鉴：

深哀，谨唁。Nanaimokc 国民党支部。

（以上 Nanamiokc）

（《哀思录》第二编卷二"吊唁函电"（乙）唁电，第 27 页）

国民党 Niagarfallsont 党员唁电

孙宋夫人暨孙哲生先生鉴：

元勋逝世，薄海同悲，决遵遗训，努力奉行。Niagarfallsont 同志。

（以上 Niagarfallsont）

（《哀思录》第二编卷二"吊唁函电"（乙）唁电，第 27 页）

国民党 Sarniaont 党部唁电

孙宋夫人鉴：

孙公逝世，吾侪良深悲悼。尚希勉节哀思。Sarniaont 国民党。

（以上 Sarniaont）

　　（《哀思录》第二编卷二"吊唁函电"（乙）唁电，
第 28 页）

国民党 St. Johnnewbrunswick 支部唁电

北京中国国民党鉴：

　　吾人谨向孙前大总统夫人宋女士表示慰唁之诚意。中国国民党
St. Johnnewbrunswick 支部。

（以上 St. Johnnewbrunswick）

　　（《哀思录》第二编卷二"吊唁函电"（乙）唁电，
第 28 页）

国民党 Sudbury Northbay 支部唁电

孙宋夫人鉴：

　　同志遽失导师，至深哀痛。谨此奉唁。Sudbury Northbay 国民
党支部。

（以上 Sudburyontario）

　　（《哀思录》第二编卷二"吊唁函电"（乙）唁电，
第 28 页）

国民党 Threeriversquebec 党部唁电

国父仙游，至深哀悼。特此电唁。Threeriversquebec 国民党。

（以上 Threeriversquebec）

（《哀思录》第二编卷二"吊唁函电"（乙）唁电，
第 28 页）

国民党 Windsoront 支部唁电

北京国民党鉴：

讣电传来，总理仙逝，同声一哭。国民党支部。

（以上 Windsoront）

（《哀思录》第二编卷二"吊唁函电"（乙）唁电，
第 24 页）

国民党校长联合会唁电

孙夫人暨哲生先生鉴：

读侵电，惊悉总理薨逝，薄海同哀。惟总理虽死，精神不死，校长等当矢志奋斗，以竟总理未竟之志。尚祈节哀顺变，为国自爱。谨电奉唁，伏维鉴詧。匡民党校长联合会叩。

（《哀思录》第二编卷二"吊唁函电"（乙）唁电，
第 9 页）

国民会议促成会全国代表大会唁函

庆龄夫人、哲生先生鉴：

中山先生倡导国民革命数十年，始终不懈。此次离粤北上，提倡以国民会议为解决时局之方策，全国民众景然响从。方期从此建设独立自由之国家，以完成国民革命之目的，不谓全国人民代表甫经集会，遽丧唯一之导师，噩耗传来，举世震悼。夫人暨贤哲嗣当兹大变，哀痛自深，惟是中山先生尝言革命仍未成功同志仍须努力，尚望善体斯旨，节哀顺变，为国珍重。敝会同人当唤起全国民众共同奋斗，以完先生未竟之志。

谨此致唁。

国民会议促成会全国代表大会　恭唁

（《哀思录》第二编卷二"吊唁函电"（甲）唁函，第2页）

北京各界国民会议促成会唁函

敬启者：遽闻中山先生仙逝，噩耗传到，举世齐哀。伏念先生手创共和，宏德崇勋，莫与伦比。方今国事未定，正筹国民会议解决国事，指导民众，端赖元勋，孰意先生竟归道山，国家奈何，人民奈何。敝会同仁沉痛中肠，致函申吊，谨派代表毛壮侯、季绍霖、游仪声、杜秋心四人恭逮灵右前唁慰，尚祈节哀勉当大事为祷。

此致

孙夫人、哲生先生均鉴

北京各界国民会议促成会启

（《哀思录》第二编卷二"吊唁函电"（甲）唁函，第3页）

山东国民会议促成会唁电

北京孙中山先生行辕孙公治丧处公鉴：

此间各界团体惊闻孙公噩耗。国民会议尚未实现遽失导师，曷胜痛悼。除领导山东全省民众努力进行国民会议以完成孙公未竟之志外，谨此电致哀忱。山东国民会议促成会叩。

（《哀思录》第二编卷二"吊唁函电"（丙）代电，

第 12 页）

山东邱县国民会议促成会唁电

北京铁狮子胡同孙公治丧诸公鉴：

噩耗传来，惊悉孙公仙逝，痛悼莫深。全功未成，大星遽陨，我民损失，莫此为甚。所望我全国民众继孙公未竟之志，努力奋斗，以期大功告成，孙公死亦瞑目。谨掬哀忱。山东邱县国民会议促成会。

（《哀思录》第二编卷二"吊唁函电"（丙）代电，

第 13 页）

山东陵县国民会议促成会唁电

孙哲生先生及办事诸公钧鉴：

惊传噩耗，不胜悲悼。国内纷纭，领袖遽失，人民何所托身。谨电当哭，尚希节哀。专此奉唁礼祺。山东陵县国民会议促成会同志鞠躬。

（《哀思录》第二编卷二"吊唁函电"（丙）代电，

第 13 页）

山东潍县国民会议促成会唁电

北京铁狮子胡同孙公治丧事务所诸公鉴：

国基未固，遽丧国父，断我国魂，哀悼奚似。惟望诸公节哀应变，恪守遗嘱，奋斗加厉，以竟前功，民国幸甚。潍县国民会议促成会叩唁。

（《哀思录》第二编卷二“吊唁函电”（丙）代电，第12页）

陕北国民会议促成会榆林县分会唁电

北京孙中山先生行馆转孙大公子礼鉴：

顷接京讯，惊悉尊翁以吾国四万万人所仰望之身竟遭不讳，远去尘世，同深哀悼。惟念尊翁从事革命垂三十年，精诚无间，愈挫愈奋，人格之伟大早为举世人士所崇拜，对于革命党所抱持之三民主义光明正大，尤深入人心。近虽未能一一实施，而他日国人追忆尊翁救国救民之大计，定有彻底做到之一日。务希先生节哀顺变，珍重体躯，以妥先人，以襄大事。本会同人除择期开会追悼外，谨代慰唁。陕北国民会议促成会榆林县分会同叩。

（《哀思录》第二编卷二“吊唁函电”（丙）代电，第13页）

凤阳国民会议促成会唁电

北京中央公园孙公治丧处诸先生均鉴：

侵电传来，惊闻中山先生噩耗，山悲海泣，举世衔哀。窃思军阀犹在，民治未张，嗟彼昊天，遽凋国父。同人等弥深惨痛，定于陷日召集凤阳各界在县黉学开追悼大会。谨此电唁。凤阳国民会议促成会叩。

（《哀思录》第二编卷二“吊唁函电”（丙）代电，第12页）

丹阳县国民会议促成会唁电

北京铁狮子胡同中国国民党中央执行委员会诸君公鉴：

中山先生溘然仙逝，中国不幸，遽丧哲人，民权未张，革命方始。愿全国民众各本先生遗志，努力建设，卒底有成，先生有灵，庶几快慰。谨掬悼忱，代电致唁。丹阳国民会议促成会叩。

（《哀思录》第二编卷二"吊唁函电"（丙）代电，第6页）

广东大学唁电

孙夫人、哲生先生鉴：

顷接噩耗，天不憗遗，丧此国父，革命未竟，栋折榱崩，北望燕云，惟有痛苦。第国忧党事，来日方长，顾瞻前途，更当努力，庶几先生未竟之志得庆成功。尚冀为国自爱，顺变节哀。广东大学代理校长、全体教职员学生同叩。

（《哀思录》第二编卷二"吊唁函电"（乙）唁电，第3页）

广东大学唁电

铁狮子胡同十一〈号〉汪精卫先生并转各同志鉴：

噩耗飞来，惊悉先生逝世。天不憗遗，丧我国父。全粤人士哀痛同深，惟有互相策励，努力向前，竟先生未竟之志，庶几先生虽死，精神犹生。谨此电唁。广东大学代理校长、全体教职员学生同叩。

（《哀思录》第二编卷二"吊唁函电"（乙）唁电，第3页）

广东大学共觉社唁电

孙夫人暨哲生先生哀鉴：

噩耗传来，痛悉帅座薨逝，民众骤失导师，薄海同悲。国父匪特国家之可危，抑亦同胞之不幸。惟是主义永存即帅座之精神不死，而继志述作责任尤重，务望节哀自爱，为国珍重。国立广东大学共觉社同人叩。

（《哀思录》第二编卷二"吊唁函电"（丙）代电，第 1 页）

广东女界联合会唁电

孙夫人暨哲生同志鉴：

总理薨逝，悲痛实深。惟肉体虽死，主义不死。伏希节哀继志，为国自重。广东女界联合会叩。

（《哀思录》第二编卷二"吊唁函电"（乙）唁电，第 5 页）

广东公医医科大学唁电

孙夫人、孙哲生先生哀鉴：

敬启者：顷惊闻帅座噩耗，五中为摧。伏维我大元帅手造民国，建设未全，大星遽陨。燕云北望，凡属黎庶，无涕可挥。先生为明德之后，尚望节哀顺变，为国珍重。临楮不胜哀痛之至。专此奉唁。广东公医医科大学校长李树芬暨全体员生同叩。

《哀思录》第二编卷二"吊唁函电"（丙）代电，第 1 页）

广州远东学院唁电

急。孙夫人、哲生先生钧鉴:

　　元首薨逝,中外同悲。我先生手创民国,出生入死,经营惨澹垂四十年。际兹国事杌陧靡宁,栋折榱崩,殄亡是惧。乃昊天不吊,降此鞠凶,回念宿型潸焉出涕。同人等自昔年对于圣心学校罢课,即本先生主义为抵抗帝国主义者而奋斗,嗣后仍循斯旨黾勉进行,上慰先生在天之灵,下尽国民固有之责。伏望节哀顺变,为国珍重。临风电唁,不尽余哀。广州远东学院教职员暨全体学生同叩。

　　　　(《哀思录》第二编卷二"吊唁函电"(丙)代电,

第 1 页)

广州市立职业学校唁电

孙夫人暨孙哲生先生鉴:

　　革命未成,明星遽殒,继志奋斗,责在后死。谨遵遗嘱,努力向前。尚祈节哀顺变,为国珍重。广州市立职业学校叩。

　　　　(《哀思录》第二编卷二"吊唁函电"(乙)唁电,

第 3 页)

执信学校等唁电

孙夫人、哲生先生鉴:

　　元勋遽殒,薄海同悲,继志奋斗,责在后死。望勿过哀,为国珍重。执信学校全体教职员学生、国民党一区三分部附小完社同叩。

　　　　(《哀思录》第二编卷二"吊唁函电"(乙)唁电,

第 3 页)

广东省立女子师范学校等唁电

孙夫人暨哲生先生礼鉴：

读侵电，惊悉总理薨逝，悲痛万分。伏念总理虽死，主义不死，职等誓继总理之志而奋斗，以竟革命全功。万望节哀顺变，为国自爱。谨电奉唁，伏维鉴察。广东省立女子师范学校教职员、国民党第一区第六区分部叩。

　　　　（《哀思录》第二编卷二"吊唁函电"（乙）唁电，第 1 页）

广东省潮州中学唁电

北京孙大元帅哀典筹备处列先生矜鉴：

噩耗传来，国父崩驾。今是何世，漫漫长夜，天不慭遗，国岂无涉，栋折榱崩，侨亦将压，侧身北望，攀髯莫及，如何摧心，有唼其泣，唯国犹是，唯民犹是，努力奋斗，是在吾党之继志。广东省立潮州中学中学校校长黎贯谨率全体职教员同唁。

　　　　（《哀思录》第二编卷二"吊唁函电"（丙）代电，第 1 页）

广州基督教青年会唁电

孙科先生：

尊公噩耗，薄海同悲，深信中山先生精神主义千古常存，尚祈节哀，为国珍重。广州基督教青年会。

　　　　（《哀思录》第二编卷二"吊唁函电"（乙）唁电，第 1 页）

联义社唁电

孙夫人、哲生兄鉴：

　　总理崩殂，薄海同哀，同人尤深悲痛。惟望奉行主义，贯彻始终，以竟素志。谨电申唁，伏维省察。联义同人泣叩。

　　（《哀思录》第二编卷二"吊唁函电"（乙）唁电，第 1 页）

广州市财政厅唁电

孙夫人暨哲生先生哀鉴：

　　奉京电惊悉帅驾升遐，昊天不吊，降此鞠凶，凡我寅僚，如丧考妣。伏念帅座手造民国，虽革命之功未竟，而主义深入人心，政策行将实现，先生遗泽，天地同休。尚望节哀顺变，克绍前功，重任仔肩，勿徒伤毁。临电怆愧，不知所云。广州市财政厅长苏世杰暨全体职员同叩。

　　（《哀思录》第二编卷二"吊唁函电"（乙）唁电，第 6 页）

建国宣传团、建国宣传学校唁电

孙夫人、哲生兄哀鉴：

　　京电惊悉总理崩落，中外同悲，本团同人虽百死而莫赎，只以贯彻主义以继总理未竟之志。谨表哀思，尚希为国自重。临电哀痛，无任惶悚。建国宣传团、建国宣传学校。

　　（《哀思录》第二编卷二"吊唁函电"（丙）代电，第 2 页）

驻港香邑侨商会所追悼会筹备处唁函

哲生同人乡先生苫鉴：

民国建设未半，元勋中道崩殂。哀动环球，矧在桑梓。谨择于本年四月五号在本会所开会追悼，以敦乡谊。惟望先生节哀顺变，继志述事，光迪先人。

此唁，并候

棘安

驻港香邑侨商会所追悼会筹备主任李供林、副主任郭泉、黄石泉、杜泽文等同叩

（《哀思录》第二编卷二"吊唁函电"（甲）唁函，第2页）

香港集贤工会唁电

汪精卫先生转孙夫人、哲生暨众同志哀鉴：

大志未就，国父云亡，节哀奋斗，完成大业。香港集贤叩唁。

（《哀思录》第二编卷二"吊唁函电"（乙）唁电，第7页）

香港华工总会唁电

汪精卫转孙夫人、哲生暨各同志哀鉴：

昊天不吊，国父云亡，茹痛普天，曷有其极。属望继志，为国节哀。香港华工总会叩唁。

（《哀思录》第二编卷二"吊唁函电"（乙）唁电，第1页）

奉天省议会等唁电

孙中山先生行辕秘书处鉴：

先生手造共和，心存苍赤，天生先觉，福惠齐民。方期此次北来与段执政共筹国是，奠定邦基，奈苍天不吊，竟夺公去，闻电之下，恸悼殊深。谨代表我奉一区〔千〕三百万人民敬陈哀吊，本当哭临，伏维鉴察。奉天省议会、省教育会、总商会、省农会叩。

（《哀思录》第二编卷二"吊唁函电"（乙）唁电，第21页）

奉天省立第一师范附属小学校学生唁电

北京孙中山先生治丧处青鉴：

惊悉孙公中山先生弃国长逝，遽听之下，不胜哀悼。值此国事鞅掌之时，革命未竟全功之日，赍志以终，九原含痛，众庶失依。彼苍者天，曷其有极。学生等瞻望京畿，涕泪纵横。除开会追悼外，特此电唁，藉慰先生在天之灵。奉天省立第一师范附属小学校全体学生叩。

（《哀思录》第二编卷二"吊唁函电"（丙）代电，第13页）

东三省国学会旅京人士唁函

迳启者：举目荆棘，叹国步之维艰，老成凋谢，痛承平之无日。敝会同人昔在关东即沐孙公之熏化，知救国救民非公之主义其效难收。方期天假我公以长年，以竟其未了之宏猷，讵策驾来京，遽尔溘逝。国家丧其柱石，国民失其指导。敝会同人于公生前未领提示，愿随诸君之后作梫右之哀唁。谨先函达，敬祈哀鉴。

此上

治丧处诸君台照

东三省国学会旅京同人同叩

（《哀思录》第二编卷二"吊唁函电"（甲）唁函，第2页）

新京学院唁函

中山先生治丧处诸执事台鉴：

噩耗传来，惊悉中山先生仙逝，曷胜痛悼。国民革命尚未成功，国民会议且未实现，昊天不仁，夺我领袖，岂独民国国民之不幸，世界平民莫不闻之扼腕。敝院除已公布休业一天用志哀悼外，兹派代表刘孝基前来吊唁，并祝中国国民党党员团结努力，速竟先生未竟之功。

新京学院职教员学生全体

（《哀思录》第二编卷二"吊唁函电"（甲）唁函，第3页）

通才商专学生唁函

精卫先生钧鉴：

顷奉教部电知中山先生于本日早九句半钟仙逝，惊闻之下，悲悼无已。先生创造共和，功在民国，中经变乱，护法西南，法统重光，策马而北，念缔造之艰难，正纠纷之排解。昊天不吊，夺我元老，凡有血气，莫不同哀。在民国失一长城，在生等如颓泰岳，追思功德，涕泪如縻。除在校开会一致起立聊表哀痛外，谨举范君鸿佛代表全体恭诣行辕，敬致吊唁微忱，希赐接见并望夫人、公子节哀顺变，保此身以为将来竟先生未竟之志。

　　肃此，敬叩

钧安，并候

通才商专全体学生鞠躬

　　（《哀思录》第二编卷二"吊唁函电"（甲）唁函，

第 3 页）

北京师大新华学会唁函

中央执行委员会钧鉴：

　　全国人民尚陷水火，吾党总理遽逝，敝会同志于哀伤沉迷之中眼泪虽枯热血益沸，誓惟严遵总理遗训，谨听指挥，努力于吾党救国之主张，革命一日未竟全功，则同志悲痛一日不减。呜咽陈词，尚希垂鉴。

北京师大新华学会谨启

　　（《哀思录》第二编卷二"吊唁函电"（甲）唁函，

第 4 页）

南开大学学生会唁电

北京孙公治丧处鉴：

　　中山先生革命元勋，提倡民权，主张打倒帝国主义、废除不平等条约。方冀导我国民以铲除恶魔使我国体日趋巩固，不意噩耗传来，悲悼曷极。谨电奉闻，以志哀忱。天津南开大学学生会叩。

　　（《哀思录》第二编卷二"吊唁函电"（丙）代电，

第 7 页）

天津向明学会唁电

北京铁狮子胡同孙先生治丧处鉴：

先生奔走国是垂四十年，鞠躬尽瘁，百折不回，为国家之元勋，为国民之慈父。方冀此次命驾北来，实行先生之主义而奠国基，无如天祸不测中华多难，先生竟遽然长辞。噩耗传来，同深哀悼，万庶失其指导，寰宇空其瞻仰。然而先生虽逝，先生之主义犹存，惟望诸公抑心哀痛，勇往直前，本先生之主张，作彻底之改造，外抑列强之侵略，内制军阀之横行，用符同胞之望而尽诸公之责。同人不敏，顾步后尘。谨陈区区，诸维察鉴。天津向明学会叩。

（《哀思录》第二编卷二"吊唁函电"（丙）代电，第 7 页）

莱芜县立中学唁函

精卫先生钧座：

敬启者：敝校同人等阅本月十三日报章，藉悉中山先生业于十二日九时宾天逝世。呜呼！昊天不吊，胡为乎忍令我国第一伟人之殂谢也。痛维中山先生功在民国，名溢全球，恨逆胡之内据，疾专制之淫威，首倡革命，抱定民治主义，打破一切不平等之待遇，或决命于枪林弹雨，或奔波于山陬海澨，数十年来与家人同志生死离合，濒危者数而百折不回，有志竟成，卒令我五族有自由之发展。彼苍天未尝不相我中山先生默有之呵护之也。自年前侧闻中山先生由日返都收拾乱局，于跃然喜者兼以戚然忧，盖为中山先生之入医院养疴也。以中山先生之精神为民国瘁，心血为民国耗，其惊定思痛或政躬不豫者亦意中事。自是于逐日新闻中睹中山先生之病状，随伸缩为悲喜，亦深望回春者有国医，而大星或不至坠落耳。不意如焦雷之噩闻竟明明见于报端矣，岂犹是登载之误耶。初犹盼其正误，胡为乎连番载笔举无异词耶，是知我中山先生果不在人间矣。哭中山先生者全国一声，吊中山先生者全国一步，况莘莘学子学术思想受中山先生之教化为尤深也。敝校以道阻且长，不得相率哭奠于灵前，哽咽者弦诵辍声少长湿袖，殊不知何以为情也。夙悉先生负中山顾托之重，定为之赞襄丧务一切。兹特驰函左右先伸吊忱，拟择日再开追悼大会以志余哀。为此敬恳先生转呈夫人、公子临变节哀，勉当大事，曷胜痛祷。

专肃，恭请

伟安，并希

钧鉴

莱芜县立中学校谨启

（《哀思录》第二编卷二"吊唁函电"（甲）唁函，

第 3 页）

西北大学学生唁电

孙公治丧处哀鉴：

昊天不吊，哲人云萎。中山先生奔走革命垂四十年，百折不回，艰苦卓绝。客冬北上，主张召集国民会议，废除不平等条约，以期贯彻国民革命之目的，实现全民政治之精神。乃积劳致疾，沉疴不起，山崩梁折，容体长归。同人等素敬先生，奉为楷式，仪型云邈，痛悼殊深。除开会追悼外，谨此电闻，以申哀忱。国立西北大学全体学生哀叩。

（《哀思录》第二编卷二"吊唁函电"（乙）唁电，

第 20 页）

旅沪香山同乡追悼会筹备处唁函

哲生乡先生大鉴：

　　敬启者：尊翁薨逝，举世同悲，同人等择于阳历本月十九日由上午十时至下午四时在虹江路香山同乡会开追悼大会，定十一时致祭，聊致哀思。为此函达，即希察照。伏祈节哀顺变，为国珍重。

　　肃此，并候

孝安

　　　　　　　　　　　　　旅沪香山同乡追悼会筹备处上

　　（《哀思录》第二编卷二"吊唁函电"（甲）唁函，

　　第1页）

两广会馆同乡会魏福钟等唁函

哲生先生礼次：

　　阅报载，惊悉前临时大总统之丧，梁木泰山，忽焉颓坏，悲惋失措，中外金同。伏思前大总统一柱擎天，八荒同化，丰功伟烈，震古铄今，胡不慭遗，元勋遽萎，海内悲悼，庸有已时。乡晚等作客风尘，无由进窥盛德，而闻风起敬，历有岁年，况忝属同乡，尤深栋折之感。只以道路修阻，妥便罕逢，刍敬久稽，深用歉仄。兹敬设礼堂于本城之两广会馆，订期四月十二日特开追悼会，以志悒忱。专修寸启，祗告

孝履，唯照不宣

　　　　　　　　　　　两广会馆同乡会魏福钟等同拜启

　　（《哀思录》第二编卷二"吊唁函电"（甲）唁函，

　　第1页）

崇明县内沙居民唁函

　　阅报惊悉中山先生逝世，薄海人民同深悲悼。惟先生先觉导民生路，至言谠论久已印人心肺，此次远道入都，驱曹芟逆，解除种

种束缚，功在民国，没世不忘。又况积劳成疾，为国捐躯，身后萧条，尤足动人观感。囊隐等不求闻达不涉势利，名不列党，心实随之。所望继承诸公，尊重遗嘱，贯串主义，悉本公心，统筹全局，戡除阻力，奋斗到底，底功于成，奠民于安，勿使党部自裂，闾阎失望，则国家幸甚，平民幸甚。即先生在天之灵定必呵护于无已焉。

崇明县内沙平民蔡囊隐、张意宝同沙
内三十五万平民谨叩吊

（《哀思录》第二编卷二"吊唁函电"
（甲）唁函，第1页）

上海振泰纱厂俱乐部亥育社唁函

孙夫人、哲生先生暨孙公治丧事务所诸公礼鉴：

昊天不吊，夺我元勋，噩耗传来，同深哀悼。际此国家多难、军阀专横、列强环伺之秋，尚望节哀顺变，领导民众继续奋斗。是所至祷。同人等除举行追悼外，谨此函唁。

上海曹家渡振泰纱厂俱乐部亥育社全体叩

（《哀思录》第二编卷二"吊唁函电"（甲）唁函，
第2页）

广西旅沪建桂同志会唁电

孙公治丧处礼鉴：

中山先生为民为国革命垂四十年，一旦噩耗，孰不痛悼。敝会闻讣，尤为凄怆。谨此电唁，藉表哀忱。广西旅沪建桂同志会叩。

（《哀思录》第二编卷二"吊唁函电"（丙）代电，
第5页）

安徽旅沪青年协会唁电

北京国民党中央执行委员会钧鉴：

　　贵党总理孙公革命元勋、国民领袖，不幸中途哀逝，举国震惊。尚望贵党秉其遗志，领导民众，以达国家独立民族解放之目的。安徽旅沪青年协会。巧。叩。

　　　　（《哀思录》第二编卷二"吊唁函电"（丙）代电，
　　第5页）

留沪兴化学会唁电

北京铁狮子胡同孙哲生先生礼鉴：

　　侵电传来，咸深悼痛，遽颓泰山，国兹不幸。除在沪参加筹备追悼大会外，谨先慰唁。留沪兴化学会叩。

　　　　（《哀思录》第二编卷二"吊唁函电"（丙）代电，
　　第5页）

上海工商学会唁电

中国国民党中央执行委员会公鉴：

　　我中华民国开国元勋、国民革命领袖孙中山先生薨逝都门，惊耗传来，悲痛曷极。胡天不吊，夺我元良，国是未定，导师先丧。国父虽死，国父永生。国父之主义未去，国父之主义万世不朽。望贵党诸公为国节哀，遵守遗训，继续努力，为民奋争。本会除在沪另行追悼外，并茹素一月以表哀悼。谨此吊唁。上海工商学会全体叩。

　　　　（《哀思录》第二编卷二"吊唁函电"（丙）代电，
　　第3页）

中华体育专门学校唁电

敬唁者：惊悉总理噩耗，敝校同志不胜悲悼，痛念民国不幸，崩
殂元勋，普天同哭，若失长城，鞠躬尽瘁，虽死犹存。专电哀号，谨
志唁忱。中华体育专门学校校长柳成烈、教职员暨全体学生恭叩。

（《哀思录》第二编卷二"吊唁函电"（丙）代电，
第 4 页）

上海南洋大学两广同乡会唁电

哲生乡先生礼鉴：

尊翁逝世，国丧元勋，民失保姆，北望燕云，无涕可挥。特电
驰唁。上海南洋大学两广同乡会叩。

（《哀思录》第二编卷二"吊唁函电"（丙）代电，
第 4 页）

亚东医科大学暨附设平民学校唁电

北京铁狮子胡同孙公治丧处诸公转孙哲生先生礼鉴：

尊公手创共和，殚极艰险，经营擘划，垂四十年如一日。现共
和之政体虽立，而军阀之余蠹犹存，涂炭生灵，飘荡邦基，国难未
艾，何堪哲人萎逝。噩耗惊闻，薄海同声一哭。惟先生之肉体虽死，
而先生之主义永垂，缵述光大，责在未死。临电哽咽，祗勖勉力。谨
唁。亚东医科大学教职员暨全体学生、附设平民学校全体学生同唁。

（《哀思录》第二编卷二"吊唁函电"（丙）代电，
第 4 页）

上海桂风杂志社唁电

孙公治丧处诸先生钧鉴：

国是未定，国父云亡，噩耗传来，曷胜悲悼。惟希克守遗训，努力奋斗，以竟革命全功，同人等谨当追随诸先生之后。上海桂风杂志社全体社员同叩。

（《哀思录》第二编卷二"吊唁函电"（丙）代电，第5页）

上海天潼福德两路商界联合会唁电

北京孙宅治丧处暨国民党本部诸同志鉴：

中山先生毕生革命，造福家邦，今兹逝世，痛惜良深。革命未终，导师遽丧，国家多难，又折元勋，缅怀国事，益用隐忧。所望哲生世兄顺变节哀，暨诸同志善承先志，国乱不足平也。上海天潼福德两路商界联合会叩。

（《哀思录》第二编卷二"吊唁函电"（丙）代电，第5页）

中国机器总会唁电

宋夫人、哲生兄礼鉴：

昊天不吊，帅躬薨殂，薄海衔哀，我会孺私，尤深震悼，恭诵遗训，敢不努力继志。任重当负仔肩，勉节沈哀，为国自卫。中国机器总会全体工员叩。

（《哀思录》第二编卷二"吊唁函电"（丙）代电，第3页）

上海各公团追悼孙中山先生大会筹备会唁电

北京铁狮子胡同孙公治丧处暨中国国民党中央执行委员会公鉴：

我民国开国元勋、国民革命领袖中山先生薨逝都门，全国国民莫不恸悼。正革命尚亏竟功，民众遽失导师，敝会同人倍胜哀痛。除在沪筹备追悼亏会外，谨先电唁，并望诸公恪守遗训，以期国民革命之成功。上海各公团追悼孙中山先生大会筹备会。印。

（《哀思录》第二编卷二"吊唁函电"（丙）代电，第 3 页）

上海粤侨工联会、中国机器工会唁电

孙公治丧处鉴：

传来噩耗，元勋遽殒，哀恸之余，谨此电唁。粤侨工联会、中国机器工会同叩。

（《哀思录》第二编卷二"吊唁函电"（乙）唁电，第 11 页）

同济大学两广同学会等唁电

孙公治丧处鉴：

国是未定，遽折元勋，民族顿失柱石，曷胜痛悼。谨此电唁。吴淞同济大学两广同学会印。

（《哀思录》第二编卷二"吊唁函电"（乙）唁电，第 11 页）

同济大学追悼孙公中山大会筹备处唁电

孙公治丧处鉴：

天不慭遗，导师先失，噩耗传来，悲感万端。除另开会追悼外，特此电唁。吴淞同济大学追悼孙公中山大会筹备处叩。

（《哀思录》第二编卷二"吊唁函电"（乙）唁电，第11页）

诸暨益三学社唁函

诸执事暨宋夫人、哲生先生哀鉴：

闻孙中山先生逝世，吾等私心痛悼，莫可言宣，捧诵遗嘱，字字刻骨，立愿坚志遵行，以冀达到目的。并愿我国各机关、各团体一致促成真正国民会议，解决一切国是，则中山先生虽在九原，亦当含笑不已也。谨此快邮代唁，望勿过哀为荷。

　　恭请

丧安

　　　　　　　　　　　　　　诸暨益三学社全体同叩

（《哀思录》第二编卷二"吊唁函电"（甲）唁函，第4页）

奉化农林公司筹备员唁函

孙公治丧事务所诸公暨哲生先生公鉴：

天祸中国，夺我导师，噩耗传来，悲痛无极。中山先生虽仙游矣，然先生之主义与先生之精神当永耀于民众，共日月同长也。诸公当世英才，尚祈节哀顺变，继续奋斗，以全先生未竟之功。同人等分属国民，敢不努力。现除一体服丧外并下半旗以志哀悼。谨此吊唁。

奉化农林公司筹备同人公启

（《哀思录》第二编卷二"吊唁函电"（甲）唁函，第2页）

浙江诸暨下北区农民唁函

诸执事先生暨哲生先生礼鉴：

惊闻中山先生逝世，吾乡全体农民哀痛，如丧考妣。凡民党同志须遵先生遗嘱，勇猛直进，以期达到目的，庶可慰先生在天之灵。望弗过于哀悼，共图将来为要。聊献刍荛之言，伏维哀鉴是幸。

肃此奉函驰唁，并颂

礼安

浙江诸暨下北区全体农民谨叩

（《哀思录》第二编卷二"吊唁函电"（甲）唁函，第2页）

象山县各公团追悼孙先生大会筹备处唁电

北京铁狮子胡同孙公治丧事务所诸公鉴：

中山先生民国之父，革命未成，赍志遽逝，彷徨群生，悲痛何已。敝公团等除已筹备追悼外，敬先电唁。象山各公团追悼孙先生大会筹备处叩。

（《哀思录》第二编卷二"吊唁函电"（丙）代电，第9页）

两广旅苏学会唁电

哲生先生鉴：

　　文电传来，哀悼无已。国本飘摇，元勋遽丧，悲痛奚极。尚祈节哀保重。谨此电唁。两广旅苏学会叩。

　　　　（《哀思录》第二编卷二"吊唁函电"（丙）代电，第5页）

崇明崇民报馆唁电

北京铁狮子胡同孙公治丧事务所公鉴：

　　国基未巩，元勋先殒，长城顿失，薄海同悲，哀悼不尽，谨此电唁。崇明崇民报馆同人叩。

　　　　（《哀思录》第二编卷二"吊唁函电"（丙）代电，第6页）

泗阳县追悼孙中山先生大会筹备处唁电

哲生先生钧鉴：

　　国父逝世，中外悲痛。敝县理宜早日开会追悼，嗣因地方政变，未克即时举行，抱恨殊深。兹择定五月四日开追悼大会，以志哀思。特先电唁。此后同人惟遵遗嘱继志，并希先生节哀顺变，提携竟功，不胜默祷。泗阳县追悼孙中山先生大会筹备处启。

　　　　（《哀思录》第二编卷二"吊唁函电"（丙）代电，第6页）

蒲圻中学唁函

敬启者：顷得贵处通电孙中山先生于本月十二日上午九时逝世，批阅之下，惊悼殊深。孙先生手创共和，功在民国，凡属血气之伦，同戴生成之德。方冀统一告成，群享和平之福利，何期哲人其萎，顿失亿兆之瞻依。敝校全体员生素切仰望，于生前奉诵病榻遗嘱弥增悲痛，于死后人之云亡邦国殄瘁，燕云在望，有泪难禁。除定于孙先生大葬之日在校开会追悼并演说其生平历史与主义外，先此吊唁，伏乞鉴察。此致
孙公行辕秘书处
　　蒲圻中学校校长徐复初暨全体学生一百八十五人泣叩
　　（《哀思录》第二编卷二"吊唁函电"（甲）唁函，
第 3 页）

江西农学会唁函

孙前大总统行辕秘书处公鉴：
中山先生为民国元勋、革命领袖，经四十载之艰难困苦，心力交瘁。际兹国乱未平，正赖先生匡救，忽尔长逝，悲悼莫名。惟哲人虽萎，主义永存，此后吾辈青年应抱坚忍不拔之精神，为世界大同之奋斗，以承先生未竟之功，而尽后死应负之责，庶可安奠邦基，藉以仰慰在天之灵。临颖不胜痛切之至。
肃此，敬请
钧安
　　　　　　　　　　　　　　　　江西农学会启
　　（《哀思录》第二编卷二"吊唁函电"（甲）唁函，
第 3 页）

江西省九江美以美会男女学校医院唁电

北京铁狮子胡同孙公治丧事务所转宋夫人暨哲生先生礼鉴：

惊闻噩耗，悲感奚如。嗟国父之遽殒，复相勉以追承。除在浔举行追悼外，谨此驰唁，并祈为国节哀。江西九江美以美会男女学校、医院同叩。

（《哀思录》第二编卷二"吊唁函电"（丙）代电，第 12 页）

江西省立第三师范学校唁电

北京铁狮子胡同孙公行辕鉴：

元勋遽殒，悲痛殊深。除哀唁外，当谨遵遗训，为国努力。江西省立第三师范学校教职员、学生全体同泣叩。

（《哀思录》第二编卷二"吊唁函电"（丙）代电，第 12 页）

江西广丰怀午学校唁电

孙哲生先生鉴：

骇悉中山先生逝世，曷胜哀悼。国乱未平，遽逝元勋，临风电唁，务祈节哀。江西广丰怀午学校叩。

（《哀思录》第二编卷二"吊唁函电"（乙）唁电，第 18 页）

芜湖中华联合会唁电

孙公行辕：

　　阅电惊悉中山先生逝世，先觉云亡，不胜哀悼。芜湖中华联合会。

　　　　（《哀思录》第二编卷二"吊唁函电"（乙）唁电，

　　第17页）

安徽省立第二农校唁电

铁狮子胡同孙公治丧事务所诸君鉴：

　　昊天不吊，丧我国父，完成伟绩，责在后死。吾人誓守遗箴，为国努力。特此电唁。安徽省立第二农校职教员、学生全体公叩。

　　　　（《哀思录》第二编卷二"吊唁函电"（乙）唁电，

　　第17页）

全国和平统一协进会武汉分会唁函

　　敬启者：顷阅报载，惊悉前大总统孙公中山先生染疴京师，忽尔仙逝，骤聆噩耗，悲恸良殷。人之云亡，邦国殄瘁，众民托命，凭借何人，万里神州不几斯而见陆沉乎？顾孙公已矣，国事尤纷，每念前途，不寒而慄〔慄〕。然幸有哲嗣，幸有党纲，盼诸君为国为民继续奋斗，于全国人民所期之和平统一，务请协助实施，果能万众一心，无难致中华民国于升平之域。如此则孙公在天之灵甚安，虽死与未死等。敝会为国恸恤元勋，除就近已加入汉口孙公追悼会外，相应函达贵理丧处，请烦查照为荷。希乞转恳孙公阖府节哀，敬备后事，不胜祷盼。

此致

贵理丧处主任鉴

全国和平统一协进会武汉分会谨启

（《哀思录》第二编卷二"吊唁函电"（甲）唁函，

第3页）

孙大元帅追悼会石门筹备处唁电

孙公治丧事务所、上海法界环龙路四十四号中央、国民党上海执行部、广东中国国民党中央执行部均鉴：

伏念孙大元帅再造山河，缔搆民国，顺时推挹，终建共和。明洪武之驱除胡元，华盛顿之肇造美国，归德与能方斯未有五权三民厥规宏大，阅岁逾纪不暇倦勤。洎兹陟方励治，遽骇升遐，四海为之心崩，万国戚焉。衔恤石门下邑，丁兹国衰，允罹荼苦，百姓哀伤，三军饮泣。因定于四月八日为军警界追悼期，九日为政学界追悼期，十日为农、工、商各界追悼期。电抒悲唁，毋任蹩踊。谨以奉闻，诸希亮察。孙大元帅追悼会石门筹备处叩。印。

（《哀思录》第二编卷二"吊唁函电"（乙）唁电，

第13页）

湖南铅印活版工会唁电

北京汪精卫先生转国民党：

孙公不起，民族革命遽失导师，哀痛曷极。敝会同人除停工一日并发起追悼外，特此电唁。湖南铅印活版工会。

（《哀思录》第二编卷二"吊唁函电"（丙）代电，

第9页）

长沙湘江学校学生会唁电

北京孙前临时大总统治丧事务所汪精卫先生转贵党中央执行委员会鉴：

孙中山先生在京逝世，噩耗传来，敝校学生同人万分悲痛。孙公为中华民国之创造者，为东方被压迫民族之救星。贵党为中国被压迫民众革命之领导，哲人虽萎，主义尚存，务望贵党团结内部，俾革命早日成功。尤仰遵照孙公遗嘱继续努力，以求其贯彻，于最近期间促开国民会议及废除不平等条约。同人等除即时开哀悼孙公大会外，另行组织湘江学校追悼革命领袖孙中山先生筹办会，现已成立，准备赴各市镇宣传关于孙先生一生事业，尤注意中国现在被压迫之一般人民非团结起来革命不可。想贵所贵部关于此类刊物印刷必多，伏恳各检一千分即付寄长沙湘江学校，以凭分途宣传，不胜企盼之至。长沙湘江学校学生会启。

（《哀思录》第二编卷二"吊唁函电"（丙）代电，

第9页）

浏阳追悼孙中山筹备处唁电

北京中央公园孙公治丧事务所转孙哲生先生礼鉴：

天祸中华，夺我国父，友邦敬吊，薄海同悲。伏念前大总统降神名世，濡迹匡时，继圣域贤观之传，独标博爱；结帝缔皇煌之局，改制共和；创五权之宪法，宣三民之主义，其命维新。大业未竟，跃金在冶，每百炼而弥坚，俟河之清，信九京而可作。尚希先生顺变节哀，继志述事，是所企祷。敝县定于四月十三号谨举行追悼大会，仰止先觉牖民之怀，益凛匹夫后死之责。临风寄泪，谨唁电闻。浏阳全体追悼孙公筹备处叩。

（《哀思录》第二编卷二"吊唁函电"（丙）代电，

第9页）

湖南教会学校退学学生联合会唁电

北京孙公行辕汪精卫先生大鉴：

接京信，惊悉中山先生于本月十二日早九时三十分在京逝世。窃思中山先生缔造共和，功成民国，栉风沐雨，历尽艰辛。值此国本飘摇强邻侵略之秋，正仰中山国父挽救危亡，何昊天不吊，亡此哲人，噩耗传来，薄海同悲。敝会除派旅京退学学生周世文、刘启伦等十人于二十六日赴中央公园灵前吊唁，并送上挽联一幅以伸哀忱。湖南教会学校退学学生联合会叩。

（《哀思录》第二编卷二"吊唁函电"（丙）代电，第 9 页）

万县悼念孙中山大会唁电

上海环龙路四十四号转孙夫人暨孙哲生先生鉴：

国事方艰，国父云亡，凡有血气，莫不悲恸。万县国民除于噩耗传来之日下半旗纪哀外，复于元日开会追悼，与祭者万余人。当以国父主义及精神宣告大众，并约继续奋斗以竟国父未竟之志。希顺变节哀，指导群众，共底于成。万县悼孙大会谨叩。

（《哀思录》第二编卷二"吊唁函电"（丙）代电，第 11 页）

江浙旅川同乡会唁电

汪精卫先生公鉴：

报载孙公中山为国积劳，肝疾不治，竟于三月十二日在京逝世。噩耗传来，无异天缺地裂，震悼亡魂，泪若泉涌。长城崩坏，楷模失瞻，四万万人放声极恸。尤望先生继公志业，努力前驱，务使三民主义、五权宪法见诸事实，慰公于九泉之下。江浙旅川同乡会叩。

（《哀思录》第二编卷二"吊唁函电"（乙）唁电，第16页）

厦门大学唁电

孙中山夫人鉴：

惊闻孙公噩耗，同深哀悼，谨此电唁。厦门大学校长林文庆暨教职员学生全体叩。

（《哀思录》第二编卷二"吊唁函电"（乙）唁电，第14页）

福建学生联合会唁电

国民党中央执行会哀鉴：

国父逝世，哀悼不胜，谨此吊唁。福建学生联合会叩。

（《哀思录》第二编卷二"吊唁函电"（乙）唁电，第14页）

桂林工会唁电

北京孙前总统行辕孙哲生先生鉴：

尊公手造民国，事业勋名河山并寿。发展民生主义保障劳工，尤为我工界造福。兹闻薨逝，哀悼殊深。望先生为国节哀，继尊公而奋起。专电奉唁，不尽拳拳。桂林工会叩。

（《哀思录》第二编卷二"吊唁函电"（丙）代电，
第7页）

广西容县追悼孙中山筹备会唁电

急。上海孙大元帅治丧处鉴：

孙公手创民国，始终以导扬民治为职志，突薨逝于北京，噩耗传来，国人同深悲悼。敝邑各界人士定于五月七日开追悼大会。孙公精神不死，大义常昭。谨掬哀忱，敬以奉唁。广西容县追悼筹备会叩。

（《哀思录》第二编卷二"吊唁函电"（丙）代电，
第7页）

民中俱乐部唁函

敬启者：敝部同人闻总理哀耗，悲痛异常。窃念总理创造中华民国，为人民谋福利，历四十年如一日，其艰苦卓绝之精神及伟大之政绩诚冠万古而绝出。惟是妖氛未净，革命之障碍仍多，乃遽尔弃吾侪仙逝，致吾侪顿失导师。昊天不吊，其何有极。今后惟有本我总理未竟之志勇往奋斗，期最后之成功，以慰总理之灵而已。特敬派代表邱德明、王士荣、赵观白、杨信孚匍匐吊唁前来以表哀忱，祈导至灵几行礼为祷。

此上

孙行辕治丧办公处公鉴

民中俱乐部全体同志敬启

（《哀思录》第二编卷二"吊唁函电"（甲）唁函，
第2页）

琼岛魂社唁函

逐启者：敝社同人昨闻国父中山先生作古，惊惶哀悼，莫可言宣。当此列强环伺国基未定之际，而先生竟溘然长逝，凡属国民，无不涕泪。敝社同人于哀悼之余，特派莫君同荣、王君运隆前来吊唁，藉申哀悯。

此致

孙先生秘书处钧鉴

琼岛魂社谨启

（《哀思录》第二编卷二"吊唁函电"（甲）唁函，第6页）

留日爱知医科大学同学会、中华民国侨日名古屋共济会唁电

北京铁狮子胡同孙中山先生治丧事务所诸君均鉴：

国难未已，导师遽殒，同人留居海外，倍胜哀痛。惟冀国民恪遵遗训，努力奋斗，以慰英灵而已。除开会追悼外，谨此电唁。留日爱知医科大学同学会、中华民国侨日名古屋共济会。

（《哀思录》第二编卷二"吊唁函电"（丙）代电，第14页）

美国萎仑埠中华会馆唁电

孙夫人、哲生先生：

孙公逝世，全侨哀悼。请为国节哀。美国萎仑埠中华会馆阮汉

年暨全体叩。

（以上 San Francisco）

（《哀思录》第二编卷二"吊唁函电"（乙）唁电，
第 24 页）

普提海青年会唁电

孙科先生鉴：

噩电传来，孙公逝世，国基未固，先哲殒亡，薄海哀音，痛悼
何已，用电吊唁。普提海青年会。

（以上 Seattle W. N.）

（《哀思录》第二编卷二"吊唁函电"（乙）唁电，
第 24 页）

美洲同盟会俱乐部唁电

孙哲生兄鉴：

总理薨逝，薄海同哀，即日追悼，肃电唁慰，伏乞节哀珍重。
美洲同盟会俱乐部同人叩。

（《哀思录》第二编卷二"吊唁函电"（乙）唁电，
第 3 页）

旅英华人唁电

孙夫人暨哲生先生鉴：

孙公逝世，海外同哀。同人敬于十二日在使馆开会追悼并接纳外

宾，冀慰英灵。谨电奉唁，希却节哀，为国珍重。旅英全体华人叩。

（以上 Manana）

（《哀思录》第二编卷二"吊唁函电"（乙）唁电，第22页）

墨国酒湾拿华侨团体唁电

孙夫人暨哲生先生鉴：

接孙公逝世噩耗，怅悼靡已。请节哀绍志。墨国酒湾拿华侨团体会叩。

（以上 San Francisco）

（《哀思录》第二编卷二"吊唁函电"（乙）唁电，第23页）

南墨西哥华侨唁电

惊悉孙公逝世，侨极悲伤。望同志努力，以竟孙公未竟之志。南墨西哥全体华侨叩。

（《哀思录》第二编卷二"吊唁函电"（乙）唁电，第21页）

墨国未市卡利香山会馆、香侨阅书报社唁电

孙夫人暨哲生兄鉴：

惊悉孙公弃世，本邑同人哀悼实深，望为国珍摄。墨国未市卡利香山会馆、香侨阅书报社同叩。

（以上 Calexicocal）

（《哀思录》第二编卷二"吊唁函电"（乙）唁电，
第 22 页）

驻墨香侨阅书报社唁函

孙夫人暨哲生兄鉴：

接沪、粤电，痛悉孙公中山逝世，同人哀悼殊深。惟念孙公创
造共和，功在民国，名垂竹帛，原无可憾。但民国在飘摇之中，孙
公之主义未能实现，殊为大大不幸。望节哀顺变，为国珍重。临书
神驰，不尽所言，即请

礼安，洞鉴

驻墨香侨阅书报社社长高我志暨同人敬启

（《哀思录》第二编卷二"吊唁函电"（甲）唁函，
第 4 页）

利文图书馆等唁电

总理仙逝，普天同悲。谨电奉唁。利文图书馆暨国民党支部叩。
（以上南洋）

（《哀思录》第二编卷二"吊唁函电"（乙）唁电，
第 25 页）

威新学校唁电

天丧国父，薄海同怅。维新学校。

（以上南洋）

（《哀思录》第二编卷二"吊唁函电"（乙）唁电，第 25 页）

Tungyan 俱乐部唁电

孙哲生先生鉴：

尊公仙逝，瀛海同悲。谨电驰唁，尚祈节哀。Tungyan 俱乐部。

（以上新加坡）

（《哀思录》第二编卷二"吊唁函电"（乙）唁电，第 26 页）

菲律宾福联和布商会唁电

昊天不佑，丧我元勋，惊耗传来，侨界悲痛。谨订养日联合开大会追悼。特电奉唁。菲利滨褔联和布商会。

（以上 Philipine）

（《哀思录》第二编卷二"吊唁函电"（乙）唁电，第 23 页）

菲律宾中华总商会唁电

孙夫人鉴：昊天不吊，丧我元勋，噩耗传来，侨众震恸。谨订养日开大会追悼。特电奉唁。斐律滨中华总商会。

（以上 Philipine）

（《哀思录》第二编卷二"吊唁函电"（乙）唁电，第23页）

Padangsumatra 书报社唁电

元帅宾天，中外同悲，后事方艰，节哀为祷。书报社。

（以上 Padangsumatra）

（《哀思录》第二编卷二"吊唁函电"（乙）唁电，第23页）

邦嘉滨港华侨唁电

哲生君转孙公灵前：

公辞尘世，中外同悲，侨等远隔，弗克亲奠，谨此电吊。邦嘉滨港华侨全体叩。

（以上 Pangkalpinang）

（《哀思录》第二编卷二"吊唁函电"（乙）唁电，第23页）

温地辟警魂社唁电

孙哲生先生鉴：

闻孙公噩耗，无限怆痛。望为国珍摄。温地辟警魂社。

（以上温地辟）

（《哀思录》第二编卷二"吊唁函电"（乙）唁电，第25页）

南洋浮罗交诒埠华侨追悼孙中山筹备处唁函

孙夫人暨哲生先生哀鉴：

痛闻孙中山先生在京逝世，同人不胜感慨。先生毕世勤劳为民为国，今竟长逝矣，此实吾中华民国之不幸，抑亦国民之不幸也。惟先生虽死，主义犹存，务望节哀顺变，为国珍重，以竟先生未竟之志。

谨函驰唁，藉表哀忱。

南洋浮罗交诒埠华侨追悼孙公筹备处谨叩

（《哀思录》第二编卷二"吊唁函电"（甲）唁函，第4页）

南洋西拉马华人唁电

前大总统孙公遽尔崩殂，曷胜哀悼。敬此奉唁。南洋西拉马华人谨上。

（以上 Selama）

（《哀思录》第二编卷二"吊唁函电"（乙）唁电，第28页）

爪哇中华公团唁电

孙前大总统治丧处鉴：

吾侪痛失元勋，至深哀悼。爪哇中华公团。

（以上 Cheribon）

（《哀思录》第二编卷二"吊唁函电"（乙）唁电，第27页）

爪哇 Malang 中华公会唁电

孙宋夫人鉴：

国丧元良，无任哀痛。爪哇 Malang 中华公会叩。

（以上 Malang）

（《哀思录》第二编卷二"吊唁函电"（乙）唁电，第 27 页）

吉兰丹科打答鲁青年社唁函

北京孙公治丧处鉴：

上月接星嘉坡报馆来电，惊悉我国父孙公中山薨逝京华，云燕引颈，悲恸靡穷。现同人等除联合同侨开会哀悼外，此后誓当继志慰我先灵。谨此吊唁，藉表哀忱。

吉兰丹科打答鲁青年社叩

（《哀思录》第二编卷二"吊唁函电"（甲）唁函，第 4 页）

马六甲琼侨公立华南学校唁电

孙公办丧处孙哲生先生鉴：

惊悉孙公逝世。国父遽殂，薄海同悲。但孙公虽死，主义犹存，伏望节哀顺变，为国珍重。谨电嘱陈君代表代备生刍并唁素履。马大甲琼侨公立华南学校哀叩。

（以上 Malacca）

（《哀思录》第二编卷二"吊唁函电"（乙）唁电，第 22 页）

马六甲华侨唁电

北京孙府：

噩耗传来，群众泪垂。麻拉甲华侨。

（以上 Malacca）

（《哀思录》第二编卷二"吊唁函电"（乙）唁电，第 22 页）

曼谷追悼孙中山大会唁电

孙公殉国，阖埠凄然。乞少节哀痛，以国事为重。追悼孙公大会。

（以上 Bangkok）

（《哀思录》第二编卷二"吊唁函电"（乙）唁电，第 21 页）

应城书报社、《光华日报》、明新社唁电

孙公弃世，侨界同悲，谨此电唁。应城书报社、《光华日报》、明新社同叩。

（以上 Penang）

（《哀思录》第二编卷二"吊唁函电"（乙）唁电，第 23 页）

中华会馆、中华书报社唁函

哲生先生：

令尊噩耗传来，侨民万分惋惜，现已订本四月二十六日开追悼大会，表哀忱而留纪念。届时当将内容一切报告总机关存档并登报章，俾垂久远。除筱日特电北京吊唁外，再行函达钧座，伏乞节哀顺变，继续前勋，竟统一之宏业，尤无数侨民同深请愿者也。

专此，敬叩

礼安

中华会馆、中华书报社同启

（《哀思录》第二编卷二"吊唁函电"（甲）唁函，第 5 页）

维多利亚中华会馆唁电

孙先生治丧办事处鉴：

痛闻孙公噩耗，同悲。谨此奉唁。维多利亚中华会馆。

（以上 Victoria）

（《哀思录》第二编卷二"吊唁函电"（乙）唁电，第 24 页）

南非洲乔亨乃司堡广东同乡会唁电

北京外交部转孙宋夫人及家属鉴：

噩耗传来，不胜哀悼，谨此吊唁。南非洲乔亨乃司堡广东同乡会。

（以上 Johannasburg）

（《哀思录》第二编卷二"吊唁函电"（乙）唁电，第 28 页）

Sungeisiput 华侨公会唁电

孙宋夫人暨孙中山先生治丧处鉴：

　　第一任临时大总统薨逝，无任悲感。谨与诸君共表哀思。
Sungeisiput 华侨公会。

　　（以上 Sungeisiput）

　　　　（《哀思录》第二编卷二"吊唁函电"（乙）唁电，
第 27 页）

苏联驻粤领事唁电

孙公治丧处鉴：

　　乞向孙公眷属代苏俄侨粤民众之深切哀悼。苏俄驻粤领事。

　　（以上沙面）

　　　　（《哀思录》第二编卷二"吊唁函电"（乙）唁电，
第 26 页）

国际妇女书记部唁电

　　（莫思科三月十八日华俄电）锡琴女士代表国际妇女书记部电慰
孙逸仙夫人宋女士：中国国民争民族自由之群众领袖孙逸仙逝世，全
世界共产革命妇女对之深为哀痛。孙逸仙促中国群众与吾侪共同之死
敌（世界帝国主义）奋斗，促彼侵略奴役之各国群众与既得自由之苏
联工人农民为革命的团结，乃世界共产革命妇女所永世难忘者。中国
男女国民皆应使其哀痛浸溶于革命轰争之准备中，节哀止泪，共呼前进。

　　　　（《哀思录》第二编卷二"吊唁函电"（乙）唁电，
第 25 页）

奥斯比克政府唁电

[塔斯干（土耳其斯坦）三月十六日华俄电] 奥斯比克（Ozbek）苏维埃国政府致电国民党，对于中国民族独立革命领袖孙逸仙之逝世向中国群众及国民党表示深切之同情与哀悼。并称：奥斯比克劳动群众不时皆注意中国国民对帝国主义之奋斗，深知中国国民因其领袖之死所受之损失甚大。中华民族为民族之自由独立而战，为反抗资本国家帝国主义阴谋而战，使东方被压迫民族及全世界为自由独立而战争之各国皆对中国深切同情。奥斯比克对于中国民族之奋斗亦深具同情，并愿与中国为友爱之团结。奥斯比克政府深信国民党及中国群众必循孙逸仙所示之途径前进，而在民族独立之战争中取得胜利。

（《哀思录》第二编卷二"吊唁函电"（乙）唁电，第 25 页）

意大利国会共产党议员唁电

义大利国会共产党议员闻中山先生噩耗，甚为痛悼，特致哀唁。（以上 Rome）

（《哀思录》第二编卷二"吊唁函电"（乙）唁电，第 28 页）

朝日新闻社唁电

中华民国革命之元勋孙文先生逝去，谨此吊唁。朝日新闻社。（以上日本）

（《哀思录》第二编卷二"吊唁函电"（乙）唁电，第 30 页）

全亚细亚协会唁电

全亚细亚协会为东亚敬哭孙中山先生之薨去。

（以上日本）

（《哀思录》第二编卷二"吊唁函电"（乙）唁电，第29页）

东京朝鲜人协会唁电

东京朝鲜人协会敬伸哀悼之忱。

（以上日本）

（《哀思录》第二编卷二"吊唁函电"（乙）唁电，第30页）

大韩民国临时政府唁电

孙公治丧所：

元良遽逝，普天痛悼。大韩民国临时政府。

（《哀思录》第二编卷二"吊唁函电"（乙）唁电，第9页）

大韩革命党临时代表李天民、李社隐等唁函

精卫、哲生、稚晖、石曾诸位先生均鉴：

敬惟诸位先生谋人民自由奋斗，四十多秋如一日，至今革命之目的未达，遽遭中山先生逝世，哀痛何似，伤心何似。然中山先生

逝而中山先生主义不逝，应由诸位先生之热诚而重为之倡明矣。伏恳诸位先生强加宽抑，节哀省悲，努力前途，到达目的，岂非东亚幸甚，世界幸甚耶。仆等负有亡国罪过，可怜讨活常在暗无天日之中，惟以革命方面作我等活路，是不易之事实也。今不幸遭革命导师中山先生之逝世，在强权、公敌虽云万幸，于吾等则实如丧考妣也。噩耗传来之时，奔赴行馆致吊，再赴协和医院，移灵时随绋到殿，今又代表诸同人之区区微忱，仅具挽联祭文拜吊灵前。除表万一之同情外，并冀诸位先生恢复健康。

> 大韩革命党临时代表李天民、李社隐、
> 赵世忠、张如、延秉昊等同叩
>
> （《哀思录》第二编卷二"吊唁函电"（甲）唁函，
> 第 5 页）

韩国青年同盟会唁电

北京铁狮子胡同汪精卫先生并转中国国民党诸位公鉴：

中山先生手创中华民国，力主民族平等，为中国革命领袖，为东亚被压迫民族之良师。同人等平日钦慕先生之人格，赞仰先生之主义，并切藉倚重望。此次不幸遽然长逝，噩耗传来，曷胜痛悼。谨此奉吊，并祷诸位节哀奋励，贯彻先生之主张，则东亚革命幸甚。韩国青年同盟会敬唁。

> （《哀思录》第二编卷二"吊唁函电"（丙）代电，
> 第 14 页）

韩国天道教北京宗种院唁函

孙中山先生治丧处鉴：

敬启者：敝教会闻中山先生逝世噩耗，惊悼之至，另具祭文委派本院宗理师姜九禹、崔东晔等二人谨表吊意。谨此奉闻，并希鉴核接洽，无任感激。

布德六十六年三月二十三日
韩国天道教北京宗种院启

（《哀思录》第二编卷二"吊唁函电"（甲）唁函，第 5 页）

常德广德医院安健、靳经纬唁电

汪精卫先生鉴：

总理手创民国，功高万世。噩耗传来，天地黯淡，日月无光，凡我国民，莫不同声痛哭。健等追随有年，尤深悲悼。我同志协德合力，继志前进，使三民主义现诸实行，国人得享共和之福，此即所以报总理也。惟是提纲挈要，端赖前达，望先生暨各同志出而负责，健等当尽其力之所能，以随诸公之后。临电不胜悲泣之至。安健、靳经纬叩自常德广德医院。印。

（《哀思录》第二编卷二"吊唁函电"（乙）唁电，第 13 页）

白逾桓唁电

孙哲生兄鉴：

尊翁仙逝，薄海同哀。桓旬从患难，尤深悲痛。惟世变方殷，后世有责，尚希节哀，勉继先志。白逾桓电。

（《哀思录》第二编卷二"吊唁函电"（乙）唁电，第 10 页）

陈少白唁函

哲生兄鉴：

来函领悉。愚于尊翁丧事未能随诸执事奔走分劳，疏慢之咎辄用惭恧。愚与尊翁以旨趣相合相交近四十年，闻耗远来，趱程万里，侨寓月余，藉谋一面，以相永别，乃系为交谊所驱遣，以求此心之安。今人已物化，身后种种不过仪式的、对外的、做作的，与本人无若何关系。惟愿兄等本哀戚之至情，循温恭之大道，敬谨将事，以悦吊者，而增尊翁之光荣，愚亦与有荣施。

专此

敬复，并问

孝履

少白拜启

（《哀思录》第二编卷二"吊唁函电"（甲）唁函，第7页）

陈树人唁函

哲生尊兄哀鉴：

顷得噩耗，惊悉先生薨逝。天胡此醉，歼我元良，吾民何辜，遽丧国父。凡有血气，莫不悲恸，矧在骨肉，痛悼可知。惟先生虽逝，主义长存，继志继事，责在没死。尚祈兄节哀顺变，毋过毁伤，能完先生未竟之功，即所以成吾兄至孝之道矣。

肃此

奉唁，伏维

为国自重

弟陈树人拜

（《哀思录》第二编卷二"吊唁函电"（甲）唁函，第6页）

陈清虎唁函

上海国民党正总理并诸同志均鉴：

敝埠近接本党总理孙大元帅噩耗传来，凄怆曷胜，难以言喻，于三月十八日在敝校开会追悼以志哀忱。

谨此，并请

公安

弟陈清虎上

（《哀思录》第二编卷二"吊唁函电"（甲）唁函，第4页）

国民党员陈浩波、张鸿杰等唁电

北京孙公治丧事务所哲生君鉴：

人之云亡，邦家殄瘁。痛矣。然克武厥志淬砺以图，则中山先生之精神永生于天地之间。公先生之哲嗣也，望节蓼莪三复之哀，鼓司隶继为之志，则岂独吾党幸甚。国民党员陈浩波、张鸿杰、方鸿声、张受和、夏次石、严秉钧、徐子春、沈耀山、张夏铭、牟式如、许昭卿、徐道成、潘祖安、周之岐、徐文溶、余卿、徐道南、徐志培同叩。

（《哀思录》第二编卷二"吊唁函电"（丙）代电，第17页）

琼崖陈继虞唁电

孙夫人、孙哲生先生鉴：

噩耗传来，普天同悼，然先大元帅精神主义万载永存，伏乞顺变节哀，为国珍重。谨唁。琼崖陈继虞哀叩。

（《哀思录》第二编卷二"吊唁函电"（乙）唁电，第5页）

陈煊唁电

孙夫人、哲生兄鉴：

先生逝世，普天同悲，夙昔追随，尤深痛悼。伏望顺变节哀，遵嘱继志。临电饮泣，不知所云。陈煊叩。

（《哀思录》第二编卷二"吊唁函电"（乙）唁电，第3页）

陈其瑗唁电

孙科先生并呈夫人鉴：

总理长逝，卧病院中，闻兹哀耗，欲哭无泪，病躬牵率，未能视殓，抱恨何极。总理虽死，主义常存。愿夫人、哲兄节哀顺变，完成未竟之志，孱躯可痊，执鞭相从。陈其瑗叩。

（《哀思录》第二编卷二"吊唁函电"（乙）唁电，第3页）

陈其业、陈其采等唁电

孙公治丧事务所诸先生：

国父崩殂，群众震悼，努力继志，责属后死。特电奉唁，并祈转请孙公家属节哀，无任跂祷。陈其业、其采、祖焘、祖华、祖龢同叩。

　　（《哀思录》第二编卷二"吊唁函电"（乙）唁电，第 10 页）

陈世光唁电

哲生先生鉴：

　　尊公逝世，群众同悲。谨唁。陈世光。

　　（《哀思录》第二编卷二"吊唁函电"（乙）唁电，第 9 页）

辰组唁电

孙外交部转孙科兄鉴：

　　闻先生弃世，悲悼莫名。国难未已，遽失元猷，尚乞节哀，勉承遗志。辰组。①

　　（以上 Berlin）

　　（《哀思录》第二编卷二"吊唁函电"（乙）唁电，第 22 页）

崔桂芳唁电

孙夫人、哲生兄哀鉴：

---

① 疑为魏宸组（1885～1942），同盟会会员，1912 年任南京临时政府外交部秘书长，1921 年 7 月任驻德公使。——编者

元首崩殂，普天同悼。伏乞节哀顺变，勉继先志。谨电驰唁。崔桂芳叩。

> （《哀思录》第二编卷二"吊唁函电"（乙）唁电，
> 第6页）

范石生、李宗黄唁电

哲生兄鉴：

惊闻帅座薨逝，悲痛万端，特电奉唁，仍祈为国节哀。范石生、李宗黄叩。

> （《哀思录》第二编卷二"吊唁函电"（乙）唁电，
> 第1页）

傅秉常唁电

孙夫人鉴：

闻报痛悉大元帅薨逝，殊深哀悼。谨电慰唁，乞节忧思。傅秉常。

> （《哀思录》第二编卷二"吊唁函电"（乙）唁电，
> 第1页）

范源廉①唁函

敬启者：阅党报悉中山先生逝世，殊深悲悼，刻以病居津门，

---

① 疑为范源濂（1876～1927），湖南湘阳人，曾任北洋政府教育总长等职。——编者

不获入都诣奠，谨驰函致唁，乞转达孙公家属为感。

此上孙公治丧处公鉴。

范源廉［濂］拜启

（《哀思录》第二编卷二"吊唁函电"（甲）唁函，第6页）

关芸笄唁电

孙哲生兄礼祺：

天祸中国，一老不憖，匪伊私谊，薄海茹痛，绝续存亡，责任綦重，勉抑哀思，仔肩大任。关芸笄敬唁。

（《哀思录》第二编卷二"吊唁函电"（乙）唁电，第10页）

关宝梁、刘明生等唁电

北京国民党鉴：

昊天不吊，丧我元勋，弥深悲痛，然我辈誓死遵总理主义，力行不渝。关宝梁、刘明生等泣叩。

（以上力卡那古亚埠）

（《哀思录》第二编卷二"吊唁函电"（乙）唁电，第25页）

四川省议会国民党议员郭崇渠、杨仔耘等唁电

汪精卫先生转国民党本部同志诸兄鉴：

先生逝世，薄海同悲，噩耗传来，怆怀靡极。窃念先生以天纵之奇姿为人类之先觉，矢革新之志愿，阐民治之精神，此日革命派中尊为鼻祖，他年哲学史上特炫殊光。反正以前君权之专制，共和艰建，与军阀相周旋，创知难行易之教程，垂三民五权为政典，几在运百折不回，积三十余载之辛勤，为四百兆人谋福利。先生之功愈伟，先生之志益坚，先生之心力斯交瘁矣。前以执政邀商国是，先生税驾都门，国人之跂望方殷，先生乃溘然长逝。彼苍苍者殆不欲完成我民国之功业，何夺我先生之速也。呜呼！国步多艰，昊天不吊，哲人其萎，大厦将倾，急起直追，责在吾党，前瞻后顾，宁让当仁。诸兄皆心先生之心、志先生之志者，知当提纲挈领，用竟全功。敝会同志不揣绵薄，谨当戮力一心，从事奋斗。尚希不遗在远，时锡南针，俾先生平昔主张得以贯彻实现，先生虽死之日犹生之年，吾党之荣，民国之幸。谨布愚忱，伏维垂察。四川省议会同志弟郭崇渠、杨仔耘、傅天欣、刘普生等叩泣。

（《哀思录》第二编卷二"吊唁函电"（乙）唁电，第 16 页）

何伯祥等唁电

孙夫人鉴：

总理云亡，哀痛靡极。伏望节哀，为国珍重。何伯祥率全体党员哀叩。

（以上 Panama）

（《哀思录》第二编卷二"吊唁函电"（乙）唁电，第 23 页）

何东唁电

孙哲生先生鉴：

哀唁。何东。

（以上香港）

（《哀思录》第二编卷二"吊唁函电"（乙）唁电，第 26 页）

何世桢、何葆仁等唁函

哲生先生礼鉴：

国步方艰，总理遽逝，世界失唯一之英雄，民众失唯一之先决，同志失唯一之导师，愁塞江云，泪添海水，何待言。惟吾侪尤抱憾怀睹无穷者，总理讣病而未及省视，易箦而未及面诀，忝为党员，因风凭吊，抚衷自问，积疚实深。然总理之主义与精神已磅礴于大地，从此努力孟晋绍述而光大之，谨遵遗训以图革命成功，后死者皆与有责焉。先生于国忧党忧之外益以家忧，悲悼当较吾侪为甚，是用掬忱致唁，并希继承先志，勉节哀思。

何世桢、何葆仁、何世枚、孙镜亚、
郎醒石、郭任远、刘芦隐同启

（《哀思录》第二编卷二"吊唁函电"（甲）唁函，第 6 页）

黄展云唁函

哲生吾兄大鉴：

惊闻中山先生崩逝，天祸中国，夺我圣智，盍胜哀痛。展云穷海羁身，未克奔入都门襄助丧事，抱歉何如。窃念先生赍志长逝，留其事业以遗后人，大兄继志述事，将来报答先人之日正长，此时仍宜节毁成礼，为亲珍重为祷。

　　肃此敬布，唯希

亮鉴不宣

弟黄展云顿首

　　（《哀思录》第二编卷二"吊唁函电"（甲）唁函，

第 8 页）

黄升唁函

哲生兄鉴：

　　令尊在行辕薨逝，噩耗忽来，同志者伤心泪下。昊天不吊，竟丧我国父，民党之不幸，世人所痛惜。此间宿务讣闻后即设灵坛，开丧挂孝，每晚遴员谋述令尊公之主义，至四月十二日开追悼大会以尽哀忱。兄负责远重，因时顺变，毋过哀毁。肃此，代劝太夫人节哀，慰彼在天之灵，孝子信徒心理同一。海天万里，抱病望唁。国父千古！并候

奠安

菲律滨宿务党员黄升

　　（《哀思录》第二编卷二"吊唁函电"（甲）唁函，

第 4~5 页）

黄桓唁电

孙行辕孙夫人、哲生兄鉴：

　　奉电惊悉薨逝，五内崩摧。痛念总理手造共和，大勋未竟，一

朝撒手，薄海同悲，为党为国，可胜伤痛。但三民主义长丽两间，总理虽殂，精神不死。万望节哀顺变，仍竟前功，庶慰在天之灵，勉伸述事之志。临电涕泣，不知所云。黄桓叩。

（《哀思录》第二编卷二"吊唁函电"（乙）唁电，

第 3 页）

香山黄冈镇喜善堂黄开基等唁电

孙夫人、哲生兄：

惊悉尊甫升遐，至悼。请节哀自重。香山黄冈镇喜善堂黄开基、二苏宣埠全体华侨、三葛伦分部同叩。

（以上 San Francisco）

（《哀思录》第二编卷二"吊唁函电"（乙）唁电，

第 24 页）

黄子聪唁电

孙夫人暨哲生兄鉴：

惊悉总理薨逝，五中崩裂。尚望顺变节哀，缵承先志，为国努力。谨电奉唁，伏维鉴察。黄子聪叩。

（《哀思录》第二编卷二"吊唁函电"（乙）唁电，

第 3 页）

黄芸苏唁电

孙哲生先生鉴：

噩耗传来，山崩海啸，怆悼之忱，笔难尽述。谨此驰唁，尚祈节哀。黄芸苏。

（以上香港）

（《哀思录》第二编卷二"吊唁函电"（乙）唁电，第 26 页）

国民党第四区党部宣传员胡霖唁电

孙夫人、哲生先生钧鉴：

闻总理逝世，同志均悲痛万分，如丧考妣。徒悲无益，誓遵遗嘱以促主义之实现。务望节哀珍重，以慰同志。临电不胜悲痛之至。中国国民党第四区党部宣传员胡霖。

（《哀思录》第二编卷二"吊唁函电"（丙）代电，第 18 页）

蒋光亮唁电

中山先生治丧事务处孙哲生兄鉴：

总理情殷，救国，抱恙入都，噩耗惊传，薄海哀恸。弟因目疾就医沪滨，稍痊当即驰诣首都，躬亲执绋，藉伸悲悯。谨先奉唁，希为国珍摄。蒋光亮。

（《哀思录》第二编卷二"吊唁函电"（乙）唁电，第 11 页）

古巴中华总会总理蒋修身唁电

汪精卫先生鉴：

孙公逝世，全侨哀悼，请代向孙府慰问。何日出殡，请即电覆。古巴中华总会总理蒋修凳。

（《哀思录》第二编卷二"吊唁函电"（乙）唁电，第22页）

廖朗如唁函

哲生我兄礼鉴：

奉读北京电传，惊悉总理于本月十二日上午九时三十分钟在行辕逝世，痛闻之下，薄海同哀。伏念总理为国民利益奋斗，积劳成疾，一旦长逝，凡属党员弥深悲恸。然继先生之志，责在吾党，尚望我兄节哀顺变，为国自爱为幸。

专此，敬候

礼帏

廖朗如

（《哀思录》第二编卷二"吊唁函电"（甲）唁函，第7页）

梁卫平唁函

孙夫人暨哲生兄哀鉴：

顷奉京电，惊悉总理痛于十二日上午九时逝世。溯天诞民国革命于兹十有四年，均赖总理提挈维持国祚于不泯，今一旦星殒，全党失瞻，泣血锤腔，五中崩裂。更憾吾躬不能侍恙奉汤，复不获凭棺执绋，如此无状，百死莫明。第大星虽坠，懿旨永存，万维节哀顺变，挽国持民以竟全功，共勖总理主义，本党同志实深翘盼之致［至］。

肃此，藉慰

哀悃

梁卫平　谨启

（《哀思录》第二编卷二"吊唁函电"（甲）唁函，第6页）

林介目、林祥唁电

孙夫人暨哲生兄哀鉴：

噩耗传来，惊悉先生逝世，同深悲痛。惟先生虽死，主义犹存，尚祈节哀顺变，为国珍重。临电涕泣，不知所云。林介目、林祥同叩。

（《哀思录》第二编卷二"吊唁函电"（乙）唁电，第5页）

林任予唁电

孙行辕孙哲生先生钧鉴：

噩耗传来，惊悉大元帅在京薨逝，丧我元首，哀悼曷已。伏念帅座民国元勋，寰宇钦敬，主义永存，吾党长在继承大业，发展有人。万乞节哀顺变，勉襄大事，千万珍爱。林任予叩。

（《哀思录》第二编卷二"吊唁函电"（乙）唁电，第3页）

国民党埃伦顿分部长林泽民等唁电

孙夫人、哲生兄礼鉴：

噩耗传来，哀悼至深。望节哀珍重。埃伦顿分部长林泽民等叩。

（以上埃仑顿）

（《哀思录》第二编卷二"吊唁函电"（乙）唁电，
第24页）

林信义唁电

孙哲生先生鉴：

遽失导师，至深痛悼。谨此奉唁，诸祈节哀。林信义。

（以上新加坡）

（《哀思录》第二编卷二"吊唁函电"（乙）唁电，
第26页）

林基唁电

孙夫人、孙哲生先生鉴：

总理逝世噩耗飞来，昼夜彷徨，哀痛无极。除持服外，谨守遗嘱，手持三民五权之光，为国为党努力奋斗。谨此电唁。林基泣叩。

（《哀思录》第二编卷二"吊唁函电"（丙）代电，
第15页）

林耀茂唁电

汪精卫先生鉴：

闻孙前总统薨逝京邸，并展读遗书，追溯先烈，崇拜元勋，凡属同胞，莫不同深悲悼。还祈我公转达哲生先生继志节哀，至为企祷。谨具唁词，藉表哀忱。林耀茂叩。

　　　　（《哀思录》第二编卷二"吊唁函电"（乙）唁电，

　　第 10 页）

吕超唁函

哲生兄大鉴：

　　前奉京电，惊悉尊甫中山先生溘然长逝，悲动全国。超二十年亲炙，抱痛尤深，奈为职守所牵，不获躬亲奠唁。除肃电致哀，一面集合同人在渝遥祭，并会同各方筹备追悼大会外，谨托同志陈宜三君赴京致奠，藉伸哀忱。窃念尊甫功在民族，中外咸钦，形骸虽萎，精神不灭。当兹国是未定，继志尤赖贤能，万祈吾兄顺变节哀，用光前烈。

　　专此致唁，并颂

礼安

　　　　　　　　　　　　　　　　　　　　弟吕超再拜

　　　　（《哀思录》第二编卷二"吊唁函电"（甲）唁函，

　　第 7 页）

建国北伐第三军第二旅旅长卢国杰唁电

广州国民党中央执行委员会暨北京铁狮子胡同孙夫人、哲生兄鉴：

　　总理薨逝，普天同悼，精神主义，千古常存。同人等谨遵遗嘱，誓整戎伍，奋斗完成。伏希勉节哀思，努力革命，以继其志。临电陨涕，掬泪驰唁。建国北伐第三军第二旅旅长卢国杰叩。

　　　　（《哀思录》第二编卷二"吊唁函电"（丙）代电，

　　第 15 页）

英德县党部筹备处组织员罗纬唁电

北京孙夫人暨哲生先生哀鉴：

英县僻陋，闻听较迟，噩耗传来，薄海同悲。革命尚未成功，后死自应努力以尽总理之志。尚希节哀顺变，为国珍重。此间党部谨于皓日举行哀典，并闻。英德县党部筹备处组织员罗纬叩。筱。印。

（《哀思录》第二编卷二"吊唁函电"（丙）代电，第2页）

罗德礼唁函

人之浮生犹如大梦，顷阅报章得悉尊大人仙逝，不胜浩叹。想阁下有失怙之惨，而国民转望呵护之灵，苫块中不宜哀毁灭身，过伤肺腑，而俾往者以不安也。万祈珍摄自爱，以体亲心而竟全功。临楮无任哽切，专此劝慰，谅之思之。顺候
台安，孙科先生赐鉴

罗德礼上

（《哀思录》第二编卷二"吊唁函电"（甲）唁函，第4页）

李禄超唁电

孙宋夫人暨哲生先生鉴：

噩耗传来，惊悉元勋遽殒，悲痛奚如。谨此奉唁，尚祈鉴察。李禄超。

（《哀思录》第二编卷二"吊唁函电"（乙）唁电，第26页）

李禄超唁函

哲生我兄大鉴：

　　昨接京电，惊知令尊公骑鲸之信使，弟诵电未卒而泪下涔涔也。因玉树而忆金兰，益抱巨卿之痛。人生泡幻，谁不其然。顾以令尊朗度冲襟，精神强固，此疾一捐，大年可卜，讵料关头分手即为永别期耶。况功业未成，哲人其萎，凡我同志，顿失泰山。超生平碌碌，无所短长，蒙尊公不弃，依附多年，青睐相加，无微不至，提之携之，视同犹子。从此徽音邈渺，流水无闻，追念畴昔，痛不欲生。吾兄谊笃天亲，膺此大故，抚手泽而伤怀，睹仪容而雪涕，至性所发，必有万难自已者。然此后之显扬方兴未艾，则有知之灵爽属望无穷。尚祈顺变节哀，体先人未了之心，尽人礼子继善之道，足慰幽明。伏惟珍重，临书含涕，不知所云。

　　专此，敬请
礼安

弟禄超谨启

　　（《哀思录》第二编卷二"吊唁函电"（甲）唁函，
第 7 页）

李其芳唁电

铁狮子胡同汪精卫先生、孙夫人哀鉴：

　　其芳奉召赴京诊视帅病，中途惊闻薨逝，痛悼罔极。现仍入京亲吊，执绋尽哀。李其芳叩。

　　（《哀思录》第二编卷二"吊唁函电"（乙）唁电，
第 11 页）

李睡仙唁函

哲生先生：

比传总理薨逝之讯，无论党与非党均同声一恸，况在吾侪。第念总理频年为民众利益与恶魔奋斗，在在均可以死，故以此言之，在目下恶势力犹在增长中，则总理之死亦意料中事耳。所望后死者能竟总理之志，则总理之精神与主义乃可不死，而在先生尤觉责无旁贷。故万祈于无可如何之中而能勉抑悲怀，尤当格外珍摄，以党国大计为前提，勿以总理已死而过哀，当亦如总理之具有伟大不灭之精神而奋斗，乃不负先生今日之地位，乃不愧为总理之肖子。因以总理之死于中国民族及吾党固蒙极大之损失，但此种损失惟有取偿于先生之能继志耳，则先生又安可不勉。因阅报悉先生哀毁过伤，殊非吾党与总理所以期望于先生者，睡仙忝在党末，乃不作寻常慰唁之词，而更进一言愚戆直之言，尚希谅之。

专此，并讯

孝履

李睡仙拜上

（《哀思录》第二编卷二"吊唁函电"（甲）唁函，第 7 页）

李绮庵唁电

孙哲生先生鉴：

惊闻帅座薨逝，痛悼殊深。祈节哀顺变，勉思继志。李绮庵。

（《哀思录》第二编卷二"吊唁函电"（乙）唁电，第 5 页）

李思辕唁电

哲生兄鉴：

痛悉总理薨逝，哀恸何极。望节哀顺变，为国自重。谨唁。李思辕叩。

（《哀思录》第二编卷二"吊唁函电"（乙）唁电，第1页）

浙江省自治法会议莫永贞等唁电

孙哲生君孝鉴：

中山先生一生戮力首创共和，民治未舒，哲人遽萎，瞻依不及，痛悼良深。谨以电陈，藉申哀忱。浙江省自治法会议莫永贞等叩。

（《哀思录》第二编卷二"吊唁函电"（乙）唁电，第14页）

国民党安徽党员梅陈春唁电

哲生先生礼次：

国难方殷，国父遽去，四海哀悼，宁独我公。尤痛主义未昌，导师不见。尚乞节哀继志，早竟前功。除克日召集同人在本省筹备开大会追悼外，谨驰电唁。安徽党员梅陈春泣叩。

（《哀思录》第二编卷二"吊唁函电"（丙）代电，第18页）

霓映书唁函

哲生先生苫右：

　　顷读报载，令尊于三月十二日仙逝，天崩地坼，薄海同悲。书为国谊、为党谊、为亡弟映典患难谊，悉耗之下，哀痛欲绝。但死者已矣，生者责任来日方长，尚祈先生顺变节哀，藉资保重。兹谨撰呈挽联一幅，聊伸区区哀敬之忱。

　　专此奉唁，并请

苫安

霓映书鞠躬泣上

　　（《哀思录》第二编卷二“吊唁函电”（甲）唁函，第6页）

倪夏夫唁电

孙公治丧事务所公鉴：

　　鄙人虽非党员，而对于国父中山先生之主义人格实崇拜至五体投地。正祝其享耄耋，长为民众之保障，讵料一病不起，从此仙逝。吾民国骤失此导师，悲痛之余，敬特驰唁。倪夏夫泣叩。

　　（《哀思录》第二编卷二“吊唁函电”（丙）代电，第17页）

宁武唁电

孙行辕：

　　惊闻总理噩耗，恸悼无状。来日大难，当痛哭一场。武追随有年，本应匍匐前来，奈不如愿。哀此吊唁。宁武。

（《哀思录》第二编卷二"吊唁函电"（乙）唁电，第 21 页）

朴泳孝唁电

孙宋夫人鉴：

孙公仙逝，举世同悲。谨此电唁。朴泳孝叩。

（以上 Keijo）

（《哀思录》第二编卷二"吊唁函电"（乙）唁电，第 27 页）

邱鸿钧唁函

哲生先生礼次：

此间接总部通告，惊悉帅座薨逝，五内震骇，长恸不已。伏思帅座改革国政，功在万世，古今中外，能有几人。兹者音容虽貌，主义犹存，先生孝思素笃，遽遭大戚，忧伤自不待言，但念慈荫在堂，家国责重，尚祈节哀顺变，以继未竟之功。鸿钧素承党训，理应趋奠，聊展哀思，第军事倥偬，未克奔前，深实抱憾。谨此遥奠，兼唁孝履，伏维

素鉴

邱鸿钧　谨肃

（《哀思录》第二编卷二"吊唁函电"（甲）唁函，第 7 页）

邱鸿钧唁函

精卫先生赐鉴：

接此间总部通告，惊悉帅座薨逝，举国震骇，悲恸不已。惟思帅座改革国政，功在万世，虽音容永隔而主义犹存也。先生随节京华，忠侍帅座，兹又经理丧务，忧患贤劳，实深佩念。鸿钧素承党训，未效微劳，兹以军事倥偬，不克趋京一哭，抱憾良殷，自后惟遵遗嘱，奋斗直前，以达先帅暨我公期望，此后进行方针尚祈时赐惠示，以资遵循。

专此奉慰，敬叩

道安

邱鸿钧谨肃

（《哀思录》第二编卷二"吊唁函电"（甲）唁函，第7页）

阮杨湛等唁函

孙科同志先生伟鉴：

敬启者：今晨接雪梨总支部电称总理于十二早溘然仙逝，骤听噩耗，同志等神为之伤，泪为之惨，叹苍之不相我吉人，偏坠中天之白日，痛何如哉，痛何如哉。本分部预筹追悼以表微忱，然党务前途极望先生与诸同志奋为继守，务达令先君未竟之志，此弟等之殷然慰勉者也。幸善珍爱，并询孙宋氏夫人安好。

执行委员会主席阮杨湛、秘书陈喜堂

（《哀思录》第二编卷二"吊唁函电"（甲）唁函，第4页）

黑龙江讷河县农会会长孙世勋唁函

敬启者：兹阅报端，惊悉孙前大总统中山先生捐弃兆民，驾游天府。呜呼痛哉！何以展我兆民之哀念也。惟忆先生生前伟抱以永终誉，鞠躬尽粹［瘁］，死而后已。呜呼，噫嘻，临风嗟悼，不胜所悲。关山迢阻，未克躬奠，谨具挽联一副，幸置灵次，聊表哀诚，敬祈执事代致奠仪，实为感祷。

此致孙公治丧处公鉴。

　　　　　　　　　　　黑龙江讷河县农会会长孙世勋谨启

（《哀思录》第二编卷二"吊唁函电"（甲）唁函，第 3 页）

宋渊源唁函

哲生同志兄鉴：

总理仙逝，国事谁倚？普天同悼，如丧考妣。窃念大局未定，风雨飘摇，定倾扶危，后死有责，唯有节哀顺变，继志述事，竟革命未成之功，以慰总理在天之灵耳。凡属同志，当怀此心。此后党事宜如何遵守常轨，力图进行，尚祈随时指示南针，以匡不逮。

专此奉唁，并请

礼安

　　　　　　　　　　　　　　　弟宋渊源启

（《哀思录》第二编卷二"吊唁函电"（甲）唁函，第 7 页）

国民党鹤山县党部筹备员谭镜潭、郭叙伦、冯锦堂唁电

孙夫人暨哲生先生哀鉴：

惊闻总理薨逝，薄海同悲，后死有责，务当努力以竟未完之

志，尚希为国节哀。谨唁。中国国民党鹤山县党部筹备员谭镜潭、郭叙伦、冯锦堂叩。

（《哀思录》第二编卷二"吊唁函电"（丙）代电，第 2 页）

天木唁电

孙哲生先生鉴：

顷得尊翁噩耗，不胜痛悼，乞节哀保重。天木。

（《哀思录》第二编卷二"吊唁函电"（乙）唁电，第 9 页）

东路讨贼军留闽第一师第二独立团
团长童庆高唁电

孙中山先生治丧处执事先生公鉴：

总理耗传，泣涕不已，天祸民国，丧我元勋。特此电吊。驻永东路讨贼军留闽第一师第二独立团团长童庆高。

（《哀思录》第二编卷二"吊唁函电"（乙）唁电，第 14 页）

唐忌才唁电

北京铁狮子胡同孙公治丧办事处诸执事鉴：

噩耗传来，无任悲泪，痛我国建设之未成，忽伤革命之导师。然孙公死矣，凡无论是党非党允宜同声一哭。苟其志同道合，尤当勉承先志。则孙公虽死，犹未死也。挥泪之余，谨特电唁。唐志才叩。

（《哀思录》第二编卷二"吊唁函电"（丙）代电，第15页）

魏邦平唁函

哲生尊兄孝履：

　　不晤数月，念想正殷，惊闻中山先生魂归天国，曷胜哀悼。伏思先生手创民国，功在寰瀛，方期克享遐龄，奠安家国，岂意天不慭遗，中道崩殂，山颓木坏，斯固薄海同哀者矣。我兄孝思纯笃，自必哀毁逾恒。惟念国家多故，先生未竟之业尚多，尚祈节哀顺变，继承先志，以慰在天之灵，是所至祷。

　　专此

奉唁，即候

魏邦平

（《哀思录》第二编卷二"吊唁函电"（甲）唁函，第8页）

督办安徽军务公署军法课魏冲唁电

北京铁狮子胡同孙公治丧事务所诸位先生均鉴：

　　阅报惊悉中山先生撒手国事，溘然长逝。惟先生首创民国，法治元勋，共和之祖，自由之神，永享国祀，万世师尊，德配天地，虽死犹生。谨电驰唁，以表哀忱。督办安徽军务公署军法课课员魏冲叩。

（《哀思录》第二编卷二"吊唁函电"（丙）代电，第17页）

江苏太仓县县党部闻天裔、陆允文等唁电

北京铁狮子胡同孙哲生先生礼鉴：

总理为国驰驱，一生尽瘁。此次北走燕京，抱负未施，赍志以殁。天夺国父，薄海同悲。尚望节哀顺变，克缵前绪，以竟总理未竟之志。太邑同人议定于清明日假座本城公园开追悼大会，香花供奉，聊表哀思。敬祈电致沪执行部就近派员主祭并开讲演大会，宣扬总理三民五权之主旨，俾芟爽不泯，争光日月。专电慰唁，统希矜鉴。江苏太仓县县党部闻天裔、陆允文、冯壮公、吴仲裔。

（《哀思录》第二编卷二"吊唁函电"（丙）代电，第6页）

王宠惠唁电

外交部转孙前总统治丧处：

哲人其萎，薄海同悲。王宠惠。

（以上 Paris）

（《哀思录》第二编卷二"吊唁函电"（乙）唁电，第23页）

国民党驻墨西哥孙沙打冷分部党员王东桂等唁电

转孙夫人暨哲生兄鉴：

惊悉总理仙逝，同深悲悼。望节哀自爱。国民党驻墨西〈哥〉孙沙打冷分部王东桂等叩。

（以上墨西哥）

（《哀思录》第二编卷二"吊唁函电"（乙）唁电，第25页）

王麟阁唁电

孙宋夫人鉴：

深哀，谨唁。王麟阁。

（以上马尼剌）

（《哀思录》第二编卷二"吊唁函电"（乙）唁电，
第 26 页）

特派宣传国民会议委员王秋心唁电

北京铁狮子胡同中山先生治丧事务所转国民党同志公鉴：

总理中山先生为号召国民会议运动取消不平等条约，北上尽瘁
国事，以致病殒。噩耗传来，曷胜哀恸。但总理虽死，总理伟大人
格不死，总理精神事业不死，总理所创造三民主义尤不死。仍祈我
们同志继续总理革命精神，努力奋斗，作扑灭国内军阀与帝国主义
之运动，以完成总理未竟之志。特此电达，并呈总理之灵前。特派
宣传国民会议委员王秋心。

（《哀思录》第二编卷二"吊唁函电"（丙）代电，
第 17 页）

王寿康唁电

哲生先生鉴：

奉电惊悉大元帅薨逝，不胜哀悼。伏祈节哀，为国珍重。王寿
康叩。

（《哀思录》第二编卷二"吊唁函电"（乙）唁电，
第 1 页）

福建永春王珠笃等唁电

孙哲生先生鉴：

　　总理薨逝，震痛同深，挽泪电唁。闽永春王珠笃暨永西同学叩。

　　　　（《哀思录》第二编卷二"吊唁函电"（乙）唁电，
第 14 页）

江西萍北承德乡区立初级小学校长王彝、
学董赖尚谦唁函

秘书处诸公均安、哲生先生礼鉴：

　　阴云惨淡，日月无光，惊闻尊翁先生积劳逝世，殊堪痛悼。辰维尊翁为民国开国元勋、国民革命领袖，大志未竟，一柱遽倾，瞻仰前途，怆凄奚似。伏望先生为国制哀，勉襄大事，不胜祷盼之至。除在萍乡县城举行追悼外，肃此致唁，并颂礼安！

　　　　　　　〈江〉西萍北承德乡区立初级小学校
　　　　　　　校长王彝、学董赖尚谦同叩

　　　　（《哀思录》第二编卷二"吊唁函电"（甲）唁函，
第 3 页）

汪时涛、翟乐水、周耀德唁电

孙公治丧处转孙科先生鉴：

　　侵电惊悉，天夺国父，普世哀悼。谨此电唁。汪时涛、翟乐水、周耀德同叩。

　　　　（《哀思录》第二编卷二"吊唁函电"（丙）代电，
第 15 页）

伍英唁函

哲生屏长苫鉴:

鞠启者:记自大驾北上,调护帅躬,握别以来,方期汤药奏效,精神健复,岂料噩耗传来,中外人士同深哀悼。惟念帅座虽死,主义永存,遗训具在,伏祈节哀顺变,为国自珍,以竟革命未完之志,国民幸甚,吾党幸甚。

谨此奉唁,顺颂

苫安

后学弟伍英谨上

(《哀思录》第二编卷二"吊唁函电"(甲)唁函,第7页)

伍汝康、程祖彝唁电

孙夫人、哲生兄哀鉴:

帅座薨逝,薄海同悲,伏望顺变努力继志。伍汝康、程祖彝叩。

(《哀思录》第二编卷二"吊唁函电"(乙)唁电,第4页)

吴钟毓唁电

精卫先生暨诸同志先生均鉴:

我中山先生牖导革命,抱定三民五权主义,国人与党人引领企望者久矣。此次入京为发展政策之绝好时机,我五族同胞本爱国、爱党之心,并爱先生之健康,以造成真共和民国。讵大造不仁,不佑吾国，不佑吾党，更不佑吾先生。呜呼！先生逝矣，国魂未死，党魄犹存，我先生之灵当冥勖同志诸君维其志而述其事也。钟毓忝列党员，含泪而哭之，拭泪而望之。朔风飒烈，恨未奔丧。谨代电唁，藉表哀忱。黄梅县国民党员、现住孝感县署一科吴钟毓谨叩。

（《哀思录》第二编卷二"吊唁函电"（丙）代电，

第 17 页）

吴存义唁电

孙夫人暨哲生兄鉴：

总理逝世，普天哀恸。谨电奉唁。吴存义。

（以上 Vancover B. C.）

（《哀思录》第二编卷二"吊唁函电"（乙）唁电，

第 24 页）

湖南安化夏民藩唁电

北京孙中山先生治丧事务所执事诸公勋鉴：

吾公手创民国，奔走垂四十年之久经营共和，危险计数百次之遭各国联盟，诚无日稍息。况值大局纷乱之时，陈逆武灰之际，闽粤未靖，西南多艰，尤赖吾公实行五权宪法、三民建国主义，以救孑遗。何昊天不吊，台星遽殒。民藩以民党后尘不能竟未亡之志，徒叹五权而莫立，三民以不张为恨已耳。如吾公精灵不昧，其亦神辅后起者，以续吾公之建国计划而缔造乎。民藩谨集各界同志假安化、五都国民学校于四月日开追悼会为吾公吊，以表纪念。特先电达。湖南安化夏民藩叩。

（《哀思录》第二编卷二"吊唁函电"（丙）代电，

第 16 页）

广东省立工业专门学校校长萧冠英唁电

京电传来，惊悉总理逝世。天胡不吊，夺我哲人，含识之伦，同深哀悼。凡在同志，悲痛弥深。虽然总理死矣，总理之责尽矣，而其主义不死，其为国家、为人类百折不挠之精神尤不死。惟我同志，善继善述，以传播总理之精神与主义，则总理之精神与主义益以不死，此则后死者之责正未艾也。惟我同志幸自勉力，幸共勉力。精卫、季陶、海滨、稚辉［晖］、恩赛、子文、子超、元冲同志哀鉴。广东省立工业专门学校校长萧冠英。

（《哀思录》第二编卷二"吊唁函电"（丙）代电，第 1 页）

谢毓龄唁电

总理噩耗传来，不胜抢地痛悼。国事未定，导师遽逝，务期仰体先志，节哀顺变，嗣后我党将惟先生是赖。专此奉唁，即请哲生先生礼鉴。谢毓龄叩。

（《哀思录》第二编卷二"吊唁函电"（丙）代电，第 15 页）

谢文进、张叔耐唁函

精卫、哲生、子超、季龙同志诸公均鉴：

痛陈者：本月十三号接粤、沪各方来电，恸悉总理孙公竟于十二号午前九时长弃民国，地坼天崩，山颓海竭，闻讯之下，五内惨裂。自凶问发表后，此间侨众无论是否同志，类皆形容惨怛，痛悼咨嗟不能自已。伏念总理栉风沐雨，劳心劳力，为国为民，功绩之大，成就之伟，万古以来，一人而已。徒以爱国甚于爱身，救民切于救己，因以致病，因以致死。此种精神充塞乎天地之间，实与日月并明而不朽者也。肉体虽起变化，精神固常在人间，正命而终，可以无恨。所痛者国事蜩螗，干戈未息，民生憔悴，水旱频仍，内迫于军阀枭张，外迫于帝国主义。吾总理方大声疾呼提倡国民会议，期领导民众收回民权，达到实行三民五权目的，何图昊天不吊，栋折榱崩。吾侨被压痛苦尤甚，是以于凶耗传到之日，全体华侨社团、商店咸下半旗，知识阶级、职业工人、男女学生咸服丧一月，近方各社团各自祭奠，定于出殡之日全体华侨辍业一日，组织大规模之追悼会以表哀思。本埠如此，他埠亦然，可见吾总理功德入人之深也。敝报同人远在海外，虽表极深之哀思，苦不能亲临丧次，惟有恪守主义，为国服劳，伏望公等节哀顺变，遵总理遗命，继志述事，引导群众努力前驱，是为至祷。痛此陈词，仰祈
矜鉴

谢文进、张叔耐谨启

（《哀思录》第二编卷二"吊唁函电"（甲）唁函，第6页）

海军第二舰队司令许建廷唁函

敬启者：远闻电耗，惊悉中山先生仙逝，悼惜莫名。伏以先生首创共和，艰难备历，百折不易，成功不居，三民五权主义如日月经天，江河行地，建设未竟，遽尔骑箕，中外嗟哀，朝野震悼，江干凭吊，景仰弥深。专达唁忱，即请鉴察。

此致
孙中山先生治丧处

海军第二舰队司令许建廷拜启

（《哀思录》第二编卷二"吊唁函电"（甲）唁函，第6页）

许璟芳、程翊华唁电

哲生先生礼鉴：

国父逝世，薄海震惊，噩耗传来，肝肠寸断。自恨在野孤寒，未能趋前执绋。谨撰芜词，代表哀慕。惟国事未宁，内争犹亟，大星遽陨，来轸方遒。伏乞先生节哀为国，以竟先志，凡属国民，实利赖之。临楮哽咽，谨掬哀忱。许璟芳、程翊华谨叩。

（《哀思录》第二编卷二"吊唁函电"（丙）代电，第15页）

杨文蔚唁函

哲生兄鉴：

昊天不吊，夺我国父，徒以关山迢阻，未克亲侍灵帏，怆痛何极。惟帅座虽逝，主义垂存，吾辈当赓续奋斗，以慰在天之灵，方无忝夫后死。希请勉节哀思为国珍重是盼。

专此，敬候

苫安

弟杨文蔚顿首

（《哀思录》第二编卷二"吊唁函电"（甲）唁函，第7页）

杨文钧唁电

北京铁狮子胡同孙哲生先生礼鉴：

总理逝世，薄海震惊。大功未竟，丧我导师。尚希先生节哀顺变，继承先志。钧等狱后余生，悲痛欲绝，谨遵遗训，以慰英灵。
特此驰唁。杨文钧叩。

（《哀思录》第二编卷二"吊唁函电"（丙）代电，
第 16 页）

姚褆昌、张国元唁电

汪精卫、孙哲生先生鉴：

总理逝世，哀悼异常。本日无车，准删晚附递车来京执绋。姚
褆昌、张国元叩。

《哀思录》第二编卷二"吊唁函电"（乙）唁电，第
9 页）

姚树南唁电

孙夫人暨哲生先生鉴：

惊悉总理仙逝，深为痛恒。请节哀自珍，并转马湘、惠龙同
志。姚树南叩。

（以上 San Francisco）

（《哀思录》第二编卷二"吊唁函电"（乙）唁电，
第 24 页）

叶凤鸣唁电

孙科兄哀鉴：

总理逝世，天夺国父，薄海痛悼，望兄节哀。叶凤鸣叩。

（《哀思录》第二编卷二"吊唁函电"（乙）唁电，
第 2 页）

国民党青浦县党部执委俞汉强、
叶诵周、宋根昌唁电

孙哲生先生鉴：

噩耗传来，惊悉总理仙逝。国事未定，导师遽殒，痛悼极深。除持服外，谨当遵守遗训，为国努力，为党奋斗。惟盼先生节哀顺变，为党珍重，则民国幸甚，国民幸甚。国民党青浦县党部执行委员俞汉强、叶诵周、宋根昌泣叩。

（《哀思录》第二编卷二"吊唁函电"（丙）代电，
第 6 页）

袁家声、岳相如、廖梓英唁电

铁狮子胡同孙行馆、环龙路四十四号国民党总部鉴：

噩音北至，国父西归，世哀先导，党痛勋魁，建中华民国之基，赍三民五权之志，擎天拔地，继何起人。临电驰哀。国民党员袁家声、岳相如、廖梓英同叩。

（《哀思录》第二编卷二"吊唁函电"（乙）唁电，
第 13 页）

朱培德唁函

哲生仁兄礼鉴：

昨读侵电，惊悉大元帅云驭上宾，天崩地坼，悲痛莫名。窃念大元帅手造民国，功耀寰宇，四万万人胥受其赐，固已无复遗憾。吾兄至孝性成，猝遭大故，何敢以节哀顺变之说强为宽解。惟大元帅谆谆遗命无不以国家为前提，所有未竟事功自应同心齐力，以策进行。尚祈勉抑哀忱，继事述志，以慰在天之灵，是所切祷。

专此奉唁，敬颂

礼祺

朱培德启

（《哀思录》第二编卷二"吊唁函电"（甲）唁函，第 7 页）

朱杨道仪唁函

孙夫人暨哲生先生哀鉴：

本月十二日惊悉大元帅薨逝，噩耗传来，举国同哀。伏思大元帅功高北斗，德重南山，奈何天不假年，以致革命事业未竟全功，深为悲惜。前者先夫执信为国捐躯，多蒙大元帅厚赐恤款，俾孤儿寡妇得所瞻依，未亡人感恩无已，惟望儿女长成报恩于将来矣。今昊天不佑，丧我国父，哀哉，哀哉！惟望夫人暨哲生先生节哀尽礼，克承继述之志，努力前进，遵照遗嘱以竟革命之事于成功，则亦可以慰大元帅在天之灵矣。诸为

珍重，伏祈

礼鉴

朱杨道仪泣上

（《哀思录》第二编卷二"吊唁函电"（甲）唁函，第 6 页）

国民党庇能大山脚分部部长朱步云唁函

哲生同志先生足下:

逐启者:月之十四日上午十时港电传来,惊悉我总理恸于十二日午前九时寿终燕京,痛听之下,吾党同人悲惋莫已。除即由本分部通告侨商暨学校、社团等一律下半旗休业外,刻正筹议追悼,所以志哀思,亦即以之励后进也。窃以我总理尽瘁国事,数十年如一日,此次扶疾入京,原期本其主张积极宣传国民会议,以促成吾国之早日统一与建设,乃天不假年,竟一疾不起,诚吾国之大不幸也。惟死者我总理之躯壳,不死者我总理之精神,吾党后死果能恪遵遗嘱,以贯彻我总理未竟之主张,则死犹生焉。足下孝惟承志,礼重守身,尚祈顺变节哀,为国珍重,为党珍重,是所企祷。弟以海外闻耗,未克躬申刍奠,谨抒胸臆,伏乞代告灵筵,用表哀忱。

专此奉唁孝履,并叩

礼祉

　　　　　中国国民党庇能大山脚分部部长朱步云

　　(《哀思录》第二编卷二"吊唁函电"(甲)唁函,第4页)

朱念祖唁函

哲生先生大鉴:

津门饫聆教言,获益良深。前阅报章,惊悉封翁总理弃养,噩耗传来,痛悼无既,当已电达北京治丧事务所吊唁以表哀忱。惟念国事方艰,遽陨明星,致令数十年宏抱伟愿未能实现于万一,此实国运所关,非人力所能强而致也。吾兄爱国热忱,渊源有自,尚希为国珍卫,节哀顺变,以竟我总理未竟之志,是诚孝道之大者也。

临颖无任悲惋，藉候

礼安

弟朱念祖拜启

（《哀思录》第二编卷二"吊唁函电"（甲）唁函，

第6页）

郑毓秀唁电

外交部转孙前总统治丧处：

闻孙先生作古，曷胜惊悼。恳转告孙夫人顺变节哀。郑毓秀。

（以上 Paris）

（《哀思录》第二编卷二"吊唁函电"（乙）唁电，

第23页）

周广桥唁电

孙宋夫人鉴：

深哀，谨唁。周广桥。

（以上 London）

（《哀思录》第二编卷二"吊唁函电"（乙）唁电，

第28页）

庄景仲、赵舒、周永年唁电

孙大总统治丧事务所：

擎天柱折，继起乏人，茫茫神州，前途奈何。庄景仲、赵舒、周永年敬吊。

　　（《哀思录》第二编卷二"吊唁函电"（乙）唁电，
第 9 页）

江西上饶赤十字社左之门、张炳驯等唁函

　　敬唁者：孙总理中山先生为民国第一伟人，此次入都，莫不景仰，方期志略大伸，不幸遽罹肝症。同人闻此消息日夜默祷，祝其不药而愈，以期伟人有所发展，使民国前途大放光明，不至功亏九仞，实为幸甚。讵料未及匝月，竟以噩耗闻，悠悠苍天，其谓之何？兹者于闻讣之下同人本集议公推代表亲赍联帛赴祭，因时局阻滞未得其人，恐冒昧将事反多陨越，爰于追悼后将撰联由邮局寄贵处，乞代陈奠，无任感慰之至。专肃寸楮，敬请
时安，诸祈
台鉴，不尽

　　　　　　江西上饶赤十字社办事员左之门、张炳驯、
　　　　张炳元、汪潾、张弦谨启

　　（《哀思录》第二编卷二"吊唁函电"（甲）唁函，
第 1 页）

宗汉唁电

孙公行辕孙宋夫人鉴：

　　孙公功在国家，名满天下，生系安危，死足千古。惟夫人与我同病相怜，幸善珍摄。宗汉。

　　（《哀思录》第二编卷二"吊唁函电"（乙）唁电，
第 10 页）

曾贯吾唁电

孙中山先生治丧办公处鉴：

总理仙逝，丧失导师，谨此奉唁，电与泪俱。曾贯吾叩。

（《哀思录》第二编卷二"吊唁函电"（乙）唁电，第 19 页）

新加坡华侨唁电

转孙科先生鉴：

惊悉共和元勋中山先生弃世长逝，莫名哀悼，特此驰唁。

（以上新加坡）

（《哀思录》第二编卷二"吊唁函电"（乙）唁电，第 24 页）

新加坡华侨唁电

孙哲生先生鉴：

哀音传到，痛失导师，沉痛之余，谨电奉唁。

（以上新加坡）

（《哀思录》第二编卷二"吊唁函电"（乙）唁电，第 26 页）

安川敬次郎唁电

安川敬次郎哀悼先考之逝去，损失东亚伟人，不胜叹惜之至。

（以上日本）

　　（《哀思录》第二编卷二"吊唁函电"（乙）唁电，

第 29 页）

安川敬次郎唁电

　　安川敬次郎惊闻孙中山先生之讣音，深想中华之不幸，敬伸哀

悼之忱。

（以上日本）

　　（《哀思录》第二编卷二"吊唁函电"（乙）唁电，

第 29 页）

岸一太唁电

　　岸一太惊闻讣音，表示痛惜之意。

（以上日本）

　　（《哀思录》第二编卷二"吊唁函电"（乙）唁电，

第 30 页）

岸一太唁电

　　岸一太哀悼孙中山先生逝世。

（以上日本）

　　（《哀思录》第二编卷二"吊唁函电"（乙）唁电，

第 31 页）

日本三菱合资会社参与员奥村政雄唁电

闻孙中山先生逝世，谨表悲痛之意。日本三菱合资会社参与员奥村政雄。

（以上日本）

（《哀思录》第二编卷二"吊唁函电"（乙）唁电，第 32 页）

八角三郎唁电

此次孙中山先生疗养无效，遂归道山，其遗族之悲伤无论矣，为东亚前途亦实遗憾之至。回顾大正五年于森山中将邸始得拜见先生，于兹十年，民国与东亚均多变迁。今当风云卷起之际而先生长逝，为东亚前途诚不胜遗憾。谨对遗族表示悲痛之意。八角三郎拜。

（以上日本）

（《哀思录》第二编卷二"吊唁函电"（乙）唁电，第 31 页）

白岩龙平①唁电

孙科先生：

令尊中山先生逝世，为民国、为东亚敬表极深之悼意。东亚白岩龙平。

（以上日本）

---

① 疑为"白龙岩平"。——编者

（《哀思录》第二编卷二"吊唁函电"（乙）唁电，
第 30 页）

仓知铃去等唁电

仓知铃去、清藤幸七郎谨以孙先生逝去痛悼之忱呈词吊唁。
（以上日本）

（《哀思录》第二编卷二"吊唁函电"（乙）唁电，
第 30 页）

阪谷芳郎唁电

阪谷芳郎敬伸哀忱。
（以上日本）

（《哀思录》第二编卷二"吊唁函电"（乙）唁电，
第 30 页）

柴田原口唁电

为东亚及社会民生不胜痛悼，孙中山先生千古。柴田原口。
（以上日本）

（《哀思录》第二编卷二"吊唁函电"（乙）唁电，
第 29 页）

床次竹二郎唁电

床次竹二郎惊闻孙中山先生之讣音，不胜哀悼之至。

（以上日本）

　　（《哀思录》第二编卷二"吊唁函电"（乙）唁电，
第 29 页）

大仓喜七郎等唁电

　　大仓喜七郎、大仓喜八郎、门也守九郎拜启孙科先生：惊闻尊
大人讣音，不胜痛惜之至，谨伸哀悼之忱。
（以上日本）

　　（《哀思录》第二编卷二"吊唁函电"（乙）唁电，
第 29 页）

大原义刚唁电

　　大原义刚惊闻尊大人讣音，不胜痛惜之至，谨伸哀悼之忱。
（以上日本）

　　（《哀思录》第二编卷二"吊唁函电"（乙）唁电，
第 29 页）

堤正雄唁电

　　堤正雄哀悼孙先生薨去。
（以上日本）

　　（《哀思录》第二编卷二"吊唁函电"（乙）唁电，
第 30 页）

日本帝国铁道协会长渡边嘉一唁电

帝国铁道协会闻名誉会员孙逸仙阁下逝世，同深哀悼，敬奉吊词于兹。帝国铁道协会长、工学博士渡边嘉一。

（以上日本）

（《哀思录》第二编卷二"吊唁函电"（乙）唁电，第 31 页）

日本陆军少将多贺宗之唁电

闻孙先生逝世，为之哀悼，谨表吊意。在东京陆军少将多贺宗之。

（以上日本）

（《哀思录》第二编卷二"吊唁函电"（乙）唁电，第 31 页）

副岛义一唁电

副岛义一闻令尊大人逝世，实在东亚之大不幸也，不胜痛叹之至。

（以上日本）

（《哀思录》第二编卷二"吊唁函电"（乙）唁电，第 30 页）

副岛义一唁电

副岛义一敬伸吊意。

（以上日本）

（《哀思录》第二编卷二"吊唁函电"（乙）唁电，

第 31 页）

日本陆军大将元帅上原勇作、陆军 大将福田雅太郎唁电

孙科先生：

接岳父①孙中山阁下之讣音，遥表哀悼之意。陆军大将元帅上原勇作、陆军大将福田雅太郎。

（以上日本）

（《哀思录》第二编卷二"吊唁函电"（乙）唁电，

第 31 页）

宫崎龙介唁函

汪兆铭先生台鉴：

得正月十五日贵书，知孙先生之病逝减轻，方渐开愁眉，聊以安心，当此时突如有孙先生逝世之报于兹，弟惊愕不知所措也。今诚民国危急之秋，不幸而有此事，是非民国之损失耳，实大东亚全人之悲运也。现今中华革命之业未全，且东国改革之事亦侯［候］孙先生之指导者多矣，而今亘长逝，唯切望同志诸先生协力继承孙先生之功［工］作，而迈进于理想国建设之目的为幸甚。

宫崎龙介谨言［唁］

（《哀思录》第二编卷二"吊唁函电"（甲）唁函，

第 5 页）

---

① "岳父"二字疑有误。——编者

日本三菱仓库股份公司社长谷本伊太郎唁电

闻孙中山先生长逝，谨表哀悼之意。日本三菱仓库股份公司社长谷本伊太郎。

（以上日本）

（《哀思录》第二编卷二"吊唁函电"（乙）唁电，第 32 页）

古岛一雄唁电

谨表示哀悼孙中山先生逝世之忱。古岛一雄。

（以上日本）

（《哀思录》第二编卷二"吊唁函电"（乙）唁电，第 29 页）

国泽新兴尔唁电

国泽新兴尔惊闻伟人孙中山先生之讣音，不胜哀悼之至，敬伸深甚之吊忱。

（以上日本）

（《哀思录》第二编卷二"吊唁函电"（乙）唁电，第 29 页）

日本参谋总长河合操唁电

闻贵国元勋孙中山阁下长逝，谨表其深哀悼之意。参谋总长河合操。

（以上日本）

（《哀思录》第二编卷二"吊唁函电"（乙）唁电，
第 31 页）

鹤冈荣太郎唁电

鹤冈荣太郎为东亚不胜哀悼孙中山先生逝世，谨伸吊意。

（以上日本）

（《哀思录》第二编卷二"吊唁函电"（乙）唁电，
第 29 页）

后藤唁电

后藤子爵痛悼孙中山先生逝去。

（以上日本）

（《哀思录》第二编卷二"吊唁函电"（乙）唁电，
第 29 页）

弘前本庄繁唁电

弘前本庄繁谨表哀悼之意。

（以上日本）

（《哀思录》第二编卷二"吊唁函电"（乙）唁电，
第 30 页）

根津一唁电

根津一惊闻尊大人永眠之讣音，为东亚痛惜至极，敬伸吊意。

（以上日本）

（《哀思录》第二编卷二"吊唁函电"（乙）唁电，
第 30 页）

宫崎龙介、岛田经一唁电

宫崎龙介、岛田经一惊闻革命之父孙中山先生逝世，不胜为人
类痛惜，爰偕同志敬伸哀悼之忱。

（以上日本）

（《哀思录》第二编卷二"吊唁函电"（乙）唁电，
第 31 页）

日本海军省军需局海军中佐管诏恕人唁电

大日本东京海军省军需局海军中佐管诏恕人闻孙先生讣音，谨
表哀悼吊唁之意。

（以上日本）

（《哀思录》第二编卷二"吊唁函电"（乙）唁电，
第 30 页）

广你一郎唁电

孙宅鉴：

惊审尊翁大人捐馆，中外震悼，草木含悲。幸希节哀顺变，为国移孝恭。恭唁礼帏安。广你一郎。

（以上日本）

（《哀思录》第二编卷二"吊唁函电"（乙）唁电，第 29 页）

吉田茂唁函

哲生先生阁下：

日昨噩耗传来，惊悉尊公中山先生于十二日午前溘然仙逝，莫名震悼。惟念尊公倡导共和，缔造民国，伟业彪炳，中外同钦。现虽音容顿眇，鹤驾仙游，但功业远著海外，遗爱犹在民间，生荣死哀，亦复何憾！素稔阁下孝思纯笃，突然丁此大故，定是哀毁逾恒，然何以慰尊公在天之灵。尚希阁下稍自节哀，勉襄大事，是为至祷。

专泐奉唁，并请

孝安

吉田茂　拜启

（《哀思录》第二编卷二"吊唁函电"（甲）唁函，第 1 页）

吉澄唁电

吉澄惊闻孙中山先生讣音，不胜哀痛之至，谨伸追悼之忱。

（以上日本）

（《哀思录》第二编卷二"吊唁函电"（乙）唁电，第 29 页）

矶谷廉介唁电

矶谷廉介敬伸哀悼之忱。

（以上日本）

（《哀思录》第二编卷二"吊唁函电"（乙）唁电，第 29 页）

甲斐靖唁电

今晨阅报载中山先生长逝，诚为痛惜之至。曩闻病笃，欲即趋前慰问，而以经济所限，未能如愿，今接讣报，感慨无量。谨对遗族表示哀悼之意。甲斐靖。

（以上日本）

（《哀思录》第二编卷二"吊唁函电"（乙）唁电，第 32 页）

中日实业公司驻京董事江藤丰二唁函

敬启者：兹接东京子爵涩泽荣一先生来电，以"孙中山先生为世界伟人，中外具仰，天胡不吊，遽夺元勋，遄听之余，良深骇悼"，嘱代慰唁，藉展菲忱。谨送上花圈一架，敬祈代荐为感。

此上

孙行辕秘书处

中日实业公司驻京董事江藤丰〈二〉

（《哀思录》第二编卷二"吊唁函电"（甲）唁函，第 5 页）

中日实业公司驻京董事江藤丰二唁电

敬启者：兹接东京子爵涩泽荣一先生来电，以"孙中山先生为世界伟人，中外具仰，天胡不吊，遽夺元勋，逖听之余，良深骇悼"，嘱代慰唁，藉展菲忱。谨送上花圈一架，敬祈代荐为感。此上孙公行辕秘书处。中日实业公司驻京董事江藤丰二敬启。

（以上日本）

（《哀思录》第二编卷二"吊唁函电"（乙）唁电第31页）

中日实业公司驻京董事江藤丰二唁电

敬启者：兹接东京敝公司副总裁高木陆郎先生来电，以"孙中山先生雄才伟略，薄海同钦，天胡不吊，遽夺伟人，逖听之余，悲悼曷极"，嘱代慰唁，藉展菲忱。谨送上花圈一架，敬祈代荐为感。此上孙公行辕秘书处。中日实业公司驻京董事江藤丰二敬启。

（以上日本）

（《哀思录》第二编卷二"吊唁函电"（乙）唁电第31页）

中日实业公司驻京董事江藤丰二唁函

敬启者：兹接东京敝公司副总裁高木陆郎先生来电，以"孙中山先生雄才伟略，薄海同钦，天胡不吊，遽夺伟人，逖听之余，悲悼曷极"，嘱代慰唁，藉展菲忱。谨送上花圈一架，敬祈代荐为感。此上孙公行辕秘书处

中日实业公司驻京董事江藤丰二敬启

（以上日本）

（《哀思录》第二编卷二"吊唁函电"（甲）唁函，第5页）

中日实业公司驻京董事江藤丰二唁电

敬启者：顷接东京仓知铁吉先生来电，以"孙中山先生雄才伟略，薄海同钦，当兹邦交亲密之时，国政维新之会，中外所仰望者正殷且切，何意昊天不吊，遽夺伟人，吾为中国惜之，吾更为世界惜之，翘企燕云，悲悼曷极"，嘱代慰唁，藉展哀忱。特缄奉达，敬祈台鉴为感。此上孙公行辕秘书处。中日实业公司驻京董事江藤丰二敬启。

（以上日本）

（《哀思录》第二编卷二"吊唁函电"（乙）唁电，第31页）

今井嘉幸唁电

谨伸痛悼之忱，为东亚不胜哀悼之至。今井嘉幸。

（以上日本）

（《哀思录》第二编卷二"吊唁函电"（乙）唁电，第29页）

村井启次郎唁电

御尊父逝去，谨伸哀悼之意。村井启次郎。

（以上日本）

（《哀思录》第二编卷二"吊唁函电"（乙）唁电，第30页）

井户川唁电

井户川中将谨吊孙中山先生逝世。

（以上日本）

（《哀思录》第二编卷二"吊唁函电"（乙）唁电，第 30 页）

井上三川工唁电

哀悼孙文先生逝去。东京井上三川工。

（以上日本）

（《哀思录》第二编卷二"吊唁函电"（乙）唁电，第 30 页）

井上雅二唁电

井上雅二闻民国元勋孙先生长逝，极哀悼。

（以上日本）

（《哀思录》第二编卷二"吊唁函电"（乙）唁电，第 30 页）

津下纹太郎唁电

津下纹太郎敬吊孙中山先生逝世。

（以上日本）

（《哀思录》第二编卷二"吊唁函电"（乙）唁电，第 30 页）

久原房之助唁电

久原房之助惊闻孙大人讣音，不胜哀悼之至。敬伸追吊之忱。（以上日本）

　　（《哀思录》第二编卷二"吊唁函电"（乙）唁电，第 29 页）

菊地国枝唁电

菊地国枝敬伸哀悼之忱。

（以上日本）

　　（《哀思录》第二编卷二"吊唁函电"（乙）唁电，第 29 页）

掘清唁电

　　日来因事赴山西省乡间约三星期，与世间完全隔离，方于二、三日前回津寓，闻孙先生已逝世，觉于世界伟人之辞世有一种特别悲感。幸行抵北京之日闻此伟人之柩移于中央公园，因即前往表示最后之敬意与同情。掘清顿首。

（以上日本）

　　（《哀思录》第二编卷二"吊唁函电"（乙）唁电，第 31 页）

铃木天眼、金子克已唁电

铃木天眼、金子克已哀悼孙中山先生千古。

（以上日本）

（《哀思录》第二编卷二"吊唁函电"（乙）唁电，第 30 页）

日本交询社理事长镰田荣吉唁电

接令翁讣音，不胜哀悼之情。谨代表本社表示吊意。交询社理事长镰田荣吉。

（以上日本）

（《哀思录》第二编卷二"吊唁函电"（乙）唁电，第 32 页）

柳泽保惠唁电

接令考阁下讣电，惊愕不知所措，不禁恸哭泪下。谨奉吊辞，表示哀悼之意。柳泽保惠再拜。

（以上日本）

（《哀思录》第二编卷二"吊唁函电"（乙）唁电，第 32 页）

梅屋庄吉唁电

承电告令翁病中因养生不宜于十二日溘然长逝，殊深惊愕。昨见报载北京电半信半疑，特电询问始悉其真，更增悲感，诚不胜悲痛哀悼之至。中山先生为贵国革命之大恩人，亦实世界的之伟人，今一朝长逝，洵为贵国之不幸，亦实东洋全体之不幸也。呜呼，痛哉！谨表吊意，而布微忱于兹。东京梅屋庄吉再拜。

（以上日本）

（《哀思录》第二编卷二"吊唁函电"（乙）唁电，第 32 页）

梅屋庄吉唁电①

遥闻孙文先生仙去，哀痛至极，问候之词无以言表，愁伤之情难尽笔端。先生为国鞠躬尽瘁，吾人一向尊崇其为世界伟人，此当勿需赘言。今贵国值多事之秋，先生去世，不仅使贵国前途未卜，更是日本之不幸。吾人与孙文先生相识已久，忆及以往，感慨无量，如今只有仰天长叹。语塞而意未尽，披微忱而悼之。敬白。

（梅屋庄吉《备忘录》1925 年 3 月 12 日，《孙中山宋庆龄与梅屋庄吉夫妇》，第 107～108 页）

末广重雄、滨冈光哲唁电

惊闻孙中山先生讣音，不胜哀悼之至。末广重雄、滨冈光哲。

（以上日本）

（《哀思录》第二编卷二"吊唁函电"（乙）唁电，第 29 页）

内田良平唁电

黑龙会主干内田良平惊闻孙文前大总统逝世之讣音，不胜痛悼之至。谨表示哀唁。

---

① 此为致宋庆龄唁电。梅屋庄吉《备忘录》将此电置于"1925 年 3 月 12 日"条，据梅屋庄吉致孙科唁函内容推测，此电发出日期当在孙中山逝世一日后（13 日），故不采用此说。——编者

（以上日本）

　　（《哀思录》第二编卷二"吊唁函电"（乙）唁电，
第 30 页）

平山周唁电

平山周惊闻孙中山先生讣音，不胜哀悼之至，谨表哀悼之意。
（以上日本）

　　（《哀思录》第二编卷二"吊唁函电"（乙）唁电，
第 30 页）

秋山定辅唁电

秋山定辅惊闻御尊父之逝去，谨以至诚表示其哀悼之意。
（以上日本）

　　（《哀思录》第二编卷二"吊唁函电"（乙）唁电，
第 30 页）

秋山唁电

秋山未亡人谨以哀悼之意表示。
（以上日本）

　　（《哀思录》第二编卷二"吊唁函电"（乙）唁电，
第 30 页）

萩野芳造唁电

萩野芳造谨表哀悼之忱。

（以上日本）

（《哀思录》第二编卷二"吊唁函电"（乙）唁电，
第 30 页）

犬养毅唁电

谨表哀悼孙中山先生逝世之忱。犬养毅。

（以上日本）

（《哀思录》第二编卷二"吊唁函电"（乙）唁电，
第 29 页）

三上丰夷唁电

孙科先生：

接令翁中山先生之讣音，不胜哀悼。深感年来之厚谊，遥祈冥
福。三上丰夷拜叩。

（以上日本）

（《哀思录》第二编卷二"吊唁函电"（乙）唁电，
第 32 页）

三井八郎右卫门唁电

闻孙中山先生远逝，为之痛惜，谨表哀悼之意。男爵三井八郎
右卫门。

（以上日本）

（《哀思录》第二编卷二"吊唁函电"（乙）唁电，
第 31 页）

森福唁电

森福谨表哀悼孙中山先生逝去之忧。

（以上日本）

（《哀思录》第二编卷二"吊唁函电"（乙）唁电，第 30 页）

砂日重政唁电

日本众议院砂田重政哀悼孙中山先生之逝去。

（以上日本）

（《哀思录》第二编卷二"吊唁函电"（乙）唁电，第 30 页）

山本条太郎唁电

山本条太郎敬伸哀悼之忧。

（以上日本）

（《哀思录》第二编卷二"吊唁函电"（乙）唁电，第 29 页）

山科唁电

惊闻讣音，不胜哀悼之至。山科。

（以上日本）

（《哀思录》第二编卷二"吊唁函电"（乙）唁电，第 31 页）

山田喜代唁电

山田喜代痛叹孙中山先生逝世。

（以上日本）

　　（《哀思录》第二编卷二"吊唁函电"（乙）唁电，
第 30 页）

杉田定一唁电

杉田定一哀悼御尊父之逝去。

（以上日本）

　　（《哀思录》第二编卷二"吊唁函电"（乙）唁电，
第 30 页）

石浦谦次郎唁电

石浦谦次郎为华日亲善及世界上平和起见，对于孙中山先生之
薨去谨伸满腔热烈之哀悼。

（以上日本）

　　（《哀思录》第二编卷二"吊唁函电"（乙）唁电，
第 29 页）

石田庄七唁电

孙中山先生逝去，至为哀悼，谨拜表以伸吊唁之意。石田

庄七。

（以上日本）

（《哀思录》第二编卷二"吊唁函电"（乙）唁电，
第31页）

日本外务省莳田荣介唁电

孙先生逝世，谨表哀悼之意。外务省莳田荣介。

（以上日本）

（《哀思录》第二编卷二"吊唁函电"（乙）唁电，
第31页）

松本实唁电

孙先生遗族、夫人诸君：

闻孙先生长逝，谨表吊意。松本实。

（以上日本）

（《哀思录》第二编卷二"吊唁函电"（乙）唁电，
第32页）

南满洲铁道会社理事松富洋右唁电

国民党本部张继、汪兆铭、戴天仇诸君鉴：

读本年三月十二日公报，载孙中山先生遽尔卒逝。天萎哲人，
中外同悼。特电悲唁，即希转达是祷。南满洲铁道会社理事松富洋
右叩。

（《哀思录》第二编卷二"吊唁函电"（乙）唁电，
第 21 页）

松方幸次郎唁电

松方幸次郎闻御尊父讣音，极深哀悼伟大之东洋人杰不幸失
去。不独贵国及贵家族之悲，即敝国亦受莫大之损失也。兹谨表示
吊唁之意。

（以上日本）

　　（《哀思录》第二编卷二"吊唁函电"（乙）唁电，
第 30 页）

日本陆军少将松井石根唁电

接中山先生之讣音，为之哀悼恸哭不已。在福冈陆军少将松井
石根。

（以上日本）

　　（《哀思录》第二编卷二"吊唁函电"（乙）唁电，
第 31 页）

太田信三唁电

太田信三敬吊孙中山先生逝去。

（以上日本）

　　（《哀思录》第二编卷二"吊唁函电"（乙）唁电，
第 30 页）

田中唁电

田中大将惊闻孙中山先生逝去，不胜哀悼之至。

（以上日本）

（《哀思录》第二编卷二"吊唁函电"（乙）唁电，第 29 页）

田中喜平唁电

田中喜平惊悉御尊父逝去，谨此表示哀悼。

（以上日本）

（《哀思录》第二编卷二"吊唁函电"（乙）唁电，第 29 页）

藤田唁电

闻孙先生仙逝之讯，属实不胜哀悼。中国民族失此伟大之指导者，实属重大之损失。追怀往事，先生已逝，诚不胜痛惜哀悼之至。藤田。

（以上日本）

（《哀思录》第二编卷二"吊唁函电"（乙）唁电，第 31 页）

天羽唁电

对于孙中山先生逝世，谨向孙府表示甚深哀悼之意。在东京天羽总领事。

（以上日本）

（《哀思录》第二编卷二"吊唁函电"（乙）唁电，
第 31 页）

头山满唁电

头山满敬悉病况，哀悼更深。

（以上日本）

（《哀思录》第二编卷二"吊唁函电"（乙）唁电，
第 30 页）

尾崎行雄、尾崎行昌唁电

尾崎行雄、尾崎行昌拜启孙科先生：惊闻尊大人之讣音，不胜
哀悼之至。

（以上日本）

（《哀思录》第二编卷二"吊唁函电"（乙）唁电，
第 29 页）

相生由太郎唁电

相生由太郎敬伸哀悼孙中山先生之忱。

（以上日本）

（《哀思录》第二编卷二"吊唁函电"（乙）唁电，
第 29 页）

日本司法大臣小川平吉唁电

孙科先生鉴：

闻尊大人薨逝，阅讣之余，曷胜痛惜，谨电藉表深厚之吊意。大日本司法大臣小川平吉叩。

（以上日本）

（《哀思录》第二编卷二"吊唁函电"（乙）唁电，第31页）

日本三菱合资会社社长岩崎小弥太唁电

孙科先生：

闻孙中山先生逝世，为之痛惜，谨表哀悼之意。日本三菱合资会社社长岩崎小弥太。

（以上日本）

（《哀思录》第二编卷二"吊唁函电"（乙）唁电，第32页）

义川五郎唁电

义川五郎哀悼令尊大人之逝去。

（以上日本）

（《哀思录》第二编卷二"吊唁函电"（乙）唁电，第30页）

有望学唁电

对于孙中山先生之逝世，谨表哀悼之意。有望学。

（以上日本）

　　　　（《哀思录》第二编卷二"吊唁函电"（乙）唁电，
第 31 页）

于弘前本庄唁电

　　近于报端闻中山先生之病状有挽回之讯，喜此伟人战胜病魔。
正祈其早日痊愈，不图于今十二日接令嗣孙科先生之快电，知已仙
逝，痛哭无量。中华民国统一之大业方就绪而遇此痛恨事，中国上
下之悲痛诚不堪设想，岂独中华，实为中日两国与东亚之一大问
题，无论其遗族固多悲伤，即在各同志亦咸同情。小子于私情自第
一革命时得拜晤于沪、宁之地，其后于中日两国时接謦咳，亦常敬
慕不置。今接讣音，惊悉作古，追怀往事，不能自已。兹草一函，
特对遗族表示悲痛，其微意非笔纸所能尽也。于弘前本庄祭。

（以上日本）

　　　　（《哀思录》第二编卷二"吊唁函电"（乙）唁电，
第 31 页）

糟谷阳二唁电

谨哀悼中山先生之薨去。糟谷阳二。

（以上日本）

　　　　（《哀思录》第二编卷二"吊唁函电"（乙）唁电，
第 29 页）

日本三菱合资公司查业课长斋藤延唁电

闻孙中山先生长逝，谨表悼惜之意。日本三菱合资公司查业课长斋藤延。

（以上日本）

（《哀思录》第二编卷二"吊唁函电"（乙）唁电，第 32 页）

日本士官学校斋菱恒唁电

闻令翁逝世，遥祭哀悼之意。士官学校陆军少将斋菱恒。

（以上日本）

（《哀思录》第二编卷二"吊唁函电"（乙）唁电，第 31 页）

中山悦太郎唁电

中山悦太郎惊闻东亚伟人、尊大人仙逝，不胜恸哭之至。敬伸哀悼之忱。

（以上日本）

（《哀思录》第二编卷二"吊唁函电"（乙）唁电，第 29 页）

东京市长中村是公唁电

东京市长中村是公惊闻孙中山先生讣音，不胜痛悉，谨表示哀悼之忱。

（以上日本）

（《哀思录》第二编卷二"吊唁函电"（乙）唁电，
第 31 页）

日本海军大佐中岛唁电

中岛海军大佐敬悼孙中山先生逝世。

（以上日本）

（《哀思录》第二编卷二"吊唁函电"（乙）唁电，
第 30 页）

中田群二唁电

中田群二哀悼孙中山先生逝世。

（以上日本）

（《哀思录》第二编卷二"吊唁函电"（乙）唁电，
第 30 页）

日本神户中野直吉唁电

闻孙中山先生长逝，为之哀悼。敬祈遗族各位康健如恒。日本
神户中野直吉。

（以上日本）

（《哀思录》第二编卷二"吊唁函电"（乙）唁电，
第 31 页）

猪濑乙彦唁电

孙科先生：

今天接着贵电，对于令尊大人永逝哀哽道恼。猪濑乙彦。

（以上日本）

（《哀思录》第二编卷二"吊唁函电"（乙）唁电，第 30 页）

日本参谋本部佐佐木少佐唁电

日本参谋本部佐佐木少佐董表哀悼孙中山先生逝世之忱。

（以上日本）

（《哀思录》第二编卷二"吊唁函电"（乙）唁电，第 29 页）

佐佐木四方志唁电

佐佐木四方志为东亚不胜痛悼之至孙中山先生之薨，谨伸哀悼之忱。

（以上日本）

（《哀思录》第二编卷二"吊唁函电"（乙）唁电，第 29 页）

佐原笃介波多博唁电

佐原笃介波多博惊闻孙中山先生逝世，为中日两国不胜痛惜之至。敬伸哀悼之忱。

（以上日本）

　　（《哀思录》第二编卷二"吊唁函电"（乙）唁电，第 29 页）

竹田奉人唁电

竹田奉人敬伸哀悼孙元勋永眠。

（以上日本）

　　（《哀思录》第二编卷二"吊唁函电"（乙）唁电，第 29 页）

竹内助七唁电

民国元勋孙先生逝去。谨伸哀痛吊唁之意。竹内助七。

（以上日本）

　　（《哀思录》第二编卷二"吊唁函电"（乙）唁电，第 30 页）

塚原嘉一郎唁电

塚原嘉一郎敬伸哀悼之忱。

（以上日本）

　　（《哀思录》第二编卷二"吊唁函电"（乙）唁电，第 30 页）

佐藤安之助唁电

佐藤安之助拜启孙科阁下：

不胜哀悼之至，迳伸痛惜之忱。

（以上日本）

（《哀思录》第二编卷二"吊唁函电"（乙）唁电，第 29 页）

参谋本部陆军步兵大佐佐藤三郎唁电

孙中山阁下逝世，于贵国及国民党之将来咸有重大关系，谨表痛惜之意。参谋本部陆军步兵大佐佐藤三郎。

（以上日本）

（《哀思录》第二编卷二"吊唁函电"（乙）唁电，第 31 页）

犹太教名誉干事爱瑞腊唁函

孙宋夫人礼鉴：

本会全体会员惊闻中山先生逝世，怆悼莫名。孙公一生为自由平等努力奋斗，是专制之劲敌，作共和之元勋，一朝撒手，万古流芳。其对于犹太教民族运动赞助之力，属望之殷，诚令吾人感不能忘。一九二〇年四月二十四日，孙公曾致书本会机关报之主笔，以示其对于本会坚强之观感，尤足以永铭心版。孙公之函曰："凡德谟格腊西主义之爱护者，对于伟大古国如贵国者之光复运动，莫不以至诚赞助，热烈欢迎。良以贵国于世界文化曾多贡献，在国际间应享受尊荣地位也。"吾人聆孙公上述之遗言，益加爱戴，今闻噩耗，于哀痛之余敬此奉唁，幸垂察焉。

犹太教名誉干事爱瑞腊启

（《哀思录》第二编卷二"吊唁函电"（甲）唁函
"译函三"）

越南潘是汉唁函

哲生、精卫先生哀次：

　　时局初转，京耗忽传，我侪所戴为平民革命之父师者竟溘焉，弃吾侪去矣。天乎，天乎，吾谁从乎？呜呼，强权孔炽，人道式微，帝国主义与资本主义之二贼正磨牙砺爪以扼我孤军。天地不仁，夺我哲师，凡有血气，孰不凄伤？况于身受帝国之蹂躏而愿为平民革命军之一小卒如是汉者，能弗涕泗滂沱乎？俯仰苍茫，哀痛迫切，比于丧怙失恃抑有甚焉。虽然过此以往吾侪能殚志竭虑聚精会神谋所以竟我父师未竟之志，完我父师未完之业，于其所垂示之道行发皇而光大之，则是黑衢宝炬长照人间，暍海恩波奄被全宙，其所对于我父师者，岂徒区区哀节诔词间已哉。倘或不然，使以所未竟之志、未完之业及其所垂示之道行皆迫吾侪而止焉，则是我父师固自有其不亡者存，而亡焉者乃吾侪后死者之责也。用是自奋，辄敢奉闻。伏维节哀凝神，力任艰巨，以祷以祝。是汉身为亡人，迹在韬晦，弗克上京赴哀，谨呈挽联一副聊表挚忱。乞为代达于平民革命之父师之灵前，感且不朽。

越南潘是汉鞠躬

（《哀思录》第二编卷二"吊唁函电"（甲）唁函，
第5页）

广州博济医院执行部主席汤母孙唁函

哲生先生素鉴：

　　敬启者：昨日本校执行部常会时惊悉尊公大元帅本校校友在京

薨逝，深为骇悼，当即致电吾唁。文曰：北京孙科先生鉴：哲人虽萎，万古流芳，广州博济医院谨以哀悼之诚致唁孙公家族，伏乞鉴察。等语。度登记室。同人对于中山先生之英明果毅，廉洁忠贞，殊深佩仰，且多数均曾瞻丰采，益用钦迟。综中山先生之生平，历险阻艰难，以遂其济世匡时之伟略，允称为爱国之人，今虽溘逝，功业长存。吾人尤望诸君子克绍先贤，继膺艰巨，更愿天眷神州，于最近之将来益臻强盛。尊公对本校尝表示亲切之好感，昔年寇、汤两博士掌教本校，尊公曾负笈于斯也，其任大总统及大元帅时先后曾捐助及访问本校，并以新地一方赐给本校。吾人感荷尊公之隆情，并致佩其为梓里造无穷之福利，是以尊公之友已建议于所赐之新地上特建孙中山先生纪念堂一座以示崇仰，本院执行部已接受此项建议并将尽力完成之也。燕云在望，不尽依驰，专此奉唁，敬颂礼祺

广州博济医院执行部主席汤母孙敬启

（《哀思录》第二编卷二"吊唁函电"（甲）唁函"译函二"，第1页）

Cagayan 唁电

孙夫人鉴：

噩耗传来，痛失元老。谨电奉唁，尚祈节哀。

（以上 Cagayan）

（《哀思录》第二编卷二"吊唁函电"（乙）唁电，第27页）

Changzungzne 唁电

孙宋夫人鉴：

元首崩殂，邦家殄瘁，谨此奉唁，无任悲哀。Changzungzne L
□ctsin，

Madison Wisc nsin。

（《哀思录》第二编卷二"吊唁函电"（乙）唁电，
第 28 页）

Changchau 唁电

孙先生家属鉴：

闻耗，谨唁。Changchau。

（以上檀香山）

（《哀思录》第二编卷二"吊唁函电"（乙）唁电，
第 27 页）

Chanaik Hoonglam 唁电

汪精卫、孙哲生先生：

惊闻孙前大总统仙逝，旅 Mersing 华民同深痛悼，谨此奉唁。
Chanaik Hoonglam。

（以上 Mersing）

（《哀思录》第二编卷二"吊唁函电"（乙）唁电，
第 27 页）

Chowyu 唁电

孙中山先生治丧处鉴：

惊传噩耗，痛悼良深。横滨 Chowyu。

（以上横滨）

（《哀思录》第二编卷二"吊唁函电"（乙）唁电，第 27 页）

Chonpoyohen Poonger 唁电

哲生先生鉴：

尊公逝世，为中国莫大之损失。敬希遗训长存，并此致唁。Chonpoyohen Poonger。

（以上沙面）

（《哀思录》第二编卷二"吊唁函电"（乙）唁电，第 26 页）

Dr. Schrameier 唁电

孙哲生先生鉴：

自由之神遽归天上，遥闻噩耗，哀痛奚如。谨此奉唁，并希鉴察。Dr. Schrameier。

（以上沙面）

（《哀思录》第二编卷二"吊唁函电"（乙）唁电，第 26 页）

Dr. Cantlie and Friends 唁电

孙宋夫人及家属鉴：

孙公遽逝，哀甚。谨唁。Dr. Cantlieand Friends。

（以上 London）

　　（《哀思录》第二编卷二"吊唁函电"（乙）唁电，第 28 页）

Eduh Chihtsing 唁电

孙宋夫人鉴：

深哀，谨唁。Eduh Chihtsing。

（以上 Lima）

　　（《哀思录》第二编卷二"吊唁函电"（乙）唁电，第 28 页）

Geenfatthong 唁电

汪精卫、孙哲生先生鉴：

马尼拉同志闻孙公逝世，为吾国遽失贤能坚毅之领袖，实深痛悼。用特电达哀思并伸唁悃。Geenfatthong。

（以上新加坡）

　　（《哀思录》第二编卷二"吊唁函电"（乙）唁电，第 26 页）

Heongsanhoykuan 唁电

孙宋夫人暨孙中山治丧处鉴：

吾侪与诸君及孙先生家属共表哀思。槟榔屿 Heongsanhoykuan。

（以上槟榔屿）

　　（《哀思录》第二编卷二"吊唁函电"（乙）唁电，
第 27 页）

Hotta 唁电

孙哲生先生鉴：

　　尊公逝世，为中国与全世界之重大损失。鄙人哀悼之余，谨此
奉唁。Hotta。

（以上沙面）

　　（《哀思录》第二编卷二"吊唁函电"（乙）唁电，
第 26 页）

James A. Thomas 夫妇唁电

孙宋夫人鉴：

　　哀唁。Mr. &Mrs. James A. Thomas。

（以上上海）

　　（《哀思录》第二编卷二"吊唁函电"（乙）唁电，
第 25 页）

K・R. Chen 唁电

孙哲生先生鉴：

　　噩耗传来，良深怆悼。特电奉唁，尚祈节哀。K・R. Chen。

（以上上海）

（《哀思录》第二编卷二"吊唁函电"（乙）唁电，第 25 页）

Kettenrings 唁电

孙宋夫人鉴：

深哀，谨唁。Kettenrings。

（以上广州）

（《哀思录》第二编卷二"吊唁函电"（乙）唁电，第 26 页）

Litekseah 唁电

孙中山先生治丧处鉴：

国丧元勋，至深哀悼。槟榔屿 Litekseah。

（以上槟榔屿）

（《哀思录》第二编卷二"吊唁函电"（乙）唁电，第 27 页）

Lknoching 夫妇唁电

孙宋夫人鉴：

值此夫人与全国重大损失及哀痛之时，吾人谨表极深之悲悼，并献吊唁之忱。钮约 Lknoching 夫妇。

（以上 New Yerk）

（《哀思录》第二编卷二"吊唁函电"（乙）唁电，第 28 页）

Lowkaisang 夫妇唁电

汪精卫先生转孙府：

代吊总理，并慰孙夫人、孙科君。Lowkaisang。

（以上 Koetaradja）

（《哀思录》第二编卷二"吊唁函电"（乙）唁电，第 22 页）

Losap 唁电

孙哲生先生鉴：

噩耗传来，至深悲痛。用特电慰，并盼节哀。Losap。

（以上澳门）

（《哀思录》第二编卷二"吊唁函电"（乙）唁电，第 26 页）

Lcohingyun 唁电

孙哲生先生鉴：

国丧其父，痛悼良深。谨此奉唁，尚祈节哀。Lcohingyun。

（以上香港）

（《哀思录》第二编卷二"吊唁函电"（乙）唁电，第 26 页）

Meade 夫妇唁电

孙宋夫人鉴：

孙公逝世，夫人固深悲悼，余及余妻亦深哀挽也。谨此奉唁，惟冀节哀。Mr & Mrs Meade。

（以上马尼剌）

（《哀思录》第二编卷二"吊唁函电"（乙）唁电，第 26 页）

Mishler 唁电

孙宋夫人鉴：

噩耗传来，至为哀悼。特唁。Mishler。

（以上上海）

（《哀思录》第二编卷二"吊唁函电"（乙）唁电，第 25 页）

Mikami 唁电

孙哲生先生鉴：

尊公遽逝，怆悼良深。谨此奉唁，尚祈节哀。Mikami。

（以上横滨）

（《哀思录》第二编卷二"吊唁函电"（乙）唁电，第 27 页）

Morris Cohen 唁电

孙宋夫人鉴：

加拿大同志及余闻总理之薨，良深哀惋。惟总理功在邦家，芳

流千古，赍志骑鲸，尤为沉痛。同志等怆悼之余，谨此奉唁，诸希
鉴察。Morris Cohen。

（以上 Canada）

（《哀思录》第二编卷二"吊唁函电"（乙）唁电，
第 28 页）

Ohtani 唁电

哲生先生：

尊公仙逝，谨此奉唁。Chtani。

（以上上海）

（《哀思录》第二编卷二"吊唁函电"（乙）唁电，
第 25 页）

Okamoto 唁电

孙宋夫人鉴：

孙公逝世，至深哀痛。大连 Okamoto。

（以上大连）

（《哀思录》第二编卷二"吊唁函电"（乙）唁电，
第 26 页）

Pamet 唁电

孙宋夫人、孙哲生先生鉴：

深痛，谨唁。Pamet。

（以上沙面）

（《哀思录》第二编卷二"吊唁函电"（乙）唁电，
第 26 页）

Quebecque 唁电

孙宋夫人鉴：

元勋逝世，悲悼良深。诸希节哀珍卫。Quebecque。

（以上 Quebecque）

（《哀思录》第二编卷二"吊唁函电"（乙）唁电，
第 27 页）

Sianghwee 唁电

孙宋夫人鉴：

国丧其父，哀痛良深。Sianghwee。

（以上 Menado）

（《哀思录》第二编卷二"吊唁函电"（乙）唁电，
第 27 页）

Sitiawan 华侨唁电

惊悉孙公逝世，侨等痛悼实深。谨悼。华侨。

（以上 Sitiawan）

（《哀思录》第二编卷二"吊唁函电"（乙）唁电，
第 24 页）

Siehwentsien 唁电

汪精卫先生鉴：

马尼拉同志闻孙公之死，怆悼良深。中国遽失贤能诚毅之导师，尤用伤神。乞代唁其瀛眷。Sinkuomin Siehwentsien。

（以上新加坡）

（《哀思录》第二编卷二“吊唁函电”（乙）唁电，第 26 页）

Siehwentsien 唁电

孙哲生先生鉴：

尊公仙逝，马尼拉同志哀悼良深。中国遽失贤能诚毅之导师，尤用神伤。谨此奉唁，并盼为国珍重。Sinkuomin Siehwentsien。

（以上新加坡）

（《哀思录》第二编卷二“吊唁函电”（乙）唁电，第 26 页）

Sokolsky 唁电

孙宋夫人鉴：

孙公逝世，哀悼良深。遣唁。Sokolsky。

（以上上海）

（《哀思录》第二编卷二“吊唁函电”（乙）唁电，第 25 页）

Sokolsky 唁电

孙哲生先生鉴：

尊公仙逝，哀悼良深。谨唁。Sokolsky。

（以上香港）

　　　（《哀思录》第二编卷二"吊唁函电"（乙）唁电，
第 26 页）

Squires 唁电

孙宋夫人鉴：

深哀，谨唁。Squires。

（以上上海）

　　　（《哀思录》第二编卷二"吊唁函电"（乙）唁电，
第 25 页）

Taketo 唁电

孙哲生先生鉴：

尊公逝世，创巨痛深。谨此奉唁，伏维鉴察。沙面台湾银行
Taketo。

（以上沙面）

　　　（《哀思录》第二编卷二"吊唁函电"（乙）唁电，
第 26 页）

Teoenghock 唁电

孙哲生先生：

尊公仙逝，举世同悲。谨此驰唁，尚祈节哀。Teoenghock。

（以上新加坡）

　　（《哀思录》第二编卷二"吊唁函电"（乙）唁电，第26页）

T · T. Lee 唁电

孙哲生先生鉴：

　　尊公逝世，至深怆悼。谨此奉唁，诸祈节哀。T · T. Lee。

（以上沙面）

　　（《哀思录》第二编卷二"吊唁函电"（乙）唁电，第26页）

Turpuihsi 唁电

孙宋夫人鉴：

　　哀唁。Turpuihsi。

（以上上海）

　　（《哀思录》第二编卷二"吊唁函电"（乙）唁电，第25页）

Unokaisakn 唁电

孙哲生先生鉴：

　　请鉴哀悼吊唁之诚意。Unokaisakn。

（以上 Kuroishi）

（《哀思录》第二编卷二"吊唁函电"（乙）唁电，
第 28 页）

Vilizadwin 唁电

孙宋夫人鉴：

悼唁。Vilizadwin。

（以上香港）

（《哀思录》第二编卷二"吊唁函电"（乙）唁电，
第 26 页）

Yerman 唁电

孙宋夫人鉴：国丧其父，民失其师，哀悼之余，谨此奉唁。
Yerman。

（以上沙面）

（《哀思录》第二编卷二"吊唁函电"（乙）唁电，
第 26 页）

Yeorge Bow Vincent 唁电

孙宋夫人暨哲生先生鉴：闻耗至深哀悼，用特奉唁。Yeorge
Bow Vincent。

（以上沙面）

（《哀思录》第二编卷二"吊唁函电"（乙）唁电，
第 26 页）

征引文献

（一） 档案

翠亨孙中山故居纪念馆藏档

（二） 报刊

《晨报》（北京）

《大公报》（天津）

《大公报》（长沙）

《广东公报》

《广州民国日报》

《军政府公报》

《临时政府公报》

《陆海军大元帅大本营公报》

《民国档案》

《民国日报》（上海）

《民立报》

《申报》

《神州日报》

《盛京时报》

《时报》

《顺天时报》

《团结报》

《香港华字日报》

《向导》

《新闻报》

《益世报》（天津）

《云南档案史料》
《政府公报》

（三）图书

《（民国）南北议和会议卷宗集成》第 2、4、5、6、7、12 册，全国图书馆文献缩微复制中心，2004。

《哀思录》第二编，孙中山先生葬事筹备处编印，1925。

《班乐卫请赞助巴黎建筑万国大学村庄致孙中山函》，《历史档案》1985 年第 1 期。

《北洋军阀史料·黎元洪卷》，张黎辉等编辑，天津古籍出版社，1996。

《北洋军阀史料·吴景濂卷》，王宜恭等编辑，天津古籍出版社，1996。

《蔡锷集》，毛注青、李鳌、陈新宪编，湖南人民出版社，1983。

《蔡松坡先生遗集》，刘达武辑，湖南邵阳蔡公遗集编印委员会印行，1943。

《蔡元培全集》，中国蔡元培研究会编，浙江教育出版社，1998。

《蔡元培书信集》，高平叔、王世儒编著，浙江教育出版社，2000。

《陈竞存（炯明）先生年谱》，陈定炎编，李敖出版社，1995。

《陈炯明集》，段云章、倪俊明编，中山大学出版社，2007。

《陈炯明叛国史》，鲁直之、谢盛之、李睡仙编辑，出版地不详，1922。

《邓演达文集新编》，梅日新、邓演超主编，广东人民出版社，2000。

《冯玉祥将军》，高兴亚著，北京出版社，1982。

《奉系军阀档案史料汇编》第三册，辽宁省档案馆编，江苏古籍出版社、地平线出版社，1990。

《革命史谭》，陆丹林，《近代稗海》第 1 辑，四川人民出版社，1985。

《革命文献》第 45、46、47、48、49 辑，黄季陆主编，中央文物供应社，1969。

《革命文献》第 50、51、52 辑，黄季陆主编，中央文物供应社，1970。

《革命文献》第 7、8、9、10 辑，罗家伦主编，中国国民党中央委员会党史史料编纂委员会，1978。

《革命逸史》，冯自由著，中华书局，1981。

《共产国际、联共（布）与中国革命文献资料选辑：1917～1925》，中共中央党史研究室第一研究部编，北京图书馆出版社，1997。

《共和关键录》，观渡庐〔伍廷芳〕编，《近代中国史料丛刊续编》第 86 辑，文海出版社，1979。

《古应芬家藏未刊函电文稿辑释》，李穗梅主编、李兴国等整理，广州出版社，2010。

《癸亥政变纪略》，刘楚湘编撰，中华书局，2007。

《国父墨迹》，中华民国各界纪念国父百年诞辰筹备委员会学术论著编纂委员会主编、中国国民党中央党史史料编纂委员会编，中华民国各界纪念国父百年诞辰筹备委员会，1965。

《国父年谱》，罗家伦主编、黄季陆增订，中国国民党中央委员会党史史料编纂委员会，1969。

《国父援助菲律宾独立运动与惠州起义》，黄季陆著，《传记文学》第 11 卷第 4 期。

《国民党人与前期中华民国》，杨天石，中国人民大学出版社，2007。

《海外友人致孙中山信札选》，胡伯洲、胡波、朱明海、董少葵译，《民国档案》2003 年第 1～4 期。

《汉冶萍公司档案史料选编（1889～1915）》，陈忠民主编，中国社会科学出版社，1992。

《湖南文史资料选辑（修订合编本）》第 2 集，中国人民政治协商会议湖南省委员会文史资料研究委员会，湖南人民出版社，1981。

《护法运动》，中国第二历史档案馆、云南省档案馆编，档案出版社，1993。

《护法运动史料汇编》（一）、（二）、（三）、（四），汤锐祥编著，花城出版社，2003。

《黄兴集》，湖南省社会科学院编，中华书局，1981。

《黄兴集》，刘泱泱编，湖南人民出版社，2008。

《黄兴年谱长编》，毛注青编著，中华书局，1991。

《黄兴未刊电稿》，薛君度、毛注青编，湖南人民出版社，1983。

《蒋介石年谱初稿》，中国第二历史档案馆编，档案出版社，1992。

《蒋主席书信集》，蒋中正著，文史社，1947。

《近代史资料》总 36 号，中国社会科学院近代史研究所近代史资料编辑组编，中华书局，1978。

《近代史资料》总 51 号，中国社会科学院近代史研究所近代史资料编辑组编，中国社会科学出版社，1983。

《近代史资料》总 79 号，中国社会科学院近代史研究所近代史资料编辑组编，中国社会科学出版社，1991。

《居正文集》，罗福惠、萧怡编，华中师范大学出版社，1989。

《居正先生全集》，陈三井、居蜜合编，中央研究院近代史研究所史料丛刊（40），1999。

《李烈钧集》，周元高、孟彭兴、舒颖云编，中华书局，1996。

《李烈钧文集》，徐辉琪编，江西人民出版社，1988。

《联共（布）、共产国际与中国国民革命运动（1920～1925）》

第 1 卷，中共中央党史研究室第一研究部编，北京图书馆出版社，1997。

《梁启超全集》，张品兴编，北京出版社，1999。

《廖仲恺集》，廖仲恺著，出版者不详，1926。

《临时大总统和他的支持者——孙中山英文藏档透视》，邓丽兰著，中国文史出版社，1996。

《马君武集 1900～1919》，马君武著，莫世祥编，华中师范大学出版社，1991。

《民国初期稀见文电辑录》（国家图书馆藏历史档案文献丛刊）第一册，全国图书馆文献缩微复制中心，2006。

《民国十五年以前之蒋介石先生》，毛思诚主编、陈布雷校订，龙门书店，1965。

《南京临时政府拟以招商局产抵借日债史料》，中国第二历史档案馆编，《历史档案》1983 年第 3 期。

《善后会议》，中国第二历史档案馆编，档案出版社，1985。

《双清文集》，尚明轩、余炎光编，人民出版社，1985。

《斯大林全集》第七卷，斯大林著，苏共中央马克思列宁主义研究院编辑、中共中央马克思恩格斯列宁斯大林著作编译局译，人民出版社，1958。

《四川军阀史料》第二辑，四川文史研究馆编，四川人民出版社，1983。

《四川军阀史料》第三辑，四川文史研究馆编，四川人民出版社，1985。

《孙大总统广州蒙难记》，蒋中正，上海民智书局，1926。

《孙文选集》，黄彦编，广东人民出版社，2006。

《孙文与日本史事编年》，段云章编著，广东人民出版社，1996。

《孙中山藏档选编·辛亥革命前后》，黄彦、李伯新选编，中华书局，1986。

《孙中山年谱长编》，陈锡祺主编，中华书局，1991。

《孙中山全集》第十一卷，广东省社会科学院历史研究所等编，中华书局，1986。

《孙中山生平事业追忆录》，尚明轩等编，人民出版社，1986。

《孙中山宋庆龄与梅屋庄吉夫妇》，俞辛焞、熊沛彪著，中华书局，1991。

《孙中山文史考补》，余齐昭著，广东省中山市委员会文史委员会出版，1994。

《孙中山先生批牍选》，《历史档案》1987年第2期。

《孙中山与澳门》，盛永华等著，文物出版社，1991。

《一九二二至一九二三年孙中山在沪期间各地来电汇编》，张世福编，上海书店出版社，1998。

《谭人凤集》，石芳勤编，湖南人民出版社，1985。

《唐继尧护国讨袁文稿》，杜奎昌辑注，云南人民出版社，2005。

《云南辛亥革命资料》，谢本书等编，云南人民出版社，1981。

《吴玉章往来书信集》，程文、陈岳军编著，重庆大学出版社，1993。

《吴稚晖先生全集》第八卷，吴稚晖先生全集编纂会编辑，中国国民党中央委员会党史史料编纂委员会，1969。

《五四爱国运动档案资料》，中国社会科学院近代史研究所、中国第二历史档案馆史料编辑部编，中国社会科学出版社，1980。

《辛亥革命前后·盛宣怀档案资料选辑之一》，陈旭麓、顾廷龙、汪熙主编，上海人民出版社，1979。

《辛亥革命前后孙中山与俄国革命者》，李玉贞著，《近代中国》第16辑。

《辛亥革命史资料新编》（2），章开沅等编，湖北人民出版社，2011。

《兴中会革命史要》，陈少白著，建国月刊社，1935。

《熊希龄集》，林增平、周秋光编，湖南人民出版社，1985。

《熊希龄集》，周秋光编，湖南人民出版社，2008。

《熊希龄先生遗稿》，上海书店出版社，1998。

《徐绍桢集》，徐正卿、徐家阜编校，四川师范大学出版社，1991。

《一九一九年南北议和资料》，中国科学院近代史研究所近代史资料编辑组编辑，中华书局，1962。

《于右任文选》，全国政协文史资料研究委员会、中国国民党革命委员会中央宣传部合编，中国文史出版社，1987。

《张謇全集》，张謇研究中心、南通市图书馆编，江苏古籍出版社，1994。

《张溥泉先生全集》，张溥泉著，中央文物供应社，1950。

《章太炎书信集》，马勇编，河北人民出版社，2003。

《直皖战争》，中国第二历史档案馆编，江苏人民出版社，1980。

《中国国民党二十年史迹》，邓泽如，正中书局，1948。

《中华民国开国前革命史》，冯自由著，上海书店出版社，1990。

《中华民国史档案资料汇编》第二辑，中国第二历史档案馆编，江苏人民出版社，1981。

《中华民国史档案资料汇编》第三辑，中国第二历史档案馆编，江苏古籍出版社，1991。

《中华民国史档案资料汇编》第四辑，中国第二历史档案馆编，江苏古籍出版社，1991。

《中华民国史事纪要（初稿）》1913年1～6月，中华民国史事纪要编辑委员会，中央文物出版社，1981。

《中华民国史事纪要（初稿）》1923年7～12月，中华民国史事纪要编辑委员会编，黎明文化事业股份有限公司，1980。

《中华民国史事纪要（初稿）》1923年1～6月，中华民国史事纪要编辑委员会编，黎明文化事业股份有限公司，1980。

《中华民国史事纪要（初稿）》1919 年 1～6 月，中华民国史事纪要编辑委员会编，中华民国史料研究中心，1979。

《中华民国史事纪要（初稿）》1920 年 1～12 月，中华民国史事纪要编辑委员会编，中华民国史料研究中心，1980。

《中华民国史事纪要（初稿）》1921 年 1～6 月，中华民国史事纪要编辑委员会编，中华民国史料研究中心，1982。

《中华民国史事纪要（初稿）》1922 年 7～12 月，中华民国史事纪要编辑委员会编，中华民国史料研究中心，1983。

《中华民国史事纪要（初稿）》1922 年 1～6 月，中华民国史事纪要编辑委员会编，中华民国史料研究中心，1982。

《中华民国史事纪要（初稿）》1924 年 7～12 月，中华民国史事纪要编辑委员会编，中华民国史料研究中心，1986。

《中华民国史事纪要（初稿）》1925 年 1～6 月，中华民国史事纪要编辑委员会编，中华民国史料研究中心，1975。

《中华民国史资料丛稿——大事记》第十辑，中国社会科学院近代史研究所中华民国史研究室编，中华书局，1986。

《中华民国史资料丛稿——大事记》第十一辑，中国社会科学院近代史研究所中华民国史研究室编，中华书局，1978。

《宗仰上人集》，沈潜、唐文权编，华中师范大学出版社，2000。

图书在版编目（CIP）数据

各方致孙中山函电汇编/桑兵主编. —北京：社会科学
文献出版社，2012.3
ISBN 978 - 7 - 5097 - 2924 - 3

Ⅰ.①各⋯ Ⅱ.①桑⋯ Ⅲ.①孙中山（1866～1925） -
书信集 Ⅳ.①K827 = 6

中国版本图书馆 CIP 数据核字（2011）第 243217 号

各方致孙中山函电汇编

主　编/桑　兵

出 版 人/谢寿光
出 版 者/社会科学文献出版社
地　　址/北京市西城区北三环口路甲 29 号院 3 号楼华龙大厦
邮政编码/100029

责任部门/近代史编辑室（010）59367256　　责任编辑/李建军
电子信箱/jxd@ ssap. cn　　　　　　　　　责任校对/王海荣 等
项目统筹/徐思彦　　　　　　　　　　　　责任印制/岳　阳
总 经 销/社会科学文献出版社发行部（010）59367081　59367089
读者服务/读者服务中心（010）59367028

印　　装/北京盛通印刷股份有限公司
开　　本/787mm×1092mm　1/32　　　　印　张/172.25
版　　次/2012 年 3 月第 1 版　　　　　　字　数/4790 千字
印　　次/2012 年 3 月第 1 次印刷
书　　号/ISBN 978 - 7 - 5097 - 2924 - 3
定　　价/1280.00（全十卷）